ASEANの多国籍企業

増大する国際プレゼンス

牛山隆一 著

文眞堂

シンガポール発の多国籍ベーカリー、ブレッドトーク　＝第２章＝
（同国中心部のショッピングセンター、2017年9月著者撮影）

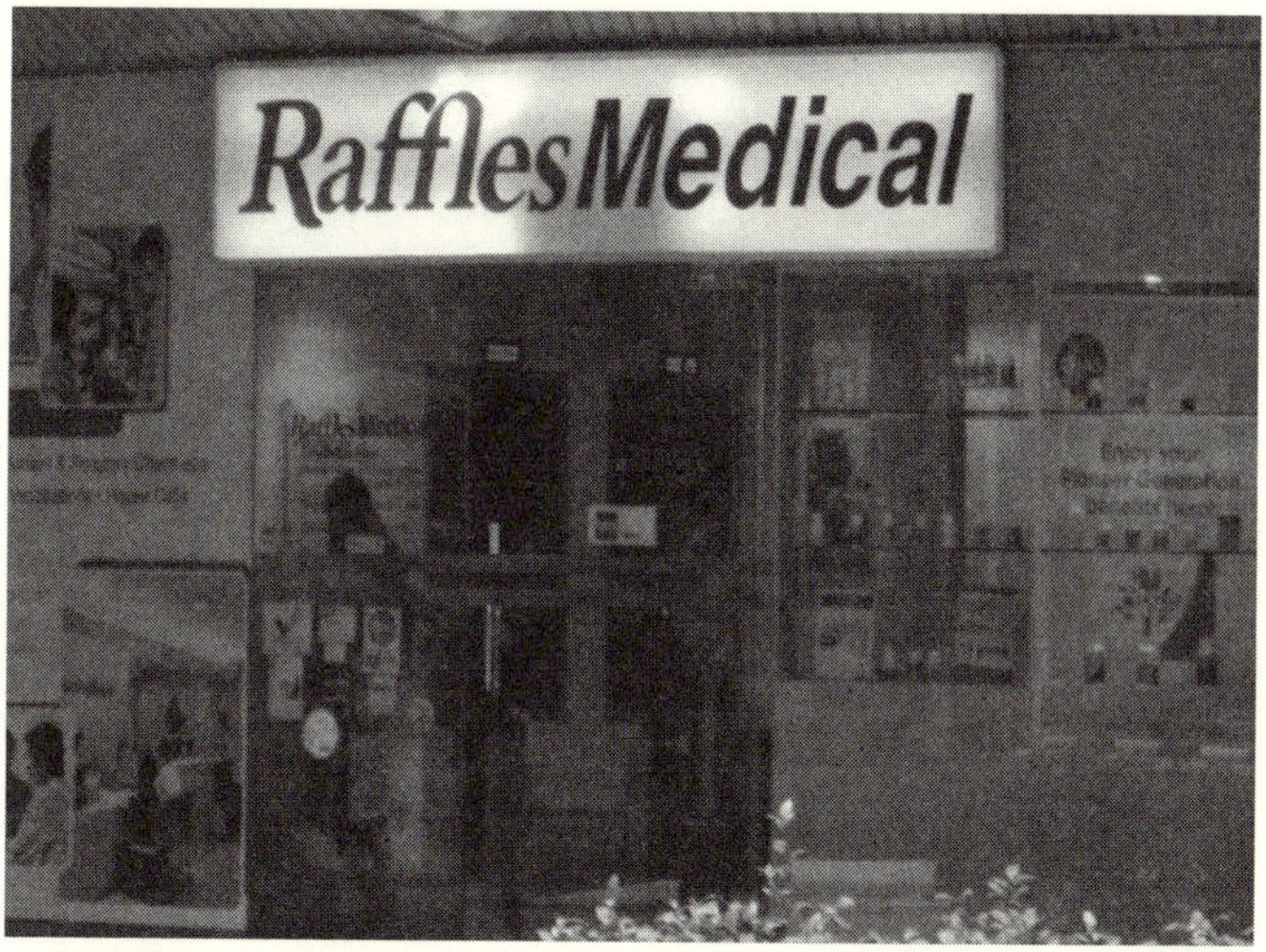

中国などで医療サービスを手掛けるシンガポールのラッフルズ・メディカル・グループ＝第６章＝
（シンガポール中心部、2016年6月著者撮影）

インドネシアやカンボジアに展開するマレーシアの大手通信会社、アシアタ・グループ　＝第 3 章＝
（クアラルンプール市内の本社、2017 年 11 月著者撮影）

マレーシアの大手金融グループ、CIMB グループのタイ現地法人　＝第 3 章＝
（バンコク市内、2016 年 8 月著者撮影）

海外に約 50 店舗を展開するタイの大手カフェチェーン「ブラック・キャニオン」 ＝第 6 章＝
（バンコク市内のショッピングモール、2018 年 2 月著者撮影）

タイのセントラル・グループが運営するベトナムの有力スーパー、ビッグＣ ＝第 4 章＝
（ハノイ市内、2016 年 12 月著者撮影）

タイで販売されるフィリピンのユニバーサル・ロビーナの菓子類　＝第5章＝
（バンコク市内のスーパーマーケット、2018年3月著者撮影）

ラオスでシェア1位を獲得したベトナムの大手通信ベトテル　＝第5章＝
（ビエンチャン市内のラオス現地法人、2018年3月著者撮影）

まえがき

日本企業の事業展開先としてＡＳＥＡＮは一段と注目度を高めている。日本企業の対ＡＳＥＡＮ直接投資額は２０００年代、対中国直接投資額と拮抗することが多かったが、２０１０年頃から勢いを増し、対中国の2倍以上に達する年が目立つようになった。また、日本経済新聞が報じるＡＳＥＡＮ関連の記事数（本文中に「東南アジア」を含むもの）を見ると、やはり２０１０年頃から急増しており、２０１０~１７年は年間平均約１７００本と２０００~０９年のほぼ2倍に膨らんだ。日本企業のＡＳＥＡＮへの事業展開は、製造業に加えてサービス業、大企業に加えて中小企業、大都市に加えて地方企業といったように担い手を多様化させながら一段と力強さを増している。

潮目の変わった２０１０年に何があったのか。実は日本ではこの頃から中国、インドも含む新興アジア全般に対する関心がより高まった。２００８年に起きたリーマン・ショックの影響で翌２００９年に世界経済は戦後初のマイナス成長を余儀なくされた。こうしたなか日本政府は２０１０年、「新成長戦略」を打ち出し、「アジア経済の一体化」や「アジア内需の創造」といった掛け声の下、日本企業のアジア進出を強く促した。同年の通商白書では「アジア内需とともに成長する我が国」という章を設け、成長力に富む新興アジアの消費市場やインフラ需要を分析、豊富な商機を獲得せよと呼びかけた。

新興アジアの中でもとりわけ熱視線を注がれたのがＡＳＥＡＮだ。その理由はＡＳＥＡＮの外と内の双方にあった。前者は尖閣諸島の領有権を巡る日中対立で２０１２年秋に中国で反日デモが発生、日本企業が中国リスクへの懸念を強めたことだ。賃金高騰や成長鈍化など中国経済を巡る他の要因も重なり、日本企業は成長力に富み、かつ親日国も多い南方のＡＳＥＡＮにより目を向けた。後者は、①２０１５年末の目標期限に向けＡＳＥＡＮ経済共同体（ＡＥＣ）構築の作業が本格化した、②それに伴い人口６億人超のＡＳＥＡＮ市場が注目された、③ＡＳＥＡＮと日、中、韓、印、豪・ＮＺをそれぞれ結ぶ「ＡＳＥＡＮ＋１」の自由貿易協定（ＦＴＡ）／経済連携協定（ＥＰＡ）ネットワークが２０１０年に完成した、④２０１１年に発足した新政権の下、ミャンマーが改革・開放に動くなどＡＳＥＡＮ後発国が新たな投資先として浮上した――などで、ＡＳＥＡＮ自らの投資吸引力の高まりを意味した。

ＡＳＥＡＮ経済を巡るこれらのポイントは、もちろん重要なものばかりである。①から④はＡＳＥＡＮ経済の魅力として頻繁に語られ、関連文献も少なくない。だが、昨今のＡＳＥＡＮ熱の高まりに触れながら著者は重要な情報が十分に伝えられていないと感じていた。それは地元ＡＳＥＡＮ企業が近年、海外事業を積極的に拡大し、経営の多国籍化を急速に進めているという事実だ。このことは「躍動するＡＳＥＡＮ経済」の見所に取り上げられることは比較的少ないが、ＡＳＥＡＮ経済の今を理解するには必須の知識と考えられる。

１９９７年のアジア通貨危機後、ＡＳＥＡＮ経済が２０００年代に総じて順調に成長する中、ＡＳＥ

AN企業は資金力、技術力、人材・ノウハウを蓄積、経営力を高めた。そして国内で事業基盤を固める一方、新たな商機を求め海外部門を積極的に拡大した。この現象は、海外事業を既に行っていた先行組が一段とアクセルを踏み込むとともに後発組も海外に新たに打って出る、という2つの動きが同時に進む中で、大きな流れとなった。それが顕著になったのが2000年代後半以降で、海外での大型M&Aも増えていく。

ASEAN企業の多国籍化に注目すべき理由は、主に4つ挙げられよう。第1にASEAN企業が当該業界で世界・アジア有数の規模へ発展し、国際的な影響力を高めるケースが増えている。第2に海外展開を加速させるASEAN企業は日本企業の連携相手として存在感を一段と増している。第3にASEAN企業の多国籍化は先行きの停滞懸念も指摘されるASEAN経済の成長を後押しする要因になり得る。第4にASEANが取り組んでいる経済統合の新たな推進力にもなる可能性がある。

このような重要な意味を持つASEAN企業の多国籍化の動きをメディアやシンクタンクなどが取り上げることは増えているが、断片的な情報にとどまることが多い。ASEAN企業の経営を分析した先行研究の中に対象企業の海外事業に関する記述も見られるが、執筆から時間が経っている、短い説明にとどまっている、取り上げる企業数が限られる、のいずれかに該当する場合が多い。こうした状況を踏まえ、本書は①ASEAN企業の海外展開（多国籍化）に特に着目する、②最近の動向を盛り込む、③できる限り多くのASEAN企業を取り上げる――の3点に留意して執筆した。

具体的には、第1章でASEAN全体の動向を概観し、第2章（シンガポール）、第3章（マレーシア）、第4章（タイ）、第5章（ベトナム、フィリピン、インドネシア）で国別に見ていく。最後の第6章では外食や医療などセクター別に説明し、更に日本企業とＡＳＥＡＮ企業の関係、多国籍化するＡＳＥＡＮ企業が直面する問題などを考える。本書に社名が登場するＡＳＥＡＮ企業は合計90社超に上る。このうち著者が特に注目する20社（シンガポール5社、マレーシア5社、タイ5社、ベトナム３社、フィリピン2社）については、より紙幅を割いて説明した。

本書はまた、ＡＳＥＡＮ全体及び各国の対外・外国直接投資（ＦＤＩ）動向を統計面からも検証し、それらを第１～５章の前半部分に盛り込んだ。この分析は国連貿易開発会議（ＵＮＣＴＡＤ）やＡＳＥＡＮ事務局、各国政府のＦＤＩ統計などを用いて行った。更に対外ＦＤＩ拡大の経緯・背景、地元企業への公的支援策、対外ＦＤＩを牽引する企業の特徴等にも各章で言及した。これらの情報を加えることで、個別企業の事例だけでなく様々な視点からＡＳＥＡＮ企業の多国籍化の動きにアプローチした。

著者は公益社団法人日本経済研究センターでＡＳＥＡＮ経済の調査・分析を行っている。本書執筆の契機となったのは、当センターが２０１４年末に発刊した報告書「ＡＳＥＡＮ経済統合、どこまで進んだか」（座長・浦田秀次郎早稲田大学教授）で、著者がＡＳＥＡＮ企業の国際化動向を論じた「加速するＡＳＥＡＮ企業の『ＡＳＥＡＮ展開』――域内統合の担い手として存在感増す」（第4章）を執筆したことであった。以後、ＡＳＥＡＮ企業の調査・分析に傾注し、現地にも足を運びながら情報収集を行った。こうした活動の成果をまとめたのが本書であり、ほぼ全面書き下ろしの内容となっている。

本書で紹介したＡＳＥＡＮ企業の動向は、執筆時に入手した情報に基づくもので、読者が読まれる時には内容が変わっている可能性があることにご留意いただきたい。「多国籍企業」という言葉を多用しているが、「海外で事業を手掛ける企業」といった緩い意味で使っている。厳密に定義しているわけではなく、UNCTADが報告書で用いている「多国籍企業（Multinational Enterprises）」（海外に子会社や関連会社、事務所、現地企業とのパートナーシップなどを有する）に近い。また、本書では必要に応じ外貨建て金額に円換算額を併記しているが、すべて2018年5月1日時点の為替レートを用いた。本書がASEAN経済の理解に役立つ一助となれば、著者にとって望外の喜びである。

目次

第２章　シンガポールの多国籍企業 ——ＡＳＥＡＮの先頭ランナー

第3章　マレーシアの多国籍企業
――政府系中心に急展開

第6章　越境するASEAN企業
――日本企業との連携も拡大……211

第1章　投資の主体としてのASEAN

——拡大する対外FDI

日本や欧米など域外から多くの投資を引き寄せている東南アジア諸国連合（ＡＳＥＡＮ）は「投資の受け手」としてのイメージが強い。だが、本書が注目するのは「投資の出し手」としてのＡＳＥＡＮである。本章ではまず、ＡＳＥＡＮ全体及び国別の対外・外国直接投資（ＦＤＩ）の動向を概観するとともに、ＡＳＥＡＮ多国籍企業の代表的な顔触れを国際機関などが作成したランキングやリストから確認しよう。

1　ＡＳＥＡＮの対外ＦＤＩ動向

(1) 存在感増すＡＳＥＡＮ

対外／対内比率が上昇

国連貿易開発会議（ＵＮＣＴＡＤ）の統計から２０１７年のＡＳＥＡＮ全体[1]のＦＤＩ（フロー）を見ると、対内が約１３３８億ドル、対外が約５５０億ドルで、前者が後者を上回る[2]（図表1-1）。ＡＳＥＡＮはこの状態を長く続けており、海外から投資が流入する地域、つまり投資の受け手としての側面が大きい。このことはＡＳＥＡＮが日本企業の主要な投資先であり続けていることからもうかがえる。

ただ、ＡＳＥＡＮでは対外ＦＤＩが対内ＦＤＩ以上に速いペースで概ね拡大を続けており、対外／対

図表1-1　ASEANの対外・対内FDI額（フロー）

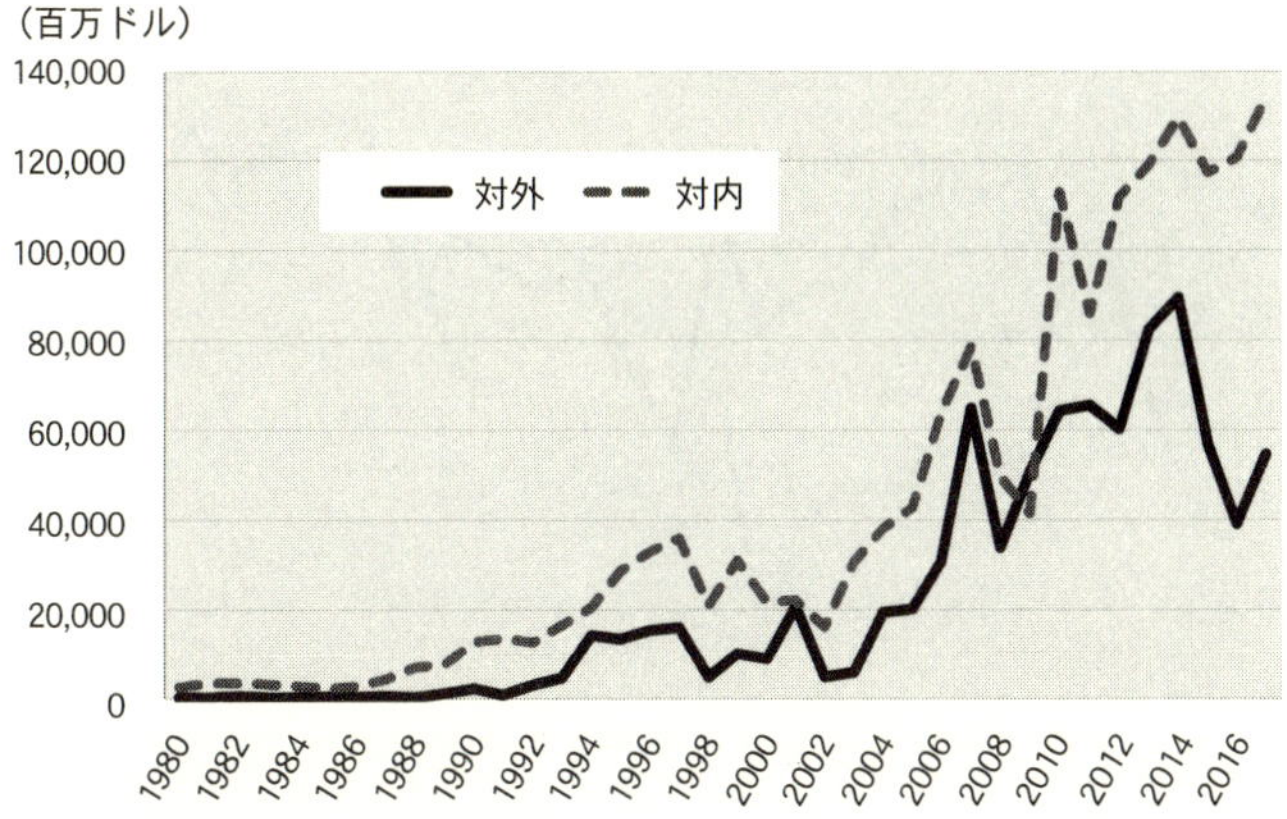

資料：UNCTADstatより作成。

内比率は１９８７年の14％から２０１７年の41％へ30年間で約３倍に上昇した。フローの数字は年によって大きく変動するが、対外ＦＤＩは２０００年代後半から増加傾向を強めており、２０１４年に約８８０億ドルと過去最高額を記録、対外／対内比率も約７割に達した。その後２０１６年にインドネシアの対外ＦＤＩが急減したことなどからＡＳＥＡＮ全体の対外ＦＤＩも前年比３割近く減ったが、２０１７年は同４割増と持ち直している[3]。

ＡＳＥＡＮの対外ＦＤＩが拡大している様子は、ストックの数字からも見て取れる。２０１７年は対内ＦＤＩ残高が２兆１６２０億ドルなのに対し、対外ＦＤＩ残高は１兆２０００億ドルであった。フローと同様、対外は対内を下回るが、やはり２０００年代後半から金額の伸びが目立っており、１９９０年に15％に過ぎなかった対外／対内比率は２０１７年に56％まで上昇してきた。このようにＡＳＥＡＮが投資の出し手としての性格を強めていることは、フロー・ストック双方の数字から読み

図表 1-2　対外 FDI 額（フロー）における ASEAN の世界順位

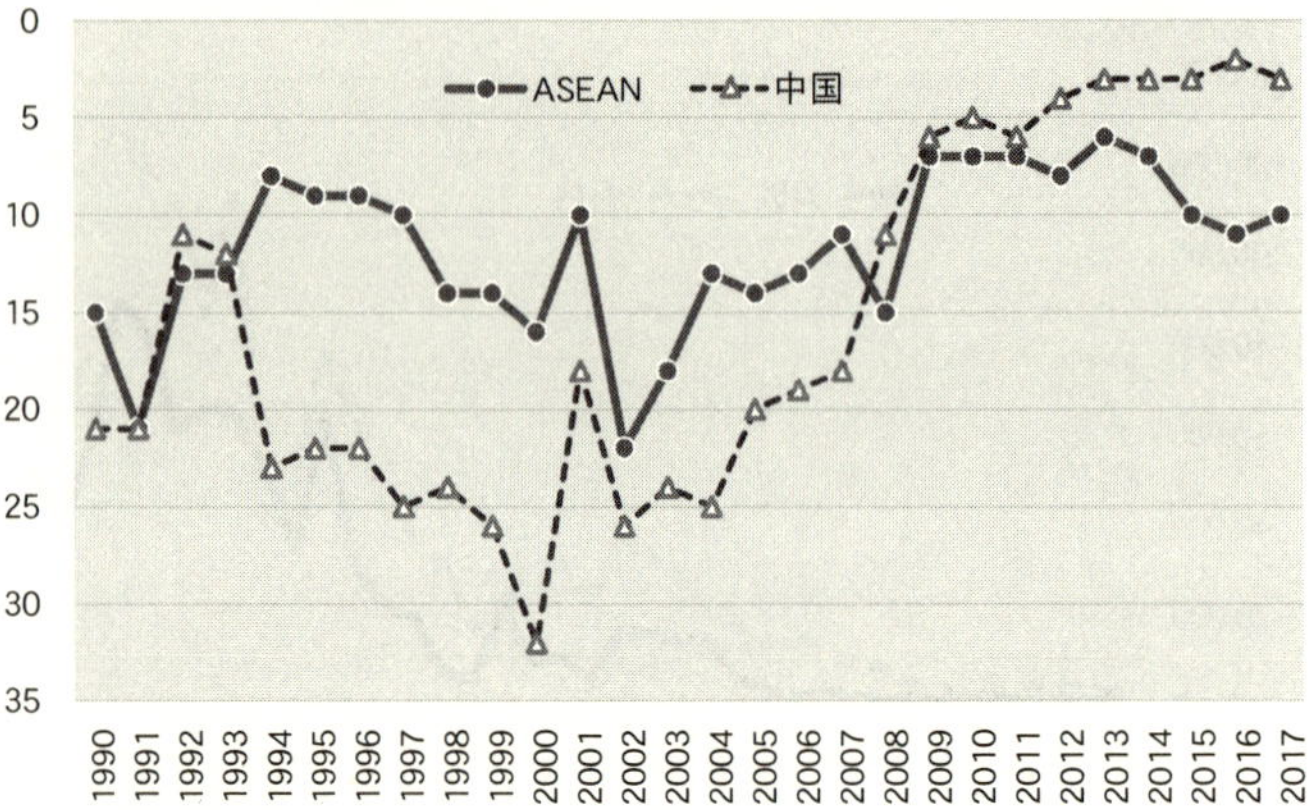

資料：UNCTADstat より作成。

取れる。

対外ＦＤＩで世界トップ10の常連に

対外ＦＤＩの主体としてＡＳＥＡＮは世界でどれぐらいのポジションにいるのだろうか。２０１７年の対外ＦＤＩ額（フロー）でＡＳＥＡＮの順位は世界10位（中国は３位）であった。その４年前の２０１３年は過去最高の６位まで順位を上げていた（図表１-２）。アジア通貨危機翌年の１９９８年以降、ＡＳＥＡＮはほぼ10年間、トップ10圏外に置かれていたが、リーマンショック翌年の２００９年からはほぼ毎年、ベスト10に食い込んでいる。また、対外ＦＤＩをストック（残高）で見ても、ＡＳＥＡＮの順位は１９９０年の世界20位から２０１７年に11位へ大幅に上昇しており、２０１２〜１４年は３年連続で過去最高の10位であった。このようにＡＳＥＡＮは世界的に見ても投資の出し手として存在感を高めていると言えよう。

途上国の対外FDIトレンド

ところでASEANを含む発展途上国(4)の対外FDIは2000年代に急増しており、世界の対外FDIに占めるシェア（フロー、以下同）は2000年の8％から2017年は27％へ上昇した。これは投資の受け手としての側面が大きかった途上国が出し手としての性格も強め、かつての「先進国→途上国」とは方向が異なる「途上国→先進国・途上国」という資金の流れも世界的に拡大したことを意味した（Bano and Tabbada 2015）。

発展途上国の対外FDIを牽引したのが中国で、世界の対外FDIに占めるシェアは2000年のわずか0・1％から2016年は13％と過去最高に達し、途上国の対外FDIのほぼ半分を占めるに至った。中国の対外FDIの順位は2009年に世界6位と初めてトップ10入りし、2016年は米国に次ぐ2位へ躍進した。2017年は世界シェアが9％、同順位も3位へとともに下がったが、中国が世界有数の対外投資国であることに変わりない。このように中国企業の海外投資が加速したのは、中国政府が2000年代に地元企業の海外進出を促す「走出去（海外に打って出よ）」政策を推進したことなどが理由であった（苑 2014）。

一方、世界の対外FDIに占めるASEANのシェアは中国に比べ小さいが、2000年の1％から2014年に過去最高の7％へ上昇、2017年は4％であった。途上国全体の対外FDIに占めるASEANのシェアは、中国のシェアが急伸する中でも過去10年間、10％台後半を中心に推移している。2017年は中国とASEANを合計すると途上国の対外FDIのほぼ半分を占めた。中国とともにA

SEANも途上国の対外FDIの主要な担い手になっていることが分かる。

(2) ASEAN各国の対外FDI動向

残高はシンガポールがトップ

ASEAN各国を概観すると、対外FDI残高（2017年）はシンガポールが最大で、以下、マレーシア、タイ、インドネシア、フィリピン、ベトナムの順。シンガポール、マレーシア、タイの上位3カ国を合計するとASEAN全体の約9割を占める。このうち首位シンガポールは単独でシェア7割近くと突出した存在だ。背景には同国の地場企業が海外事業に積極的なうえ、アジアのビジネスセンター・シンガポールにはアジア統括本部を置く外資系企業が多く、これらの企業が同国を拠点に対外FDIを行っていることがあるとみられる。

対外／対内比率が高いマレーシア

次にASEAN各国の対外FDI動向を、①増加が目立ち始めた時期、②対外／対内比率の水準――の両面から整理しよう。ここではともにストック（残高）の数字を用いる。

まず、①はシンガポールとマレーシアがともに1990年代、タイは遅れて2010年前後である（図表1-3）。ただ、シンガポールとマレーシアの対外FDIが本格的に拡大するのは2000年代後

図表 1-3　ASEAN 各国の対外 FDI 残高の推移（単位百万ドル）

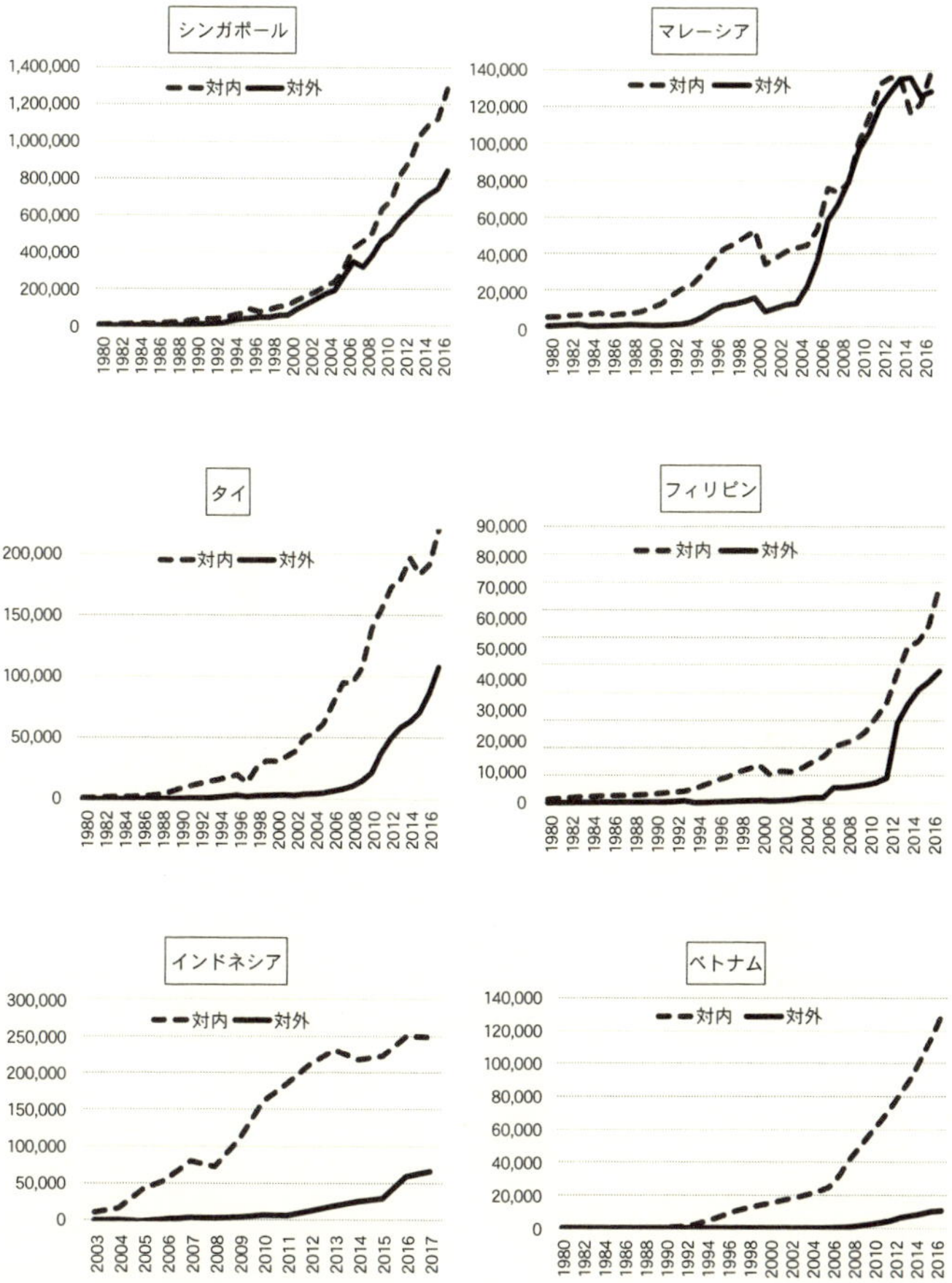

資料：UNCTADstat より作成。

半以降であり、それほど昔のことではない。これら3カ国に比べ金額が少ないインドネシア、フィリピン、ベトナムも2010年を過ぎたあたりから増えている。Sermcheep（2017）はASEAN各国の対外FDIの推移から、⑴先行組のシンガポールとマレーシア、⑵近年増え出したタイ、インドネシア、フィリピン、ベトナム、⑶依然少ないブルネイ、ラオス、カンボジア、ミャンマー——の3つに分類している。このようなグループ分けは概ね妥当であろう。

一方、②はマレーシアが92％（2017年、以下同）と最高水準にあり、この数値を基準にすれば同国はASEANで最も対外FDIが進んでいる国である。マレーシアの同比率は2000年代前半の20〜30％台から上昇し、2014〜16年は100％を超えていた。同比率が100％を超えるということは、対外が対内を上回っていることを意味する。マレーシアに続くのはフィリピン（61％）、タイ（49％）で、どちらも2007年の13％、9％から大きく伸びた。両国を追うベトナムも1％から8％へ上昇した。一方、対外FDI額がASEANで最大規模であるシンガポールでは対内FDI額も巨額なことから対外／対内比率は65％とマレーシアより低い水準である。

シンガポール・マレーシアはGLC、タイは民間企業が牽引

対外FDIを実際に手掛けるのは各国の企業である。その具体的な顔触れや事業動向は本章2節及び次章以下で詳述するので、ここではシンガポール、マレーシア、タイの主要3カ国の特徴に簡単に触れておく。それはシンガポール・マレーシアでは政府系企業（Government Linked Companies：GLCs）

が対外ＦＤＩを牽引しているのに対し、タイは華人系財閥をはじめ民間企業が主要な担い手になっているという点だ（Sermcheep 2017）。主役の顔触れが異なるのは、先行組のシンガポール・マレーシアではＧＬＣの存在感が大きいうえ、対外ＦＤＩが政府主導で進められてきたという事情がある（第２、３章参照）。ただ、両国とも昨今は中堅・中小を含む民間企業の対外進出が増え、対外ＦＤＩの担い手は多様化している。一方、タイでは政府が地元企業の海外進出を促進する姿勢を強めており、公的支援の拡充に力を入れている（第４章参照）。

(3)　ＡＳＥＡＮの対内ＦＤＩ動向

２０１７年は過去最高を記録

ＡＳＥＡＮでは対内ＦＤＩ額も拡大を続けている。２０１３～１７年はフローで年平均約１２４０億ドルと、その前の５年間（２００８～１２年）に比べ約５割増えた。２０１７年は単年で１３３７億ドルと２０１４年の１２９５億ドルを上回り、３年ぶりに過去最高を記録した。この年、ＡＳＥＡＮの対内ＦＤＩ額は米国、中国に次ぐ世界3位を記録した。２０１０年以降、ＡＳＥＡＮは一貫して5位以内に入っている。２０００年代初頭にはトップ10圏外に落ちたこともあったが、ＦＤＩの主要な流入地域として存在感を増している。

ＡＳＥＡＮはもともと外資の有力な進出先であったが、ここへきて改めて注目されているのは、①Ａ

SEAN経済共同体（AEC）に象徴される経済統合が進められた、②それに伴い人口6億人超の市場への期待が高まった、③カンボジア、ラオス、ミャンマー（CLM）の後発国が改革・開放に乗り出し、新たな投資先として浮上した、④自由貿易協定（FTA）／経済連携協定（EPA）などASEANを中核とする広域経済連携ネットワークが構築された――などが理由だ。日本企業はリーマンショック後の2010年頃から対ASEAN投資を加速したが、世界的にも対ASEAN投資は盛り上がりを見せたと言えよう(5)。

ベトナムの対内FDIが急拡大

2017年のASEANの対内FDI額（フロー）を国別に見ると、シンガポールが全体のほぼ半分に当たる620億ドルと最大で、以下、インドネシア230億ドル（シェア17%）、ベトナム141億ドル（11%）、マレーシア95・4億ドル（7%）、フィリピン95・2億ドル（7%）が続く。国際的な金融、物流拠点であるアジアのビジネスセンター、シンガポールは2000年代以降、ほぼ毎年、ASEANの対内FDIの5割以上を飲み込む。3位ベトナムは2000年代後半から対内FDIが急増、外資誘致の先輩格であるマレーシアやタイを上回る年も目立ってきた。従来、首位シンガポールをインドネシア、タイ、マレーシア3カ国が追随する状況であったが、ベトナムの台頭でそうした構図は崩れている。また、タイの対内FDIは伸び悩んでおり、2017年はフィリピンよりも金額が少なく、ASEAN域内で6位の投資受入国であった。

(4) ASEANに投資するASEAN

ASEAN域内FDIの拡大

ASEANの対内FDIが拡大している様子を見てきたが、ASEANに最も多く投資をしているのは誰なのか。それはASEAN自身である。ASEANの対内FDI額（フロー）を投資主体別に見ると、2012～16年の5年間はASEANが平均217億ドル（シェア18・4％）とEUの214億ドル（同18・2％）を若干上回り、最大規模である（図表1-4）。ASEANの金額は2007～11年に比べ8割強も増え、EUの25％増を圧倒し、トップに躍り出た。ASEANへの投資は日米中韓なども増やしているが、ASEAN自身の投資に最も勢いがあり、「ASEAN企業は過去に見られないほど多くの投資をASEANで行っている」(Mizra and Wee 2014)[6]とされる。ASEAN全体の対外FDIのうち、どれほどがASEAN向けか統計で調べるのは難しいが、マレーシアやタイの対外FDIではASEANが最大の投資先となっている（第2章以降を参照）。

域内FDI比率と域内貿易比率の逆転

ASEANの対ASEAN・FDIとは、例えばシンガポールからマレーシアへ、タイからベトナムへといったように、ASEANのある国から別の国へ向かうFDIの流れを指す。対ASEAN・FDI総額のうち、このようにASEAN諸国の間で行われるFDI額の割合を「ASEAN域内FDI比

図表 1-4　対 ASEAN・FDI（フロー）の主体別ランキング

2007-11 年

順位	国・地域名	年間平均額（百万ドル）	シェア
1	EU	17,109	22.6%
2	ASEAN	11,898	15.7%
3	米国	8,178	10.8%
4	日本	7,549	10.0%
5	中国	3,144	4.2%
6	香港	3,095	4.1%
7	豪州	2,661	3.5%
8	韓国	2,373	3.1%
	総額	75,675	100%

2012-16 年

順位	国・地域名	年間平均額（百万ドル）	シェア	増減率
1	ASEAN	21,718	18.4%	83%
2	EU	21,409	18.2%	25%
3	日本	16,137	13.7%	114%
4	米国	15,782	13.4%	93%
5	中国	7,266	6.2%	131%
6	香港	6,919	5.9%	124%
7	韓国	4,368	3.7%	84%
8	豪州	2,543	2.2%	-4%
	総額	117,799	100%	56%

資料：ASEAN 事務局の統計より作成

率」として計算すると、同比率は２０００年代半ばの10％前後から上昇を続け、２０１６年に過去最高の約25％に達した（図表１-５）。このことはＡＳＥＡＮ諸国に流入するＦＤＩの約４分の１が域内から来ていることを意味する。一方、ＡＳＥＡＮの総貿易額のうち域内貿易額の割合を示す「ＡＳＥＡＮ域内貿易比率」は20％台半ばで伸び悩んでいる。この結果、２０１６年に域内ＦＤＩ比率が域内貿易比率を初めて上回るという逆転現象が起きた。ＡＳＥＡＮは貿易よりも投資の方で域内依存度を着々と高めているわけで、その裏にはもちろん、先述したようにＡＳＥＡＮ企業が〝お膝元〟ＡＳＥＡＮで積極的に事業を展開しているという状況がある。

(5)　ＡＳＥＡＮ域内ＦＤＩの構造

受け手の中心はインドネシア、シンガポール

ＡＳＥＡＮ域内ＦＤＩ（フロー、以下同）の構造を少し

図表1-5 ASEAN域内貿易・FDI比率

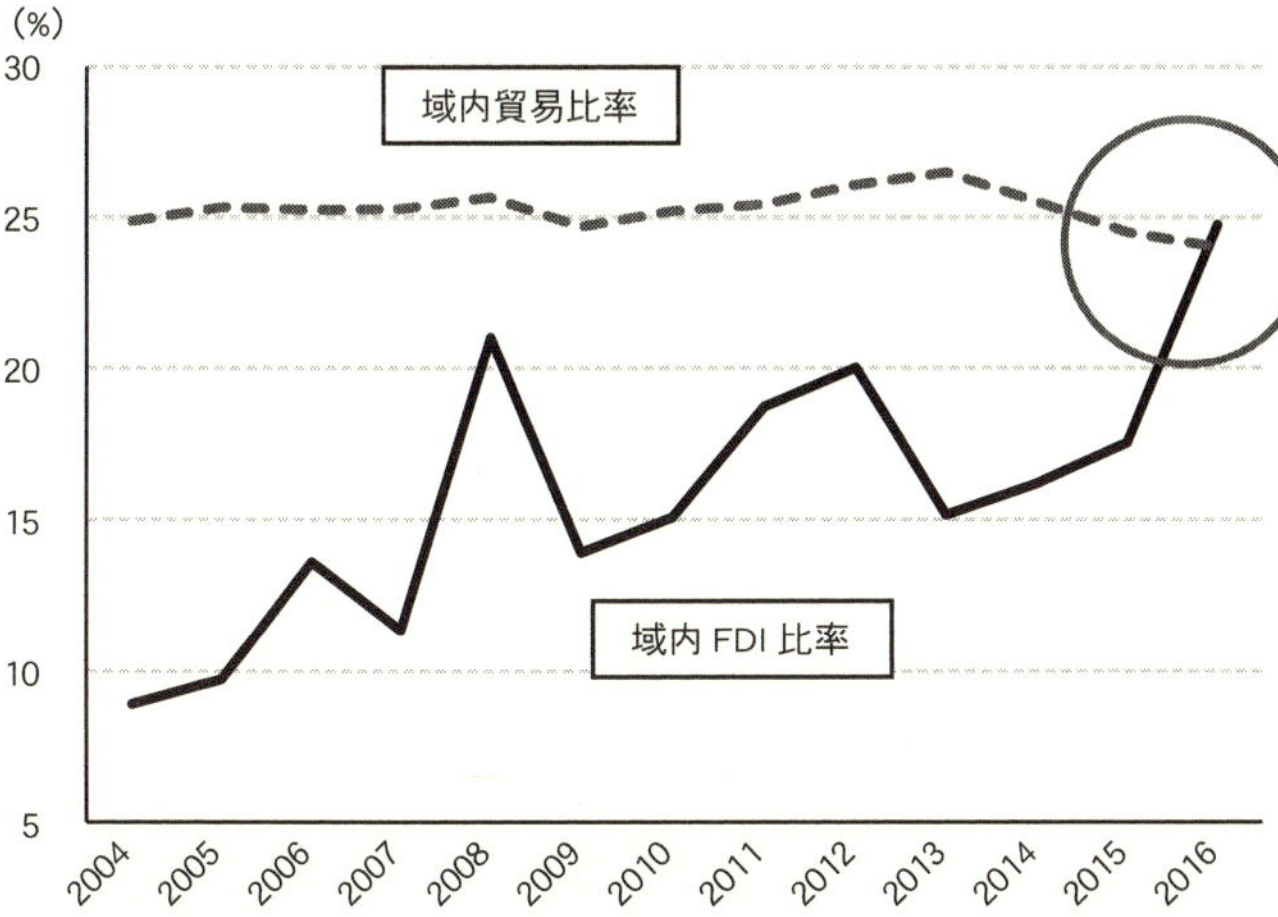

注：域内直接投資比率=ASEAN域内直接投資額／対ASEAN直接投資額。
資料：ASEAN事務局の統計を基に作成。

詳しく見てみよう。まず、受け手の方は２０１２～１６年の年平均で１位インドネシア（約95億７０００万ドル）、２位シンガポール（約56億３０００万ドル）、３位マレーシア（23億７１００万ドル）、４位ベトナム（約18億７０００万ドル）、５位ミャンマー（約11億８７００万ドル）の順だ。域内最大の経済規模を持つインドネシアと金融・ビジネスセンターのシンガポールが突出しており、合計でシェア70％を占める。また、５位ミャンマーが受け手として躍進しているのも特徴で、２０１２－16年の年平均は２００７～１１年（７５００万ドル）の約16倍に膨らんでいる。

　ミャンマーにカンボジア、ラオスを加えた後発３カ国は、頭文字を採ってＣＬＭと呼ばれる。ＡＳＥＡＮ域内ＦＤＩ額のうちＣＬＭに向かう金額の比率は、ミャンマー向けに牽引される形で10％超（２０１６年）に達し、その５年前（２０１１

年）の２％強から急伸している。このことはＣＬＭ経済の将来性に着目した他のＡＳＥＡＮ諸国が対ＣＬＭ投資を拡大していることを示す。こうしたなかタイはＡＳＥＡＮ域内ＦＤＩの受け手として存在感が低下しており、２０１２～１６年の年平均額で上位５カ国から姿を消している。

最大の出し手はシンガポール

一方、ＡＳＥＡＮ域内ＦＤＩの出し手としてはシンガポールが圧倒的な存在感を示し、２０１２～１６年の平均額は約１３６億ドルと域内ＦＤＩ全体の６割強を占めた。以下、２位マレーシア（約29億２０００万ドル）、３位インドネシア（約23億１０００万ドル）、４位タイ（約18億７０００万ドル）、５位ベトナム（約１億５０００万ドル）の順。タイとベトナムの間には大きな開きがあるため、域内ＦＤＩの主要な出し手はタイまでの上位４カ国と言えよう。これら４カ国の中ではタイの投資額が２００７～１１年の平均（約３億８０００万ドル）に比べ５倍近くに膨らんでいることが注目される。タイは域内ＦＤＩの出し手としては存在感を高めており、受け手として影が薄れているのと対照的だ（第４章参照）。

また、ＡＳＥＡＮ各国の対内ＦＤＩ額に占めるＡＳＥＡＮ域内からの比率（２０１２～１６年の平均）を調べると、インドネシア（60％）、ミャンマー（55％）、カンボジア（26％）、マレーシア（22％）の４カ国ではいずれもＡＳＥＡＮが最大の投資主体で、ＡＳＥＡＮからの投資に最も依存している。これら４カ国以外を見ると、ＡＳＥＡＮはベトナムでは韓国に次いで２位、ラオスでは中国に次いで２位の投資主体になっている。

ＡＳＥＡＮ域内ＦＤＩの業種別動向

ＡＳＥＡＮ域内ＦＤＩの業種別動向も見ておこう。２０１２〜１６年の年平均額は、１位製造（シェア29％、以下同）、２位金融・保険（22％）、３位不動産（18％）の順で、これら３セクターで合計約７割を占める。一方、世界の対ＡＳＥＡＮ・ＦＤＩ額では１位金融・保険（33％）、２位製造（17％）、３位卸売り・小売り（15％）の順であり、域内ＦＤＩの方が製造と不動産の比率が高い。また、域内ＦＤＩの上位３セクターの主体別動向を調べると、製造と金融・保険はシンガポールのシェアがそれぞれ約７割、約６割と突出し、不動産はマレーシアとシンガポールがともに約３割でトップである。

(6)「投資結合度」の計測

域内ＦＤＩの拡大が示すようにＡＳＥＡＮの投資先としてＡＳＥＡＮ自身の存在感が近年高まっている。それではＡＳＥＡＮ各国にとってＡＳＥＡＮはどれほど「緊密」な投資先と言えるのだろうか。以下、ＵＮＣＴＡＤ（２０１５）を参考に「投資結合度（Investment Intensity Index）」という指標で調べてみよう。同指標は２国間の貿易関係の強さを調べる際に使われる「貿易結合度（Trade Intensity Index）」の考え方に基づき、金額の多寡ではなくシェアの側面から投資関係の強さを計測するものである。具体的にはi国の対外FDI残高に占めるj国向けのシェアを、世界の対外FDI残高に占めるj国向けのシェアで除す。つまり、i国の投資先してのj国の重みと世界の投資先としてのj国の重みとを比べ、前者が後者を上回る、つまり結合度が1を上回るほど、i国にとってj国は「緊密」な投資先とみなされる。[7]

図表1-6は、シンガポール、マレーシア、タイの3カ国について、それぞれ投資先の国・地域ごとに投資結合度を計算し、その値が高い順に並べたものだ。3カ国ともASEAN諸国の多くが上位に顔を出すことから、ASEAN諸国は「緊密」

図表1-6　シンガポール、マレーシア、タイの投資結合度

シンガポール（2015年）		マレーシア（2016年）		タイ（2016年）	
投資先の国・地域		投資先の国・地域		投資先の国・地域	
マレーシア	13.4	カンボジア	11.7	ラオス	152.9
インドネシア	7.8	インドネシア	11.0	ミャンマー	47.4
ミャンマー	6.0	シンガポール	3.9	カンボジア	17.3
タイ	4.5	タイ	3.7	ベトナム	9.0
台湾	4.2	ベトナム	3.4	マレーシア	7.2
インド	3.7	インド	3.0	日本	5.8
フィリピン	3.6	オーストラリア	2.5	インドネシア	5.1
中国	3.6	台湾	1.7	バングラデシュ	5.0
オーストラリア	2.5	英国	1.0	リトアニア	3.2
日本	2.1	フィリピン	0.8	フィリピン	3.0
ラオス	2.1	UAE	0.7	シンガポール	2.3
ブルネイ	1.9	香港	0.5	香港	2.0
ベトナム	1.9	オランダ	0.4	オーストラリア	1.2
ニュージーランド	1.3	中国	0.4	オランダ	1.0
香港	1.3	ドイツ	0.2	台湾	1.0
韓国	1.3	米国	0.0	インド	0.8

注：投資結合度＝（i国の対j国FDI残高/i国の対外FDI残高）/（世界の対j国FDI残高/世界の対外FDI残高）。ケイマン諸島などタックスヘイブンは投資先から除く。網掛けは、ASEAN諸国。

資料：UNCTADやシンガポール統計局、マレーシア中央銀行（バンクネガラ）、タイ中央銀行の統計から作成。

な投資先とみなされる。ただ、３カ国の間には違いも見られる。シンガポールはマレーシアやインドネシア、マレーシアはインドネシアやカンボジアとの関係が特に強い。一方、タイはカンボジア、ラオス、ミャンマー、ベトナムのいわゆるCLMVとの緊密度が高く、なかでもラオス、ミャンマーとの関係が突出している。これらの数値は、マレーシアの大手企業がインドネシアで積極的な投資を手掛けていることや、タイ企業が近年、CLMVへの進出を活発化させていることなどと整合的である。

(7)　対外FDI拡大の経緯、背景

1990年代に最初の拡大期

ここまでASEAN諸国の対外FDIが近年拡大するとともに、その中でもASEAN諸国間のFDIの流れであるASEAN域内FDIの増加が著しいことを確認した。以下ではASEANの対外FDI拡大の経緯、背景を整理する。

ASEANの対外FDIが統計上、最初の増加傾向を示したのは1990年代前半であった（図表1-1）。その背景について、山口（1996）は①国内市場である程度の地位を得た企業が海外進出で更なる事業の拡大を狙った、②原料となる資源の枯渇、国内市場の飽和、自由化進展に伴う競争激化など国内での事業環境が悪化した、③資金的に余裕が出てきたASEAN企業が技術獲得を目的に欧米企業を買収した――と説明。また、海外に進出するASEAN企業の業種はサービス業が中心であり、そ

の理由について①海外展開のしやすい金融や貿易といった分野を地元企業（特に華人系）が早い時期から担っていた、②国内では製造業の担い手が主に日本、欧米、ＮＩＥｓ（新興工業経済群）などの外資系企業で、ＡＳＥＡＮ企業が優位に立つ分野が限られた――などと指摘した。

⑵で触れたように１９９０年代のＡＳＥＡＮの対外ＦＤＩ拡大を主導したのはシンガポール、マレーシア両国であった。このうちシンガポールでは１９９０年代前半に政府が地元企業の国際化を促す姿勢を鮮明にし、同国経済で外資系企業とともに大きな役割を演じるＧＬＣの多くが海外へ進出した（第2章参照）。また、同国ほど顕著でなかったもののマレーシアでも１９９０年代に資源を中心に金融や通信なども含む有力ＧＬＣの国際展開が進んだ（第3章参照）。更に両国を含むＡＳＥＡＮ各国の主要な華人系企業は１９８０年代から海外投資を進めていたが、１９９０年代に入ると改革開放政策によって経済成長を目指す中国への投資を増やした（井上　１９９４、平野　２００８）。これらの動きが相まってＡＳＥＡＮでは１９９０年代に対外ＦＤＩの最初の拡大期が観察されたのである。

２０００年代後半から本格拡大期

この流れは１９９７年に起きたアジア通貨危機の影響で失速し、ＡＳＥＡＮの対外ＦＤＩは伸び悩む局面が続いたが、２０００年代後半から本格的な拡大期を迎えることになる。具体的には先行組のシンガポール、マレーシアで対外ＦＤＩの拡大に一段と弾みが付くとともにタイでも加速し、更にインドネシア、フィリピン、ベトナムでも増えていった。この時期が１９９０年代の対外ＦＤＩ拡大期と異なるのは、①投資国の多様化、②大型Ｍ＆Ａの増加、③大企業に加え、中堅・中小企業の動きも活発化、④対外ＦＤＩの中心であるサービス業の中身が、金融や流通に加え航空や医療、教育、ＩＴ（情報技術）などへ多様化――といった点であった。

海外展開力高めるＡＳＥＡＮ企業

⑴で述べた通り、対外ＦＤＩ拡大は２０００年代に途上国全体で観察された。World Bank (2018) はこの背景について、途上国が高成長を続ける中、地元企業が資金や技術、ノウハウなどを蓄積し、海外展開力を高めたと指摘。特に資源輸出国は国際商品市況の上昇から対外ＦＤＩの一部をファイナンスする資金力を付けたとしている。これらの要因に加え、ＡＳＥＡＮにおいてはＧＬＣ改革の一環として海外事業拡大を重視したマレーシアのように政府が自国企業の国際化を推進したことも挙げられる[8] (Mizra and Wee 2014)。また、２００８年の国際金融危機後に欧米市場への関心が低下する中、成長力に富むＣＬＭＶが位置し、経済共同体構築に向け市場統合も進んだ地元ＡＳＥＡＮへの関心が高まり、ＡＳＥＡＮ企業が域内ＦＤＩを増やしたことも大きい (Chongvilavian and Menon 2017)。途上国の対外ＦＤＩ拡大を促す要因には高貯蓄率、輸出志向型の経済、ＧＤＰの高い伸びなどがあるが、マレーシアやタイはこれらの条件をかなり備えていたとも言われる (Bano and Tabbada 2015)。

2　ASEAN多国籍企業の顔触れ

(1) UNCTADのランキング

ASEAN企業16社がランクイン

ASEANの対外FDI拡大は、ASEAN企業の国際化と表裏一体の現象である。それでは「国際化」という側面に着目して主要なASEAN企業をピックアップすると、どのような顔ぶれが並ぶのだろうか。UNCTADの年次報告書「World Investment Report」には海外資産規模に基づく「途上国・移行国経済の多国籍企業トップ100（金融を除く）」というランキングがほぼ毎年掲載される。[9] この2018年版（2016年度の実績がベース）から代表的な〝国際派〟企業を概観しよう。

ランキングのトップ100に入ったASEAN企業は合計16社である（図表1-7）。国別で最も多いのは中国（24社）で、ASEANはそれに次ぐ数だ。以下、3位香港（13社）、4位韓国・インド・韓国・台湾（いずれも6社）の順となる。ASEAN企業16社の国別内訳は、シンガポール9社、マレーシア5社、タイ・フィリピン各1社で、シンガポールとマレーシアが多い。

ランキング全体の上位3社は、1位が香港の複合企業、長江和記実業（CKハチソン・ホールディングス）、2位が中国の海運大手、中国遠洋海運集団（コスコ・グループ）、3位が電子機器の受託製造

図表 1-7　途上国・移行国経済の多国籍企業トップ 100 に入った ASEAN 企業

順位	TNI 順位	会社名	本社所在地	業種	海外資産額（百万ドル）	海外資産比率
1	14	長江和記実業	香港	複合企業	110, 515	85%
2	57	中国遠洋海運集団	中国	海運	73, 362	77%
3	10	鴻海精密工業	台湾	電子部品	70, 797	89%
6	6	ブロードコム	シンガポール	電子部品	48, 413	97%
8	71	ペトロナス	マレーシア	石油	39, 341	29%
15	44	シングテル	シンガポール	通信	28, 056	78%
24	1	フレックス	シンガポール	電子部品	24, 280	99%
28	34	ウィルマー・インターナショナル	シンガポール	農産物	21, 866	58%
31	41	キャピタランド	シンガポール	不動産	19, 635	62%
38	24	ゲンティン	マレーシア	娯楽	17, 055	79%
43	26	YTL コーポレーション	マレーシア	インフラ開発	14, 412	82%
51	18	アシアタ	マレーシア	通信	12, 817	82%
55	19	サイム・サービー	マレーシア	複合企業	8, 819	72%
65	85	サン・ミゲル	フィリピン	複合企業	9, 922	37%
69	59	ケッペル・コーポレーション	シンガポール	複合企業	9, 286	48%
74	46	セムコープ・インダストリーズ	シンガポール	複合企業	8, 845	55%
86	7	バンプー	タイ	鉱業	7, 373	99%
87	12	ゴールデン・アグリリソーシズ	シンガポール	農産物	7, 296	97%
95	35	シティ・デベロップメント	シンガポール	不動産	6, 152	46%

注：2016 年 4 月～ 2017 年 3 月の決算期の年次報告書に基づく。順位は海外資産額に基づく。TNI は海外資産比率、海外売上高比率、海外従業員比率の平均値で、これが高いほど TNI 順位も高くなる。
資料：UNCTAD "World Investment Report 2018" より作成。

サービス（EMS）世界最大手、台湾の鴻海（ホンハイ）精密工業であった。

ASEAN企業の最高位は、シンガポールの半導体メーカー、ブロードコムの6位。それに続くのがマレーシアの国営石油会社ペトロナス（8位）だ。更に通信会社のシンガポール・テレコム（シングテル、15位）、EMSのフレックス（旧フレクストロニクス、24位）、農産物関連のウィルマー・インターナショナル（28位）、不動産のキャピタランド（31位）のシンガポール企業4社、カジノ経営のゲンティン（38位）、電力などインフラ開発のYTLコーポレーション（43位）のマレーシア企業2社が追っている。

50～100位には、シンガポールから海底油田掘削装置（リグ）やインフラ開発の複合企業ケッペル・コーポレーション（69位）、同業のセムコープ・インダストリーズ（74位）、パーム油のゴールデン・アグリリソーシズ[10]（87位）、不動産のシティ・デベロップメント（95位）の4社、マレーシアから通信のアシアタ（51位）、農園や不動産など複合企業のサイム・ダービー（55位）の2社、フィリピンから飲料品・化学などの複合企業サンミゲル（65位）、タイから石炭採掘のバンプー（86位）の各1社がそれぞれランクインした。

これらＡＳＥＡＮ企業の業種を見ると、不動産や通信、電力、娯楽などサービス関連が目立つ。いずれも自国経済が成長する過程で実力を付け、更なる規模の拡大を目指し海外事業を展開しているケースが多い。一方、農産物関連の企業も上位に顔を出しているが、これはＡＳＥＡＮにはパーム油などの分野で海外展開に熱心な企業が多いことが関係している。この点は後ほど改めて触れる。

「多国籍指数」ランキング

ＵＮＣＴＡＤではランキング入りした100社について、海外資産比率、海外売上高比率、海外従業員比率という3つの指標の平均値をそれぞれ算出し、これを「多国籍指数（ＴＮＩ：the Transnationality Index）」と名付け、同指数に基づくランキングも同時に作成している。海外資産額のような絶対額を基準としたランキングと異なり、3つの比率から国際化の度合いを総合的に計測したのが特徴である。

このTNIランキングを見ると、海外資産額ランキングに比べASEAN企業の順位が全般に高い。フレックス（TNI99％、以下同）が1位なのをはじめ、6位ブロードコム（96％）、7位バンプー（96％）とASEAN勢3社がトップ10に入っている。ASEAN企業16社のTNIランキングは平均33位で、海外資産額ランキングの同48位より高い。

一方、中国企業は、海外資産額ランキング2位のコスコ・グループが57位に大きく順位を下げているほか、90~100位に10社が並んでいる。巨大な地元市場に恵まれた中国企業は自国依存度が高い半面、市場が小さいASEAN企業は海外依存度が全般的に高いという特徴が見て取れる。

TNIランキング上位のASEAN企業のうち、6位のブロードコム（シンガポール）に少し触れたい。他のASEAN企業の多くがUNCTADランキングの常連なのに対し、ブロードコムは2016年版で初登場した新参企業だ。シンガポールの半導体大手、アバゴ・テクノロジーズが同年、米国の通信機器向け半導体大手ブロードコムを買収したのを受け、アバゴは「ブロードコム」に社名が変更された。買収されたブロードコムは当時、半導体業界売上高ランキングで米インテル、韓国・サムスン電子、米クアルコムに次いで世界第4位、通信向けASSP（特定用途向け汎用集積回路）で世界トップとされる有力企業であった。小が大を飲むと言われたこの買収により、「ブロードコム」の経営は一気に国際色を強め、ランキング入りを果たしたのである。[11] ただし、ブロードコムは2018年4月、本社をシンガポールから米国へ移転している。

(2) ASEAN農産物企業のプレゼンス

ＡＳＥＡＮには農産物関連企業に世界有数の規模を持つところが目立つ。先に紹介したＵＮＣＴＡＤの「途上国・移行国経済の多国籍企業トップ１００」ではそうした企業がいくつか登場していたが、以下では同じＵＮＣＴＡＤが２００９年に公表した「農産物の生産を主力とする多国籍企業トップ25」という興味深いランキングから、この分野の主要ＡＳＥＡＮ企業を確認しておこう。このランキングは各社の海外資産額をベースに、先進国も含む全世界の企業を対象に作成されたものだ。ただ、２００７年の実績値が主に使われているため、情報が古い点に留意が必要である。

ランキング1位はサイム・ダービー（マレーシア）

このランキングでは上位25社のうちＡＳＥＡＮ企業が約３分の１の８社を占め、一大勢力を形成している。米英独など先進国企業でランクインしたのは11社で、ＡＳＥＡＮの８社はそれほど引けを取らない数字だ。ランクインしたＡＳＥＡＮ企業の国別内訳は、マレーシア６社、タイ・インドネシアが各１社となっている。

個別に見るとマレーシアの複合企業サイム・ダービーが海外資産約47億ドルで米ドール・フード・カンパニー（同約26億ドル）を押さえ、堂々の１位であった。10位以内には飼料や養鶏・養豚を手掛けるタイのチャロン・ポカパン・フーズ（ＣＰＦ、約10億ドル）が３位に入ったほか、７位のクアラルンプール（KL）・ケポン、9位のクリムとマレーシア企業2社も食い込んだ。トップ10入りしたマレーシア企業3社はいずれもパーム油原料のアブラヤシ農園を国内に加え海外に展開しているのが共通点だ。3位のCPFは世界約50カ国で事業を手掛けるタイ有数の多国籍企業である（第4章参照）。

1位のサイム・サービーはマレーシア有数のGLCで、農園のほか自動車・建機の販売、不動産、港湾運営など多彩な事業を行う。ランキング基準年の2007年は海外資産比率4割強、海外売上高比率6割強であった。同社は現在、国内外に合計約100万ヘクタールの農園を保有、うちインドネシア（28万ヘクタール）、リベリア（22万ヘクタール）、パプアニューギニア（13万5000ヘクタール）の海外3カ国で約64％を占める。[12] 7位KLケポン、9位クリムはともにインドネシアを主要な展開先としている。

(3) 主要ASEAN企業のリスト①（BCG）

ASEANから14社選出

次に取り上げるのは、米大手コンサルティング会社、ボストン・コンサルティング・グループ（BCG）が作成した「GLOBAL CHALLENGERS」と呼ばれる企業リストである。海外での収益状況、投資実績などを参考に国際化が顕著な新興国の有力企業100社を選んでいる。この2016年版リストにはASEAN4カ国（タイ、フィリピン、インドネシア、マレーシア）から合計14社が選ばれている

（図表1-8）。国・地域別で最も多かったのは中国（28社）、次がインド（16社）で、ASEANは3番目であった。

ASEANの中ではタイが最も多く、先に紹介したUNCTADの農産物関連企業ランキングにも登場したCPFのほか、石油化学のインドラマ・ベンチャーズ、国営のタイ石油公社（PTT）、飲料品のタイ・ビバレッジ、水産品のタイ・ユニオン・グループの5社が入った。次に多いのがフィリピンで、複合企業のアヤラ・グループ、ゼネコンのDMCIホールディングス、食品のユニバーサル・ロビーナ、ファストフードのジョリビー・フーズ・コーポレーションの4社。更にマレーシアから格安航空のエアアジア、通信のアシアタ、石油のペトロナスの3社、インドネシアから農産品のゴールデン・アグリリソーシズ(13)、食品のインドフード・スクセス・マクムルの2社が選ばれた。高所得国であるシンガポールの企業はここでは対象外である。

ASEAN企業は10年前の3倍超

このリストに選ばれたASEAN企業の数を、BCGが2006年に作成した同様のリスト（名称は「New Global Challengers」）と比べると、この10年間で3倍以上に増えている。2006年のリストに入っていたのは、マレーシアから海運のマレーシア・インターナショナル・シッピング・カンパニー（MISC）とペトロナスの2社、タイからCPF1社、インドネシアからインドフード1社の計4社に過ぎなかった。選考基準の違い等から単純に比較できないが、ASEAN企業が大幅に増えたのは海

図表 1-8　米 BCG「GLOBAL CHALLENGERS」(2016 年) に選ばれた ASEAN 企業

国名	企業名	業種
マレーシア（3 社）	エアアジア アシアタ ペトロナス	格安航空 通信 石油
タイ（5 社）	チャロン・ポカパン（CP）フーズ インドラマ・ベンチャーズ タイ石油公社（PTT） タイ・ビバレッジ タイ・ユニオン・グループ	飼料、家畜、養殖 石油化学 石油化学 飲料品 水産品
インドネシア（2 社）	ゴールデン・アグリ・リソーシズ インドフード・スクセス・マクムル	農産物 食品
フィリピン（4 社）	アヤラ・グループ DMCI ホールディングス ユニバーサル・ロビーナ ジョリビー・フーズ・コーポレーション	複合企業 建設 食品 外食

注：企業の選定に際し、①売上高 10 億ドル以上、②海外部門の売上高が全体の 10% 以上ないしは 5 億ドル超、③過去 5 年間の海外における投資、M&A の実績、④ビジネスモデルの優位性――などを基準にしている。シンガポールの企業は対象外。

資料：The Boston Consulting Group (2016) より作成。

外事業の拡大が要因であろう。[14]

２０１６年のリストでは、とりわけフィリピンの企業が前年の１社から４社へ増えたのが目を引く。ジョリビー・フーズ以外の３社は初登場の企業である。その１社であるアラヤ・グループについて、ＢＣＧでは「不動産、金融、通信、水道、電子機器、自動車販売、ビジネス・プロセス・アウトソーシング（ＢＰＯ）などを展開し、海外では主にＡＳＥＡＮに進出している」と説明、また、ユニバーサル・ロビーナについては「ＡＳＥＡＮ及びその他地域で存在感を高めている」と指摘している。

(4) 主要ＡＳＥＡＮ企業のリスト②（フォーブス誌）

２０１７年版はＡＳＥＡＮから３社

米フォーブス誌が毎年発表する「アジア・ファビュラス50社（Asia's Fab 50 Companies）」というリストもある。アジア太平洋地域の大手上場企業から優良企業50社を選んだもので、株式上場から１年以上が経ち、時価総額ないしは年間売上高が30億ドル以上の企業を対象に利益額や自己資本利益率、株価、業績見通しなどを総合的に評価している。政府が50％以上出資していたり、多額の負債を抱えていたりする企業は対象外だ。前述のＢＣＧリストと異なり、国際化を重視したものではないが、選ばれた企業の中には海外事業に積極的なところもあり、ＡＳＥＡＮ企業の海外展開に主眼を置く本書にとっては有益な情報だ。

このリストの２０１７年版では、全50社のうち中国企業がほぼ半数の26社を占め、インド（８社）、香港（６社）がそれに続き、ＡＳＥＡＮからは３社選ばれた。ＡＳＥＡＮの３社は、インドネシアの携帯電話の製造販売大手ティフォン・モバイル・インドネシア、ベトナムの携帯電話販売大手モバイル・ワールド・インベストメント、化学、運輸、不動産など多彩な事業を手掛けるマレーシアのバトゥ・クワンである。このうちモバイル・ワールドは２０１７年、隣国カンボジアに海外１号店を出店した。ベトナム大手流通業で初の海外出店となったため現地で話題を呼んだ。ただ、同社も含め、リストに選ばれたＡＳＥＡＮ３社は今のところ国内中心の事業展開であり、国際化の代表選手とは言い難い。

比のジョリビーや越のビナミルク

２０１７年版「アジア・ファビュラス50社」は、前年に比べ中国企業が４社増えたためかＡＳＥＡＮ企業が例年より少なかった。２０１６年までの３年間、ＡＳＥＡＮ企業の数は８社、９社、７社と推移していた。２０１６年の７社は、フィリピン３社、マレーシア、インドネシア、タイ、ベトナムが各１社という内訳であった。具体的にはフィリピンからジョリビー・フーズに加えて小売りのピュアゴールド・プライス・クラブとロビンソン・リテール、マレーシアからバトゥ・クワン、インドネシアからコンビニ経営などのスンブル・アルファリア・トリジャヤ（ＳＡＴ）、タイから病院経営のバンコク・ドゥシット・メディカル・サービシズ（ＢＤＭＳ）、ベトナムから乳製品メーカーのベトナム・デイリー・プロダクツ（ビナミルク）がそれぞれ選ばれている。

これらの企業には海外部門を積極的に拡大しているところが多い。フィリピンのジョリビー・フーズは傘下のハンバーガーショップを海外に２００店舗近く展開しているアジア有数のファストフードチェーンである（第５章参照）。インドネシアのＳＡＴはフィリピン企業と合弁で運営中の現地のコンビニを２倍の約４００店舗へ拡大する計画を進めている。[15] また、タイのＢＤＭＳは２０１５年に隣国カンボジアの首都プノンペンに国外初の病院を開いたほか、ベトナムのビナミルクはカンボジア工場を新設、ポーランドに販売会社も設立するなど国際化を進めている（第５、６章参照）。

［注］

（１）ＡＳＥＡＮ加盟10カ国の合計。

（２）ＡＳＥＡＮの対内、対外ＦＤＩには、ＡＳＥＡＮ加盟国から他のＡＳＥＡＮ加盟国に対して行われるものも含む。
（３）インドネシアの対外ＦＤＩが急減したのは、２０１６年７月～２０１７年３月に実施された「租税特赦」の影響があるとみられる。この制度は国内外の隠れ資産を申告すれば、多額の追徴課税や刑事訴追を免除するもの。
（４）ＡＳＥＡＮは高所得国シンガポールを含む加盟全10カ国が途上国に分類されている。
（５）日本企業の対ＡＳＥＡＮ直接投資の動向に関しては、牛山（２０１５）参照。
（６）ＡＳＥＡＮの対ＡＳＥＡＮ・ＦＤＩには、非ＡＳＥＡＮ企業、例えば日本企業の在ＡＳＥＡＮ現地法人が手掛けるものも含まれている点に留意が必要である。
（７）Lapadre（2006）や熊谷（２０１１）はこのやり方で緊密度を計測する際の問題点を指摘している。
（８）マレーシアのＧＬＣ改革については第３章参照。
（９）「途上国・移行国経済」とは、チリ、メキシコ、韓国、トルコを除く経済協力開発機構（ＯＥＣＤ）加盟国、ＯＥＣＤ非加盟の欧州連合（ＥＵ）加盟国（ブルガリアやクロアチア、ルーマニアなど５カ国）などを除く国々。
（10）ゴールデン社はシンガポール株式市場に上場し、同国に本社があるが、実態はインドネシア企業。
（11）アバゴのブロードコム買収に関する記述は、永井（２０１７）に基づく。
（12）同社ホームページ　ttp://www.simedarbyplantation.com/our-businesses/upstream/overview　２０１７年11月28日アクセス。
（13）脚注（10）参照。
（14）２００６年リストは12カ国の企業を対象に作成されており、２０１６年の20カ国より少ない。２００６年はＡＳＥＡＮの中でフィリピンは対象外となっていた。
（15）２０１７年５月24日付の日本経済新聞。

第2章　シンガポールの多国籍企業

――ASEANの先頭ランナー

前章ではＡＳＥＡＮの対外ＦＤＩ動向を概観するとともに、ＡＳＥＡＮ多国籍企業の主要な顔触れを確認した。本章からはシンガポール、マレーシア、タイ、ベトナム・フィリピン・インドネシアの順で、各国別の対外ＦＤＩ動向と企業の事例を見る。後者についてはそれぞれの国（国々）から著者が選んだ5社を各章後半で詳しく取り上げる。まず本章はＡＳＥＡＮの中で対外ＦＤＩ規模が最も大きいシンガポールである。

1　シンガポールの対外ＦＤＩ動向

(1)　1990年代から増加トレンド
2000年代後半から一段と加速

ＵＮＣＴＡＤの統計からシンガポールの対外ＦＤＩ額（フロー）の推移をみると、1980年代は微小な金額であったが、1990年代に増加傾向を示した（図表2-1）。その後、1997年のアジア通貨危機を受け伸び悩んだものの、2000年代後半から拡大基調を鮮明にしている。[1] 対外ＦＤＩ残高（ストック）も同様に1990年代から拡大し始め、2000年代以降、増加に拍車が掛かっている（図表1-3）。

図表 2-1　シンガポールの対外 FDI（フロー）

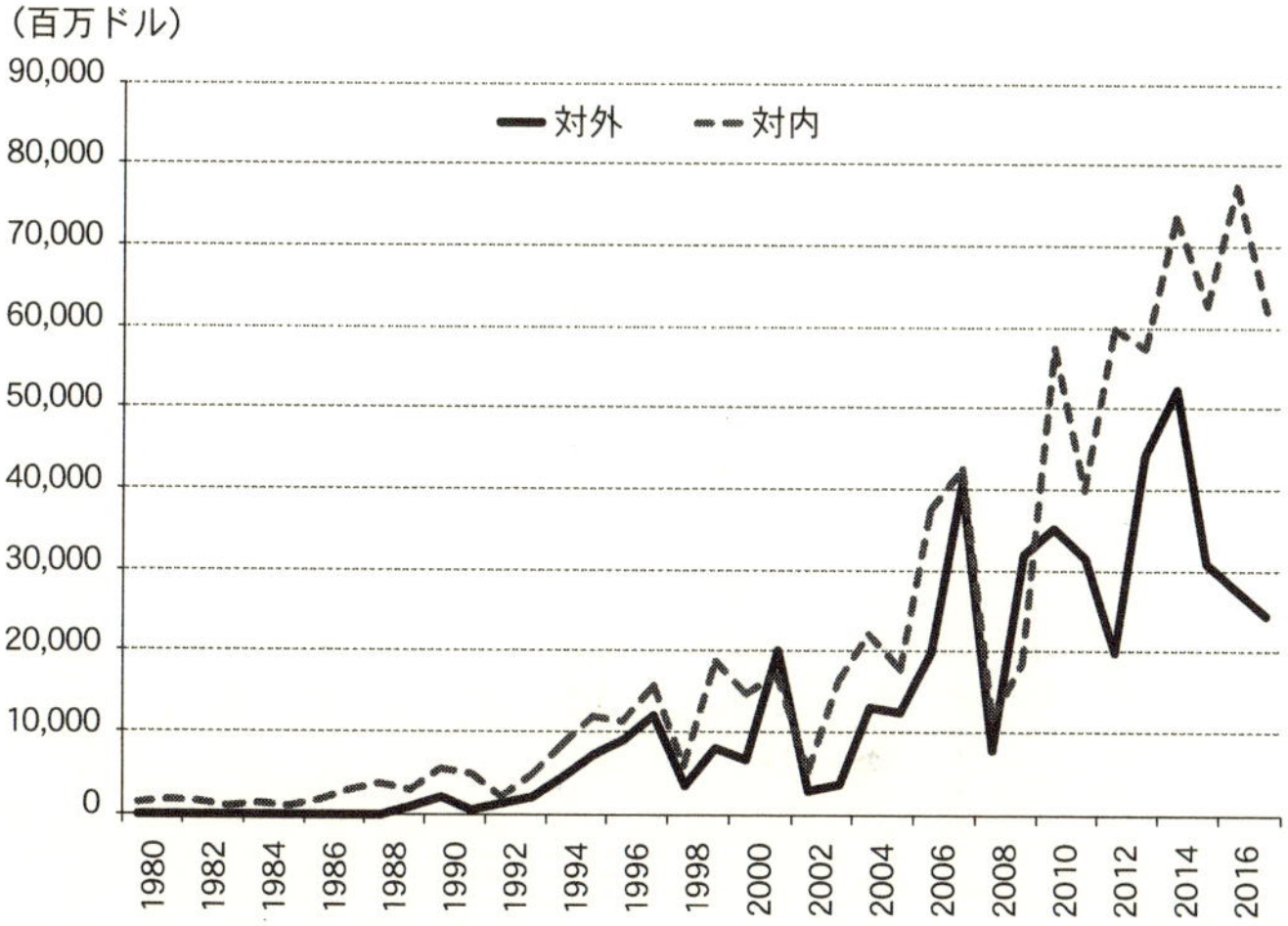

資料：UNCTAD stat より作成。

ただし、フロー・ストック双方の金額に共通するのは、対外ＦＤＩよりも対内ＦＤＩの方が大きいという点である。フローの数字は年によって大きく変動するが、対内ＦＤＩはほぼ一貫して対外ＦＤＩを上回って推移している。２０１０年頃からは対内の増加ペースが一段と加速し、対内から対外を差し引いた「入超額」は更に拡大している。一方、ストックでも対内の伸びが対外を上回る年が目立っており、対外／対内比率は２００６年に過去最高の約90％に上昇した後は低下に転じており、２０１７年末は65％であった。

対内ＦＤＩは多様な地域から

シンガポールの対内・対外ＦＤＩ残高を、同国政府の公式統計からやや詳しく見てみよう。

まず、対内ＦＤＩ残高（２０１６年末）の投資主体別シェアは、１位欧州（30・９％）、２位中南米

(22・2%)、3位アジアと北米(ともに21・5%)の順で、比較的バランスが取れている。シンガポールが世界各地域から満遍なく投資を引き寄せていることがうかがえる。過去10年程の推移をみると、欧州がシェアを落とし、北米は上昇、アジアと中南米はあまり変化していない。

対内FDI残高の業種別シェア(同)では1位の金融・保険(50%)が突出し、以下、2位の卸売り・小売り(22%)、3位の製造(12%)と続いている。上位3業種のシェアは合計8割超に及ぶ。2000年代前半は金融・保険と製造がともに30%台半ばで拮抗していたが、その後、前者が上昇、後者は低下し、両者の差は大きく開いた。アジアの金融センターと言われるシンガポールで金融・保険分野での外国企業の投資が活発に行われてきたことが分かる。

対外FDIはアジア向けが中心

一方、本書が注目する対外FDI残高の地域別シェアは、アジアが50%と圧倒的に多く、2位欧州(23%)、3位中南米(13%)を大きく引き離す。政府の公式統計が入手可能な1994年以降、アジアのシェアはほぼ一貫して50%超の水準を維持、対外FDIの最大の行き先であり続けている。ただ、その構成は変化している。1994年はASEAN(32%)が中国(4%)を圧倒していたが、その後は前者が下落、後者は上昇し、2016年末のシェアはASEAN18%、中国16%でほぼ並んでいる(図表2-2)。

対ASEAN・FDI残高の国別シェアを見ると、1位インドネシアと2位マレーシアで合計約7割

図表 2-2　シンガポールの対アジア FDI 残高、国・地域別シェア

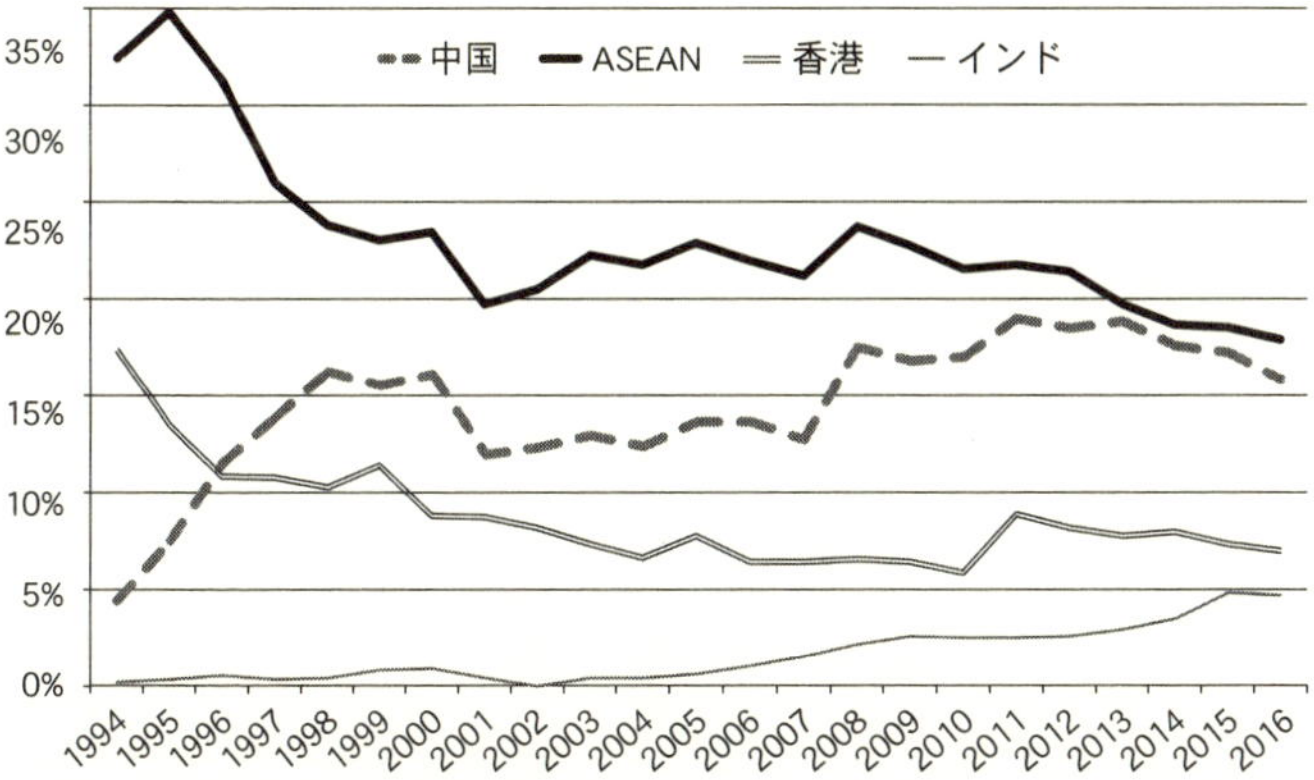

資料：シンガポール統計局のデータから作成。

を占める。両国は過去10年間、ともに30％台のシェアで推移し、シンガポールの主要な投資先であり続けている。３位タイは２００８年に一時26％まで上昇、インドネシア、マレーシアとほぼ肩を並べたが、その後下落に転じ、２０１６年末は16％にとどまる。カンボジア、ラオス、ミャンマー、ベトナムのＣＬＭＶ向けはまだ大きくないが、４カ国を合計するとシェア約10％と5年前（２０１１年）の４％から急伸している。

業種は金融・保険がトップ

対外ＦＤＩ残高の業種別シェア（２０１６年末）は、１位金融・保険（48％）、２位製造（17％）、３位卸売り・小売り（８％）、４位不動産（７％）の順である。対内ＦＤＩと同様、対外ＦＤＩでも金融・保険が突出しており、過去20年間、50％前後のシェアを維持している。国際金融センター・シンガポールを拠点に対外投資を手掛ける金融機関が多いことをうかがわせる。

以上の業種別シェアは対外ＦＤＩ残高全体に占める数字である。対アジアＦＤＩ残高だけで見ると、1位製造（31％）、２位金融・保険（28％）で、製造のシェアが高い。また、アジアから対中国ＦＤＩ残高だけを取り出すと、製造のシェアは45％と更に上昇、２位不動産（23％）の２倍だ。ただ、２０００年代半ばのピーク時（60％超）からは低下しており、最近は２位不動産と３位卸売り・小売りの上昇が目立つ。

(2)　対外ＦＤＩ拡大の経緯、背景(2)

「建国の父」が地元企業に発破

シンガポールはＡＳＥＡＮの中で早い時期から対外ＦＤＩを増やした。建国20周年の１９８５年は世界景気の低迷などで同国が初のマイナス成長を記録した年であるが、政府はこの年の４月、新成長戦略を検討する特別委員会を発足させた。同委は政府、産業界、労働組合の代表で構成され、リー・シェンロン国務相（当時、現首相）がトップを務めた。翌１９８６年２月、同委は従来の製造業に加えサービス業、特に金融部門の振興や、対外投資促進を盛り込んだ報告書を発表した。これを受け対外ＦＤＩに対する税制優遇措置や金融支援などの公的措置が導入された。こうしてシンガポールでは１９８０年代半ばから対外ＦＤＩ促進の空気が強まり、政府の支援も徐々に拡充されていった。

１９９０年代に入ると、国内の土地・労働不足の制約を打破する必要性が強く認識され、また近隣アジア諸国の高成長も背景にして対外ＦＤＩの機運は更に高まっていく。１９９３年に「建国の父」リー・クアンユー上級相（当時）が香港や台湾などと同様、シンガポール企業も高成長市場へ積極的に進出すべきだとする初の本格的な政策演説を行った。これを受けテオ・チーヒエン国務相（当時、現副首相）をトップとする海外投資促進委員会が発足、政府に提出した報告書で「我が国の将来は、企業が（海外で）新たな機会を探し、活用する能力に依るところが益々大きくなっている」と地元企業の対外進出を強く求めたのである。

「地域化」や「第2翼」のスローガン

この頃からシンガポールでは地元企業の海外展開などで自国経済の外延的拡大を目指すという「地域化（regionalization）」や「第２翼（second wing）」といった言葉が頻繁に使われ出す。ゴー・チョクトン首相（当時）が１９９３年に中国とベトナム、１９９４年にミャンマー、１９９４年と95年にインドを相次いで訪問、これらの国々との経済関係を強化する姿勢を鮮明にすると、政府系企業（ＧＬＣ）を中心に地元企業の海外進出が活発化した（顔　２００７）。その後１９９７年のアジア通貨危機の影響で国際化の動きは失速したが、２０００年代後半から本格的な対外ＦＤＩの拡大期に入っていく。

２０００年代になると地元企業に対する公的支援体制は一段と拡充された。対外貿易促進の役割を担っていた貿易開発庁（Trade Development Board：ＴＤＢ）が２００２年、シンガポール国際企業庁（International Enterprise Singapore：ＩＥシンガポール）に改組され、地元企業の国際化支援が新たな重点業務に加えられた。ＩＥシンガポールが２０１６年、何らかの形で海外事業を支援した地元企業は３万７０００社に上った。その４年前の２０１２年（約１万社）に比べ４倍近くの規模に膨らんでおり、シンガポール政府が地元企業の国際化支援を強化している様子がうかがえる。

(3) 政府の役割

ＭＲＡとＧＣＰ

ＩＥシンガポールが手掛ける支援策は、補助金や税制優遇措置、投資先に関する情報提供・助言など多岐に及ぶ。このうち主要な支援策と位置付けられる補助金は、「マーケット・レディネス・アシスタンス（Market Readiness Assistance：ＭＲＡ）」と「グローバル・カンパニー・パートナーシップ（Global Company Partnership：ＧＣＰ）」の２種類がある。ＭＲＡは海外に初めて進出する企業を対象とし、海外拠点の開設や現地のパートナー探し、販売促進などにかかる初期費用を最大70％補助する。年間売上高１億シンガポールドル（Ｓドル、約82億円）未満の中小企業向けの制度だ。一方、ＧＣＰは工場拡張や販路開拓、現地社員の能力開発など既存の海外事業の拡大を目指す企業を対象とし、中小企業（ＭＲＡの供与基準と同じ）に費用の70％、大企業に同50％までを補助する。

２０１６年のＭＲＡとＧＣＰの交付額は合計７３４０万Ｓドル。交付先は１万社超に上り、その約８割は中小企業であった。１万社超のうち、海外に初めて進出する中小企業を対象とする①を交付されたのは約1500社。2015年に比べ45%増えており、今後さらに拡大する見通しだ。これらの企業の進出先として多いのは中国やインドネシア、ミャンマー、ベトナム、インドなど新興アジア諸国である。IEシンガポールでは「国際化はシンガポール経済の成長を持続させるための重要なカギだ。我々は今後も地元企業の海外展開、特にASEAN、中国、インドへの進出を後押しする」[3]としている。

IEシンガポールは2018年、地元企業の製品・サービスの品質向上などを支援する政府機関、スプリング・シンガポール（SPRING Singapore）と統合し、新組織「エンタープライズ・シンガポール（Enterprise Singapore）」として新スタートを切った。両機関の機能や人的資源を一本化して業務を効率化し、地元企業の国際競争力向上に向けた取り組みを更に強化していく方針だ。

(4)　国策を担うGLC

シンガポール企業の国際化を理解するためにはGLCの動向を押さえておく必要がある。同国では「政策実行の代理人」[4]とも言うべきGLCが対外FDIを牽引、重要な役回りを演じてきた（Sermcheep 2017)。「クモの巣のようにシンガポール経済の隅々まで網羅し、世界中に類を見ない経済構造を形成している」（顔　2007）というGLCは、同国経済の屋台骨を支える存在である。上場企業数の中でGLCが占める比率は3%超だが、時価総額は4割超に上る。[5]GLCは政府が地元企業の国際化を重点政策に掲げた1990年代から国際化戦略に本腰を入れ始め、通信のシンガポール・テレコム（シングテル）、銀行のＤＢＳグループ・ホールディングス、複合企業のケッペル・コーポレーションやセムコープ・インダストリーズといった有力企業群が次々と海外事業を拡大していった。

政府系投資会社の存在

これら有力ＧＬＣの主要株主になっているのが、財務省管轄下の投資会社テマセク・ホールディングである。例えば、テマセクは地下鉄のＳＭＲＴの１００％、シンガポール航空の56％、シングテルの52％、セムコープの49％、不動産のキャピタランドの40％、ＤＢＳの29％、ケッペルの20％の株式をそれぞれ保有している（２０１８年３月末）。テマセクの運用資産は総額２７５０億Ｓドル（２０１７年３月末、約22兆７０００億円）に上り、その約３割がシンガポール国内に振り向けられている。これらが主にＧＬＣの株式とみられる。

ただ、運用資産のシンガポール比率は２０００年代半ばの５割から低下し、現在はシンガポール以外のアジア地域の比率の方が大きい（図表2-3）。なかでも中国は25％まで上昇している。テマセクは国際化を推進するＧＬＣの主要株主となっているだけでなく、自らも海外に投資しシンガポール経済の「第2翼」政策を牽引している。同国にはまた、別の政府系有力投資会社ＧＩＣがあり、総額１０００億米ドルを大幅に超える巨額の運用資産を、日本を含む海外の株式や債券、不動産に投資している。

図表2-3　テマセク・ホールディングス運用資産の国・地域別比率（2017年3月末）

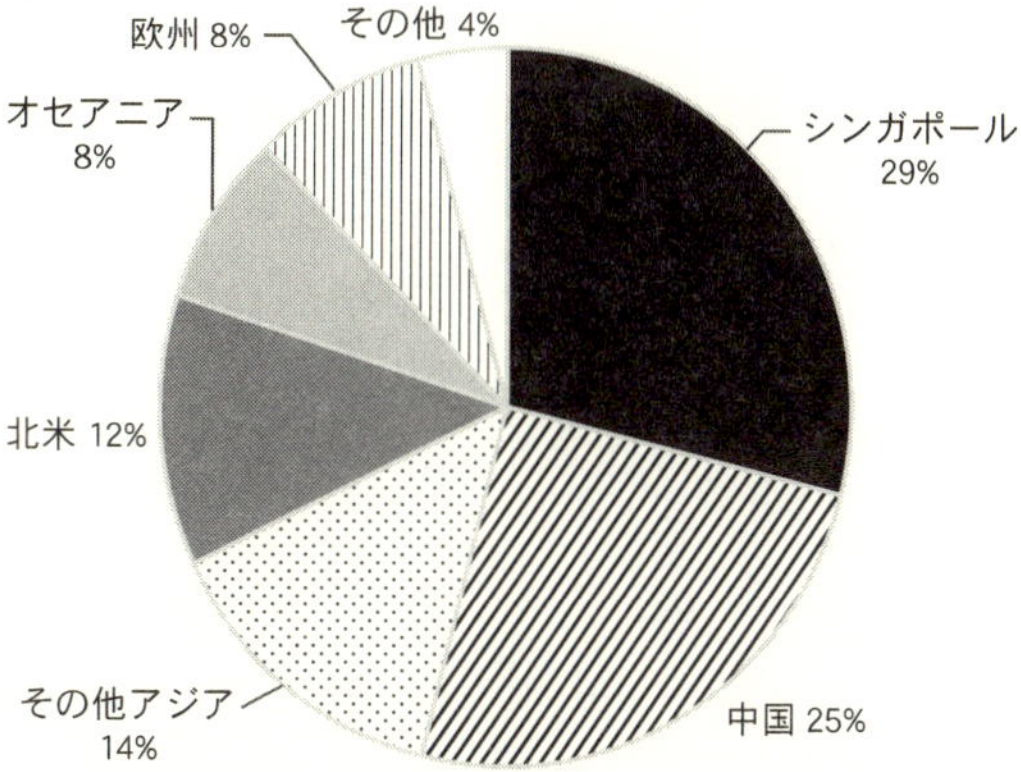

資料：テマセクの2017年3月期年次報告書

(5)　シンガポール多国籍企業の海外事業概観

以下では、次節で詳細に取り上げる5社を除く主要シンガポール企業の海外事業を概観する。

主なGLC

セムコープ・インダストリーズ、ケッペル・コーポレーション

海外事業に積極的なGLCとして、まず複合企業のセムコープとケッペルを挙げよう。セムコープは造船・海底油田掘削装置（リグ）建造の海洋部門、電力・水処理など公益部門、都市開発部門の3つを主力とし、2017年12月期の売上高は約83億5000万Sドル（約6880億円）、純利益は約2億3000万Sドル（約190億円）であった。中国、インド、インドネシア、ベトナム、アラブ首長国連邦（UAE）など海外14カ国で事業を展開している。[6] 公益部門は売上高の約7割を占める最大部門で、主要進出先の中国では火力、風力発電所を上海、重慶など21都市、インドでは火力、風力、太陽光発電所をグジャラートなど7州でそれぞれ運営している。２０１８年からはミャンマー中部マンダレーで火力発電所を稼働、同国電力公社に供給する計画だ。公益部門の売上高のほぼ半分は海外である。

一方のケッペルはリグを中心とする海洋部門、不動産部門、インフラ開発部門を3本柱とし、２０１７年12月期の売上高は約59億６０００万Sドル（約４９１０億円）、純利益は約８億４０００万Sドル（約６９０億円）。海外進出先は20カ国超で海外売上高比率は約5割に上る。３部門のうち同比率が最も高いのは海洋部門（約90％）で、不動産部門（60％）、インフラ開発部門（14％）が続く。最大の海外市場は3部門すべてで進出している中国（香港含む）で売上高の2割弱を占める。[7] 同社が手掛ける大型海外プロジェクトの1つに２００８年から中国・天津市で始めた都市開発計画「天津エコシティ」がある。開発総面積30万㎡の広大なエリアに省エネなど環境配慮型の都市づくりを進めるもので、開発主体の合弁会社にケッペル率いるシンガポール企業連合が出資している。同社は近年、ベトナムやミャンマーなど近隣新興国での不動産開発も活発に行っている。

PSAインターナショナル、チャンギ・エアポーツ・インターナショナル

ＰＳＡインターナショナルはテマセクが全株式を持つGLCで、シンガポールを含む世界16カ国で40の港湾ターミナルを運営している。[8] 前身は政府組織のシンガポール港湾局（Port of Singapore

Authority：PSA）で、PSA時代の1996年に中国・大連市に進出したのが海外事業の始まりであった。2003年に会社組織に衣替えしてから国際化が加速し、ASEAN域内はタイ、ベトナム、インドネシアに進出、欧州は中核拠点ベルギーのほかイタリア、ポルトガル、トルコに展開している。2017年12月期の売上高は39億7000万Sドル（約3271億円）。地域別構成比はASEAN約6割、欧州と北東アジアを合わせて合計約4割。[9] 2016年に中国の国有鉄道コンテナターミナル運営会社に出資していた香港企業を買収、中国で同分野に初進出したほか、三井物産や日本郵船と共同でインドネシア・ジャカルタにタンジュンプリオク新港を開業した。

シンガポールの空港運営会社、チャンギ空港グループ（Changi Airport Group：CAG）の海外担当子会社チャンギ・エアポーツ・インターナショナル（Changi Airports International：CAI）も地元で蓄積した経験・ノウハウを武器に国際化を推進し、アジアや欧州、アフリカなどの20カ国超で50以上の空港の開発・コンサルタント業務を手掛ける。2016年にロシアの政府系ファンドなどとウラジオストク国際空港ターミナルビルの保有・運営企業の全株式を取得、翌2017年にCAI率いる企業連合がサウジアラビア西部ジッダにあるキング・アブドゥルアジズ国際空港の運営を受注した。CAIは既にサウジ東部ダンマームのキング・ファハド国際空港を10年近く運営している。

輸送分野のGLCではこのほか、地下鉄やバスの運行を手掛けるSMRTが2018年からミャンマーでハイヤー事業を始める計画である。

DBSグループ・ホールディングス

シンガポールの銀行最大手、DBSグループ・ホールディングスはテマセクを主要株主とするGLCで、海外は中国・香港・台湾で構成される「グレーター・チャイナ」、インド・インドネシアを中心とする「南・東南アジア」での経営に力を注いでいる。国内外の取引先は約20万社、個人顧客は約700万人、従業員数は約2万2000人にそれぞれ上る。「グレーター・チャイナ」は中国で10都市・29支店、香港で50支店、台湾で43支店を展開し、「南・東南アジア」はインドで12都市・12支店、インドネシアで11都市・39支店を持つ（2017年2月末）。2017年12月期は税引き前利益の約30％を海外で稼いだが、DBSとともにシンガポール3大銀を形成するオーバーシー・チャイニーズ銀行（OCBC）、ユナイテッド・オーバーシーズ銀行（UOB）の民間2行の41～45％に比べると低水準であった。

主な民間企業

ウィルマー・インターナショナル

シンガポールの民間企業では1991年創業のウィルマー・インターナショナルがある。世界有数の農産物の生産・販売会社で、2017年12月期の売上高は約438億米ドル（約4兆7800億円）に上る。事業の柱は、パーム油の栽培・精製・加工の「トロピカルオイル部門」、食用油など「消費財部門」、砂糖精製など「砂糖部門」等で、「トロピカルオイル部門」が売上高の4割超を占める稼ぎ頭だ。

売上高の国・地域別比率は、中国が約半分を占め、地元シンガポールを含むＡＳＥＡＮ地域の２・５倍と大きい。中国では食用油市場で5割近いシェアを誇るほか、コメや小麦の精製でも有力企業である。中国事業の更なる拡大強化に向け、２０１９年下半期に現地子会社を上海証券取引所に上場させる方針だ。ウィルマーを率いるクオック・クンホン会長兼ＣＥＯは、シャングリラ・ホテルなどを傘下に持つクオック・グループ総帥でマレーシア出身の実業家、ロバート・クオック氏の甥である。

フレックス（旧フレクトロニクス）

フレックスはＥＭＳ（電子機器の受託製造サービス）で世界有数の規模で、２０１６年にシャープを買収した台湾の鴻海（ホンハイ）精密工業などと競っている企業だ。ＥＭＳはパソコンやスマートフォン（スマホ）などデジタル機器や情報通信機器の生産に活用されるケースが多い。フレックスの創業は１９９０年で、同社はサーバーやゲーム、スマホなどの受託製造で成長した。世界30カ国に１００超の生産拠点を持ち、従業員総数は約20万人。[10] ２０１８年3月期の売上高は約２５４億米ドル（約2兆７６９０億円）、純利益は約4億３０００万米ドル（約４７０億円）。同社は現在、製造だけを受託する大量生産・労働集約的なＥＭＳ企業から、企画から物流、アフターサービスまでを引き受ける製造業向け総合サービス企業への脱皮を目指している。[11]

ハイフラックス

「気構えがあれば仕事はある」。２００９年８月16日のシンガポール建国記念集会。リー・シェンロン首相は演説で大手水処理会社ハイフラックスの経営を称賛した。[12] 同社がアフリカのアルジェリアで世界最大級の海水淡水化プラントを建設していると紹介、他の地元企業も新興市場を果敢に攻めるよう求めた。１９８９年創業のハイフラックスは２０００年代に国際化を加速した。主な進出先はアルジェリア、オマーン、エジプトなどの中東・アフリカ諸国や中国だ。２０１７年12月期の売上高は３億５３００万Ｓドル（約２９０億円）で海外比率は約４割。同社は水インフラ事業からの多角化も進めており、２０１５年に飲料水販売などを手掛けるハンガリーのカクン・ヨーロッパの株式30％、インドネシアのボトル飲料水メーカーのオアシス・ウオーターズ・インターナショナルの株式50％を取得した。

シティ・デベロップメント、バンヤンツリー・ホールディングス

不動産、ホテルでは華人系有力財閥ホンリョン・グループの中核企業シティ・デベロップメント（ＣＤＬ）がある。世界26カ国にグループ企業４８０社超（２０１７年２月末）を有し、ホテル事業はロンドン証券取引所上場の子会社ミレニアム・アンド・コプソーン・ホテルズを通じ１３０軒展開している。２０１７年12月期の売上高は約38億Ｓドル（約３１３０億円）、収益力を示すＥＢＩＴＤＡ（税引き・利払い・償却前利益）は約11億Ｓドル（約９０６億円）で、海外売上高比率は約５割である。一方、バンヤンツリー・ホールディングスは世界約25カ国で40軒のリゾートホテル、64軒のスパ（温浴施

設）を展開している（2016年末）。最も力を注いでいるのがアジアで、中国、タイ、インドネシア、ベトナム、ラオス、モルジブなど15カ国・地域に進出している。2017年1月にはアジア系のホテルとしては初めてキューバに本格進出した。バンヤンは1994年にタイ・プーケットで大型リゾート施設を開業したのが始まりで、2000年代に海外ネットワークを一気に拡大、2006年には地元シンガポール証券取引所に株式を上場した。

2　シンガポール有力多国籍企業の事例

(1)　オラム・インターナショナル――「小さな国の大きな農産物商社」

世界に2万3000社の取引先

1989年の創業時、オラムは1つの国で1つの品目を扱っていた。インド企業に勤めていたサニー・ベルギス氏（現オラムCEO）が独立して起業、ナイジェリア産カシューナッツの対インド輸出を始めたのが出発点だ。それが今や約50品目を取り扱い、世界70カ国に進出し、ネスレやユニリーバなど巨大企業も含む約2万3000社の取引先を持つまでに成長した。従業員は契約労働者も含め約7万人、海外で運営する農作地面積は250万ヘクタールとシンガポールの国土の約34倍、農産物の加工工場は世界に200超ある。[13] オラムはシンガポールに本社を置く多国籍農産物商社として大きな存在感を

図表2-4　オラム・インターナショナルの地域別売上高比率（2017年12月期）

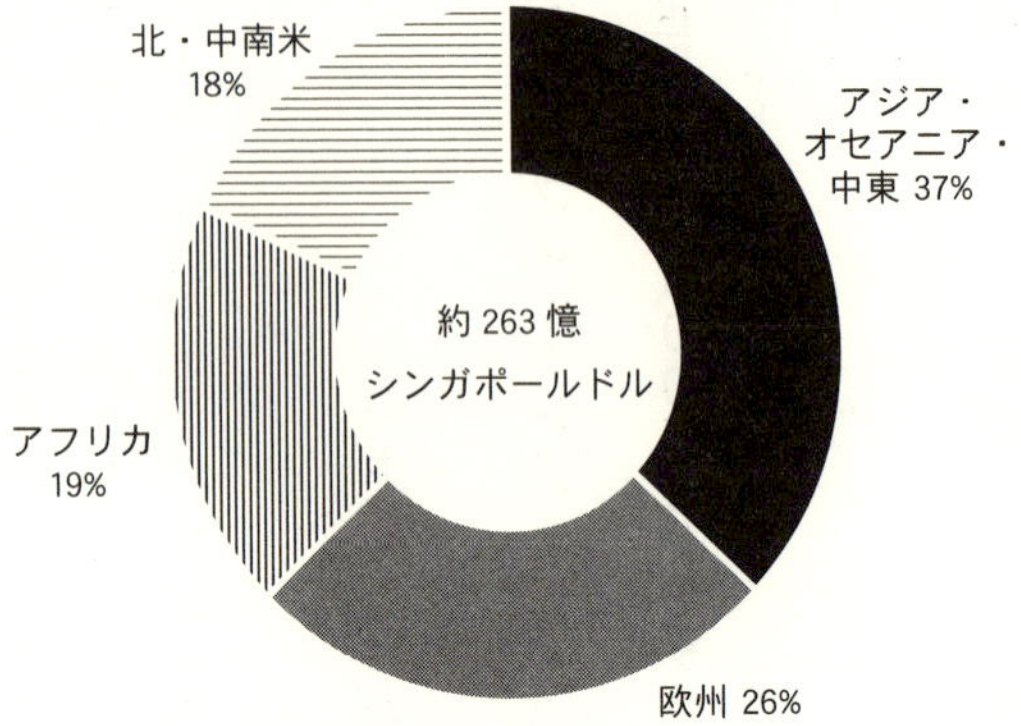

資料：2017年12月期の年次報告書より作成。

放っている。

２０１７年12月期の売上高は前の期比28％増の約２６３億Sドル（約２兆１７００億円）、ＥＢＩＴＤＡは同10％増の約13億３０００万Sドル（約１０９６億円）であった。シンガポール株式市場へ上場した２００５年に比べ売上高は約８倍、ＥＢＩＴＤＡは10倍超にそれぞれ膨らんでいる。

２０１７年の部門別売上高比率は、食用油やコメ、砂糖など「主食・加工食品」が37％と最も高く、以下、コーヒーやココアなど「菓子・飲料の原材料」31％、アーモンドやカシューナッツなど「食用ナッツ・香辛料・野菜関連」17％、木綿やゴム、木材製品など「産業用の原材料」15％と続く。

地域別売上高比率は、アジア・オセアニア・中東が37％と最大で、以下、欧州（26％）、アフリカ（19％）、北・中・南米（18％）の順だ（図表２-４）。多彩な商品を様々な地域で手掛けていることから、オラムの業績は気候や商品変動に比較的左右されにくいと言われる。

カシューナッツやアーモンドで世界1位

同社によれば、取引品目のうち世界3位以内の規模（生産や供給）を誇るのは、カシューナッツ、アーモンド、乾燥たまねぎ、乾燥にんにく、カカオ豆（以上1位）、木綿（2位）、コーヒー豆、コメ（以上3位）などである。「世界で消費される板チョコの3枚に1枚は、オラムが流通させているカカオ豆から製造されている」、「オラムが取り扱うコーヒー豆で世界の人々に毎週1杯のコーヒーを与えることが可能だ」――。[14] これらの説明から当該品目におけるオラムの国際的な影響力の大きさがうかがえる。同じ農産物でも市場が大きい大豆やトウモロコシは米カーギルや米アーチャー・ダニエルズ・ミッドランド（ADM）など穀物メジャーが強い。オラムは規模では劣るものの高単価で利幅が大きいコーヒー豆やカカオ、ナッツ等を主力に据え、業界内で強固な地位を築いた。創業の地であり、成長力に富むアフリカ市場に食い込んでいるのも強みだ。

オラムを率いるのは、創業者でインド系のサニー・ベルギスCEO。著者がかつてインタビューした際、同氏はマラッカ海峡を見下ろす高層ビルのオフィスで「我が社と同じビジネスモデルを追求している企業はない」と力説した。同氏によれば、オラムの特徴は、販売力と調達力を兼備した「統合型農産物商社」である点。農産物業界には米カーギルのような強力な国際販売網を持つ「グローバル商社」が存在する一方、生産国の農場や加工工場と強固な関係を有す「ローカル商社」がある。だが前者の「販売力」と後者の「調達力」を併せ持つ商社はあまりないという。オラムは「生産地から市場に商品を直接供給し、余計な流通過程を介在させず、高い利幅を得るというビジネスモデルを追求している」とべルギス氏は話す。

オラムの事業を上流、中流、下流に分けると、まず原料生産の上流は、アフリカ各地にアブラヤシや天然ゴム、豪州・米国にアーモンド、タンザニア・エチオピア・ラオスにコーヒー、インドネシアにカカオ豆、アルゼンチン・南アフリカにピーナッツなどの農園がある。更にナイジェリアでコメの生産、ウルグアイとロシアで酪農も行っている。加工・製造の中流は、ナイジェリア・ガーナ・コンゴで小麦製粉、インド・インドネシアで製糖、インドで精米、コートジボアール・ナイジェリアでカカオ豆加工、米国でトマトペースト製造やピーナッツ製品の製造、コートジボアールでパーム油精製、ベトナムでコーヒー加工とカシューナッツ製品の製造などを手掛ける。販売の下流は、とりわけ有望なアフリカ市場で営業拠点の設立、整備に力を注いでいる。

積極的なM&Aによる規模の拡大

オラムの経営は、積極的なM&A（合併・買収）に特徴がある。2000年代に豪州のアーモンド農場、ナイジェリアの製粉工場、コートジボワールの綿花農場、ウルグアイの酪農場などを相次ぎ傘下に収めた。2015年には穀物メジャー、米ADMのカカオ豆事業を13億ドルで買収した。オラムにとって過去最大規模のM&Aで、カカオ豆加工能力を7倍の年間70万トンに拡大し、世界シェアをトップ3に入る16%へ高めた。既にカカオ豆卸売業務では世界最大であったが、ADM買収で加工部門も強化、ケーキやチョコレートの原料として新興国向けを中心に供給量を増やす方針だ。

更に2016年、オラムはナイジェリアで製粉工場とパスタ工場を運営する地元企業を2億7500万ドルで買収、同国で小麦粉の生産・販売で2位、パスタで1位へそれぞれ浮上した。同じ年には米ピーナッツ加工会社ブルックス・ピーナッツ・カンパニーの全株式も8500万ドルで取得した。2014年に米同業大手マククレスキー・ミルズを1億7600万ドルで買収したのに続く、米ピーナッツ市場でのM&Aとなった。オラムは2014年末から約2年間で総額20億ドルのM&Aを実施したと言われる。[15]

三菱商事が出資

オラムの筆頭株主は、政府系投資会社テマセク・ホールディングスで持ち株比率は約54％（2018年3月）。第2位は18％弱を出資する三菱商事だ。同社は2015年、第3者割当増資と創業一族からの株式取得を通じ有力株主となり、オラムを持ち分法適用会社とした。取得金額は約1300億円。オラムが米ADMのカカオ豆事業を買収する資金を得るためパートナーを探していたころ、三菱商事が名乗りを上げ、同様に関心を示していた三井物産などを退けたとされる。[16] 三菱商事は、オラムの「農業生産・調達基盤」と自社の「食品製造・販売基盤」を融合、グローバル規模で川上から川下まで「新たな垂直統合事業プラットフォームを構築する」としている。販売力と調達力を併せ持つとベルギス氏が自負するオラムであるが、三菱商事と組めば経営基盤の更なる強化が期待できる。両社は2016年、日本に合弁会社（三菱商事が70％出資）を設立、コーヒーやココア、ナッツなどの販売拡大に乗り出した。

オラムは１９９６年にロンドンからシンガポールへ本社を移転した。ベルギス氏はその理由を「シンガポールは農産物需要の拡大が期待されるアジアの中心に位置する。特に中国とインドの間にある地理的利便性に着目した」と話す。物流や金融のハブ（拠点）としての優れたインフラも移転の決断を促した。シンガポール政府もオラムの本社誘致に熱心だったとされる。新興国の人口増や経済発展で農産物需要が拡大すれば、オラムは国を代表するグローバル企業へ飛躍するとの読みがあったからだ。政府はオラム誘致後、テマセクを通じ同社に出資した。地元シンガポールでのテマセクの出資先は、通信のシングテルや複合企業のケッペル、セムコープ、銀行のＤＢＳ、シンガポール航空など同国経済の発展とともに歩んできた生え抜きの大企業が中心で、「移民系」のオラムは異色の存在だ。同社の活躍は、多くの外資を引き寄せる国際ビジネス拠点、シンガポールが持つ磁力の強さも映している。

(2)　キャピタランド――ＡＳＥＡＮ最大規模の不動産会社

31カ国・１４７都市に進出

住宅や商業施設、オフィスビル、サービスアパートなどを手掛け、進出先は31カ国、１４７都市に上る。[17] キャピタランドはシンガポールに本社を置くＡＳＥＡＮ最大規模の不動産会社である。地元シンガポールと中国を主要な市場とし、近年はベトナムでも積極経営を続けている。筆頭株主は約40％（２０

図表2-5　キャピタランドの地域別売上高比率（2017年12月期）

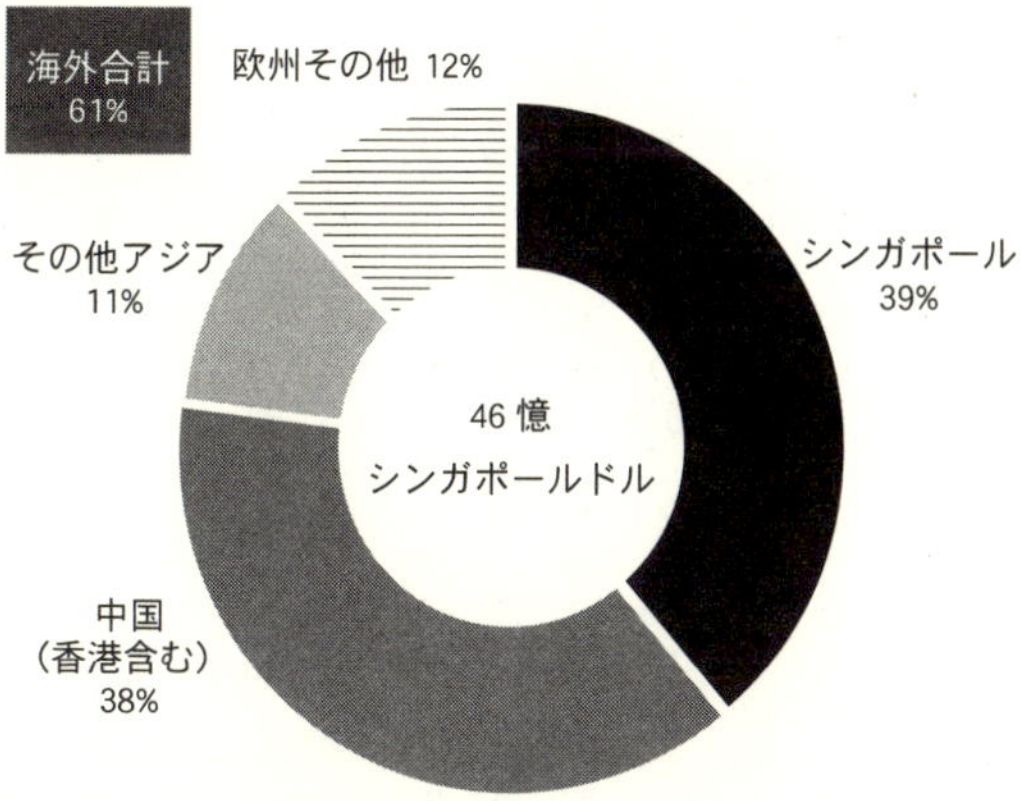

資料：2017年12月期の年次報告書より作成。

18年3月）の株式を保有する政府系投資会社テマセク・ホールディングスである。

2017年12月期の売上高は前の期比12%減の約46億Sドル（約3790億円）、純利益は同30%増の15億5000万Sドル（約1277億円）。国別売上高比率は、中国（香港含む）とシンガポールがともに4割弱で双璧である（図表2-5）。以下、「欧州その他」（12%）、マレーシアやインドネシアなど「その他アジア」（11%）が続き、海外は計6割超を占める。2017年末の総資産は614億Sドルで構成比はシンガポール47%、中国36%、「その他アジア」10%、「欧州その他」7%の順。海外は計5割超だ。

2000年代に国際化が加速

キャピタランドの発足は2000年11月。地元の大手不動産会社、ピデムコランドとDBSランドの2社が合併して誕生した。前者は住宅開発庁（HDB）の事業部門から発展した会社、後者は政府系銀行の不動産子会社で、合併は政府系企業再編の一環であった。前身の不動産2社のうちDBSランドはもともと海外事業に積極的であった。このため新生キャピタランドは事実上の初年度であった2001年に海外売上高比率は約6割と既に高く、海外資産比率も約3割あった。その後、2000年代を通じキャピタランドは国際化を更に推進、海外売上高比率は2007年のピーク時に8割近くへ上昇した。翌2008年にリーマン・ショックが起きてから同比率は伸び悩んでいるが6割台は維持している。一方、海外資産比率も2000年代半ばに50％台後半へ上昇、2015年に過去最高の63％を記録した。

中国事業は2001年に売上高の1割未満に過ぎなかったが、前述の通り2017年は4割近くを占めている。中国に持つ資産の比率も2001年の9％強から上昇を続け、2015年には46％と過去最高に達した。中国経済が順調に成長した2000年代、キャピタランドの経営は対中傾斜を強めた。それを陣頭指揮したのが、2012年までCEOを務めたリュウ・ムンリョン氏だ。同氏は官僚としてシンガポールの空の玄関、チャンギ国際空港の開発などに関わった後、キャピタランドの前身ピデムコランドでトップを務めた。2000年にDBSランドとの合併でキャピタランドが誕生すると初代CEOに就任した。2013年、リュウ氏は退任し、後任にリム・ミンヤン最高執行責任者（COO、当時）が昇格した。リム氏は2000～09年に中国現地法人のCEOを務めた。リュウ氏が後任CEOの条件に挙げていた中国通の人物であった。このトップ人事を見てもキャピタランドにとって中国事業がいかに重要かがうかがえる（リム氏は2018年9月に退任した）。

対中不動産投資は外資系で最大規模

中国での主要事業の1つに、ショッピングモールやオフィスビルからなる大型複合施設「ラッフルズ・シティ」の開発・運営がある。2003年の上海（総面積14万㎡）を皮切りに、2009年に北京（同11万1000㎡）、2012年に成都（同20万9000㎡）と寧波（同8万2000㎡）へ展開。2015年に重慶、2017年に杭州、深圳にも進出し、2018年は重慶に2軒目を開く予定だ。「ラッフルズ・シティ」や単体のショッピングモールなどキャピタランドが中国で運営する商業施設の数は61（2017年末）に上る。これは同社が国内外で運営する商業施設数（91）の7割近くに相当し、地元シンガポールの18を大きく上回る数字だ。

一方、中国では住宅販売にも注力し、2016年の販売額は前年比17％増の180億元と2年連続で過去最高を達成した。翌2017年は同15％減と伸び悩んだが、今後の見通しについて「（都市に人口が流れる）都市化の現象が続くため中長期的には拡大する」[18]と期待を寄せている。

キャピタランドは対中不動産投資を手掛ける外国企業として最大規模とされ、中国では合計56都市に進出している。[19]中国に持つ資産の都市別比率（2016年末）は、上海29％、北京15％、広州・深圳9％で、これら4つの「1級都市」で合計53％。次いで成都・重慶・杭州・瀋陽・蘇州・天津・武漢・西安の8つの「2級都市」で34％、その他都市で13％だ。シンガポール政府は膨大な中国市場で商機を獲得せよと地元企業に何かと発破をかける。その際、成功例としてよく引き合いに出されるのがキャピタランドである。[20]ただ、中国における商業施設の経営環境は、競争激化やネット通販の普及などから悪化しており、同社は２０１８年１月に事業のリストラ策を発表している（第６章参照）。

ベトナム事業に注力

今後の成長市場として期待するのはベトナムだ。２０１７年３月、同国を訪問したリムCEOはグエン・スアン・フック首相と会談、対越投資を大幅に拡大する方針を伝えた。具体的には最大都市ホーチミンで同国初の「ラッフルズ・シティ」の建設を検討するほか、２０２０年までに同市中心部に高さ２４０m、床面積10万６０００㎡の高級オフィスビルを完成させる計画だ。同国で高級オフィスビルを建設するのは初めて。高成長が続くベトナムへの外資の進出増でオフィス需要が更に拡大するとの判断がある。一方、同国では既に高級住宅９１００戸[21]を開発済みで、２０１７年の住宅販売戸数を前年比８倍の約１４００戸へ増やした。今後新たに２０００~２５００戸分の建設用地を取得する計画もある。サービスアパート（キッチンや家具を備え付け、清掃などのサービスが付いた一時滞在者用アパート）も既に22棟、４７００戸を運営しているが、２０２０年までに７０００戸へ拡大する。

日本市場でも攻勢が目立つ。２００２年にサービスアパート運営子会社、アスコットの日本法人を三菱地所と合弁で設立、「サマセット」や「シタディーン」などのブランド名で展開している。２０１７年３月に東京・丸の内に最上級ブランド「アスコット」を日本で初めて開業、日本でのサービスアパートは計16軒に増えた。東京五輪が開催される２０２０年に向け、更に数を増やす方針である。一方、商業施設は２００３年に日本へ進出して以来、傘下のモール数が５軒まで増えた。商業施設の運営を通じ

「ユニクロや無印良品（ＭＵＪＩ）、ダイソーなど小売りブランドやファッションブランド、外食ブランドを展開する日本企業との関係を築けた」、「（それらの企業は）当社が各国で展開する商業施設でも優良テナントになっている」[22]としている。２０１７年２月には商業施設の運営子会社キャピタランド・モール・アジアを通じ、首都圏のオフィスビル３棟とショッピングモール１カ所を合計５１０億円で買収する計画も発表した。

サービスアパートは世界有数の規模

キャピタランドの事業で最も世界的な広がりを見せるのがサービスアパートである。同部門の子会社アスコットは既に32カ国・地域（２０１７年末）に進出、同業界で世界有数の規模を誇る。２０１７年12月期の売上高は前の期比３％減の約10億Ｓドル。中国やフランス、ブラジルなどでサービスアパート数十軒の運営契約を獲得、戸数換算で約２万４０００と単年ベースで過去最高の数字を達成した。これにより同社が手掛けるサービスアパートは世界全体で７万２０００戸（準備中の物件含む）に増えた。新市場への進出と既存市場の一層の開拓で２０２３年までに総戸数を16万戸へ増やすのが目標だ。

(3) シンガポール・テレコム（シングテル）――利益の7割超を海外で稼ぐ

7億人の携帯契約者

シングテルは、シンガポールの政府系投資会社テマセク・ホールディングスが52％（2018年3月末）の株式を持つGLCだ。もともと電信・電話事業を手掛ける政府系機関であったが、政府による株式放出を経て1993年に地元証券取引所に株式を上場した。この頃からシングテルは海外事業に意欲的に取り組み、1999年のフィリピンを皮切りに、1999年タイ、2001年インドネシアとASEAN諸国の地元有力通信会社へ相次いで出資した（図表2-6）。ASEAN域外でも2000年にインド、2001年に豪州へ進出した。シングテルはグループ全体で約7億人（2018年3月末）[23]の携帯電話契約者数を持ち、東南アジア・南アジアを地盤とする携帯電話会社では最大規模である。

2018年3月期のグループ売上高は前の期比5％増の約175億3200万Sドル（約1兆4450億円）、純利益は同41％増の54億5100万Sドル（約4492億円）であった。競争激化の影響からインド市場で採算が悪化するなどマイナス材料があったが、海外部門は子会社がある豪州や関連会社があるインドネシアやフィリピン、タイなどで連結純利益の合計75％を稼ぎ出した。シングテルの株式時価総額はアジアの通信会社（日本を除く）では中国最大手の中国移動に次ぎ第2位。アジアを中心とする積極的な海外戦略と事業の多角化が株式市場で評価されているという。[24]

図表 2-6　シングテルの出資先

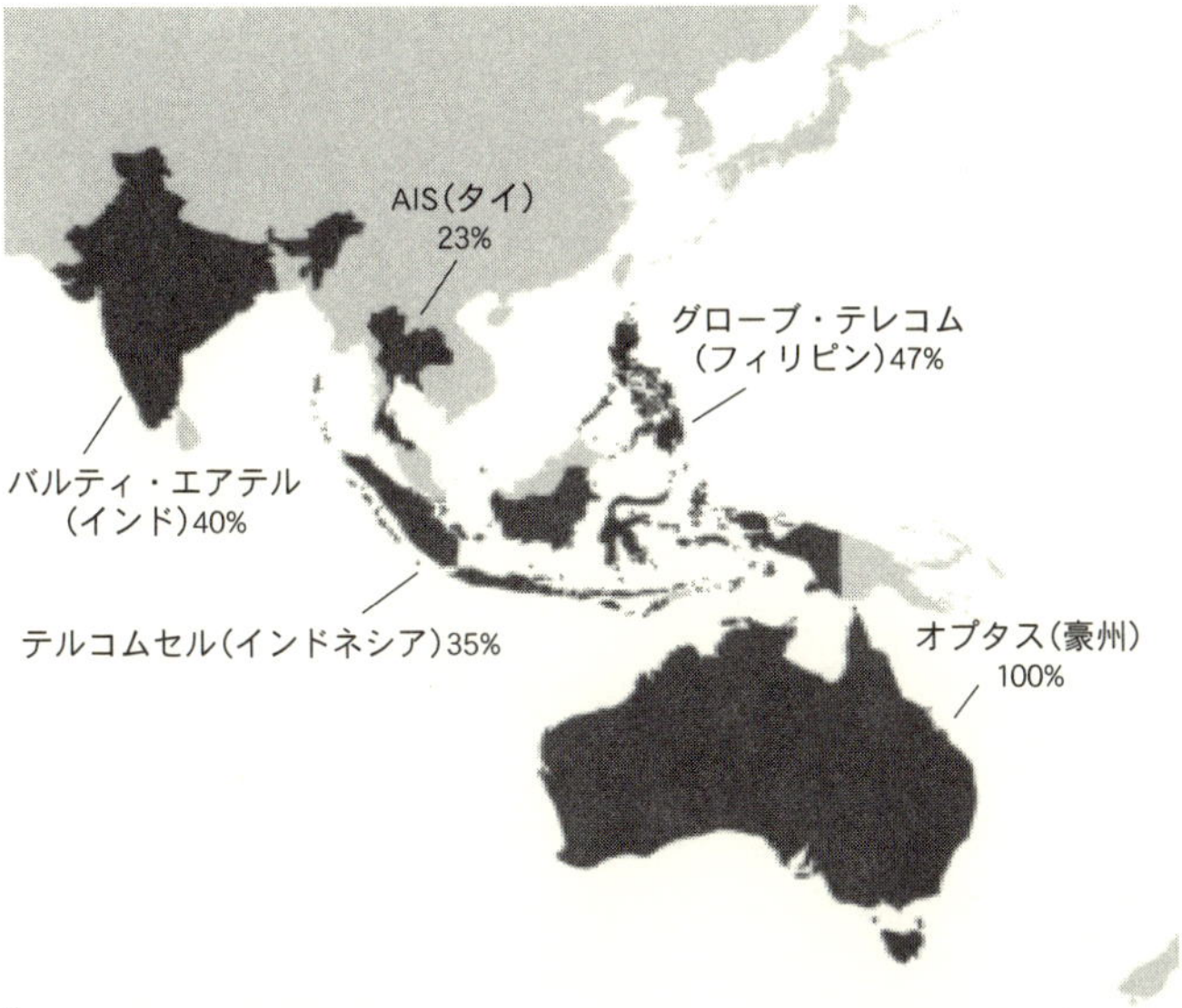

注：2018 年 3 月末時点。
資料：シングテルの 2018 年 3 月期の決算資料より作成

米フォーチュン誌が選んだ「２０１７年の世界最強の女性経営者50人（米国を除く）」にはシングテルのチュア・ソックン最高経営責任者（ＣＥＯ）が６位に入った（２０１６年は４位）。これはシンガポールのリー・シェンロン現首相夫人で、政府系投資会社テマセク・ホールディングスＣＥＯを務めるホー・チン氏の10位（同８位）を上回る順位だ。チュア氏は２００７年、シンガポール建国の父、故リー・クアンユー氏の次男で、シェンロン現首相の弟であるシェンヤン氏からＣＥＯを引き継いだ。フォーチュン誌は「過去10年間でシングテルを東南アジア最大の通信会社として飛躍させた」チュア氏を「抜け目のない」経営者と評している。

タイやインドネシアの最大手に出資

シングテルのアジア事業を国別にみると、最も早く進出したフィリピンでは大手携帯通信会社グローブ・テレコムに47％出資している（議決権株式は約22％）[25]。グローブは旧宗主国スペイン系の有力財閥アラヤ・グループの中核企業で、人口1億人超のフィリピンで約6300万人（市場シェア52％、以下同）の契約者を持つ。シングテルはまた、タイ最大の携帯通信会社アドバンスト・インフォ・サービス（AIS）に23％出資している。AISの契約者数は約4000万人（45％）で、タイの人口（約7000万人）の約6割の規模だ。インドネシアでの出資先は業界トップのテルコムセルで、出資比率は35％。ASEAN最大の約2億6000万人の人口を持つ同国でテルコムセルは約1億9000万人超（47％）の契約者数を抱える。シングテルは地元シンガポール（人口約570万人）では400万人超（49％）の契約者数を持つ業界最大手だ。これら4カ国でのシングテル及び出資先のグループ企業の契約者数は合計約3億人とASEAN総人口の半分近くに達する。

一方、ASEAN域外ではインドの携帯通信首位、バルティ・エアテルに約40％超出資している。バルティは人口13億人のインドで3億万人超（26％）の契約者を抱え、隣国スリランカにも進出している。マダガスカルやタンザニア、ケニアなどアフリカ14カ国にも展開し、合計約9000万人の契約者を有す。シングテルはまた、インド進出翌年の2001年に参入した豪州（人口約2400万人）では契約者数約1000万人の業界2位、オプタスの全株式を保有している。以上見てきたようにASEAN、南アジア、オセアニアに強力なネットワークを持つことがシングテルの強みと言えよう。

シングテルは海外ネットワークの更なる強化を狙っている。２０１６年にインドのバルティ・エアテルを傘下に抱える持ち株会社バルティ・テレコムの株式７％強を追加で取得し、出資比率を約40％から約47％へ引き上げる一方、タイのＡＩＳの持ち株会社インタッチ・ホールディングスの株式21％をシングテルの親会社テマセク・ホールディングスから取得した。双方の取得金額は合計24億７０００万Ｓドルに上った。インタッチの前身は２００４年の軍事クーデターで国を追われたタイのタクシン元首相が設立したシン・コーポレーションである。同氏は２００６年に保有株を手放し、シンは２０１４年に現社名に改められた。シングテルがタイ、インドで出資先企業の持ち株会社の株式取得に動いたのは、出資先への影響力を強め、動画配信などネットビジネスを中心に事業展開を加速する狙いがあるとみられる。２０１８年には印バルティ・テレコムへの出資比率を約49％へと更に引き上げている。

インターネットビジネスに注力

シングテルが新たに注力しているのがインターネットビジネスだ。２０１５年１月にソニー・ピクチャーズエンタテインメント、ワーナー・ブラザーズ・エンターテインメントと映画、テレビ番組などの動画配信サービス会社「ＨＯＯＱ（フーク）」を合弁で設立、同年２月にフィリピン、４月にタイで相次いでサービスを始め、２０１６年４月にインドネシアで地元メディアと提携、市場に参入した。また、２０１６年１月に動画配信の世界最大手、米ネットフリックスと提携したほか、翌２０１７年４月にマレーシアの大手メディアグループ、メディア・プリマが手掛けるマレー語のドラマなどの配信サービスをシンガポールで提供すると発表した。

チュアCEOは動画配信以外にも、広告、データ分析、セキュリティー関連への投資を継続する方針を示す[26]。実際シングテルは2012年に米モバイル広告会社アモビーを買収、2017年には同社を通じ米国の同業、ターンを3億1000万米ドルで傘下に収めた。「世界有数のサイバー防衛サービス企業」を目指し、2015年9月には米サイバーセキュリティ会社トラストウエーブ・ホールディングスを7億7000万米ドルで買収している。シングテルはアジア諸国の通信会社に積極的に出資してきたが、今後はインドネシアやフィリピンの出資先を通じ成長余地のあるサイバー防衛事業の拡大などにも取り組む。

デジタル、通信分野で高い技術を持つベンチャー企業の発掘、支援も強化している。2016年2月、ベンチャーキャピタル子会社のシングテル・イノベイト（Innov 8）は、ドイツテレコム、仏オレンジ、スペインのテレフォニカの欧州通信大手3社と結成した企業連合「ゴー・イグナイト」の活動を始めた。「ゴー・イグナイト」はデジタル、通信分野で高い技術を持つベンチャー企業を育成するのが目的で、応募企業から支援対象を選び、資金を供与する。ネット関連ベンチャー企業との連携を推進し、成長力に富むネットビジネスを一気に拡大する狙いがある。ベンチャー企業側はシングテルがアジア各国に展開するネットワークなどを活用し海外市場に進出できるメリットがあり、ウィン・ウインの関係を築くことも可能だ。

(4)　ブレッドトーク――シンガポールが誇る多国籍ベーカリー

国内外に１０００店舗

ベーカリー、フードコート、レストランの３部門を柱とする。アジア・中東の17カ国・地域に１０００近い店舗を展開し、従業員総数は約７０００人。２０００年の創業時から海外事業に意欲的で、ベーカリーではアジア有数の店舗網を持つ。

ブレッドトークは地元ベンチャー企業の成功例とされる。創業間もない２００２年、ゴー・チョクトン首相（当時）が８月18日の建国記念演説で、同社の経営を称賛したのは有名な話である。それから10数年が経った今も、同社は「お手本」のような存在であり続けている。

２０１７年12月期の売上高は前の期比３％減の約６億Ｓドル（約４９４億円）、ＥＢＩＴＤＡは同４％減の８４４２万Ｓドル（約70億円）。創業翌年の２００１年を起点にすると、売上高は40倍近くの規模に拡大した。売上高の部門別シェアは、ベーカリー50％、フードコート25％、レストラン24％の順。一方、ＥＢＩＴＤＡの同シェアは、レストラン38％、フードコート32％、ベーカリー29％である。

株式上場した２００３年頃はベーカリーにかなり依存していたが、収益源は３部門に分散した。シンガポールの大手証券、ＤＢＳビッカーズ証券は「(レストランは高所得層、フードコートは一般大衆などと) 各部門が異なるセグメントの消費者をターゲットしているため、バランスが取れている」と評価している。[27]

最大の進出先は中国

国内外に展開する店舗数（２０１７年末）は、ベーカリー８７１、フードコート53、レストラン25など合計９５４。最も多いベーカリーは直営店が２４０、残りはフランチャイズ店で、後者の比率は7割強に上る。ベーカリーの国・地域別の内訳は、地元シンガポールが約１２０店舗と14％を占め、残り86％は海外に分布している。海外店舗が最も多いのは２００３年に進出した中国である（図表2‐7）。

各部門の状況を少し詳しく見てみよう。まずベーカリー部門には、同部門の中心であるベーカリーの「BreadTalk」（店名）に加え、軽食喫茶「トーストボックス（Toast Box）」（同）も含まれる。前者は創業時から運営されており、多彩な品ぞろえと明るいデザインの店舗設計を特徴にしている。後者は２００５年から営業を始めたもので、シンガポール定番の朝食メニュー「カヤトースト[28]」やココナッツ風味のスパイシーなスープに入った麺「ラクサ」などが人気である（因みに著者はシンガポールを訪れると「Toast Box」でラクサを食べることが多い）。

図表 2-7　ベーカリー部門の店舗数（国・地域別）

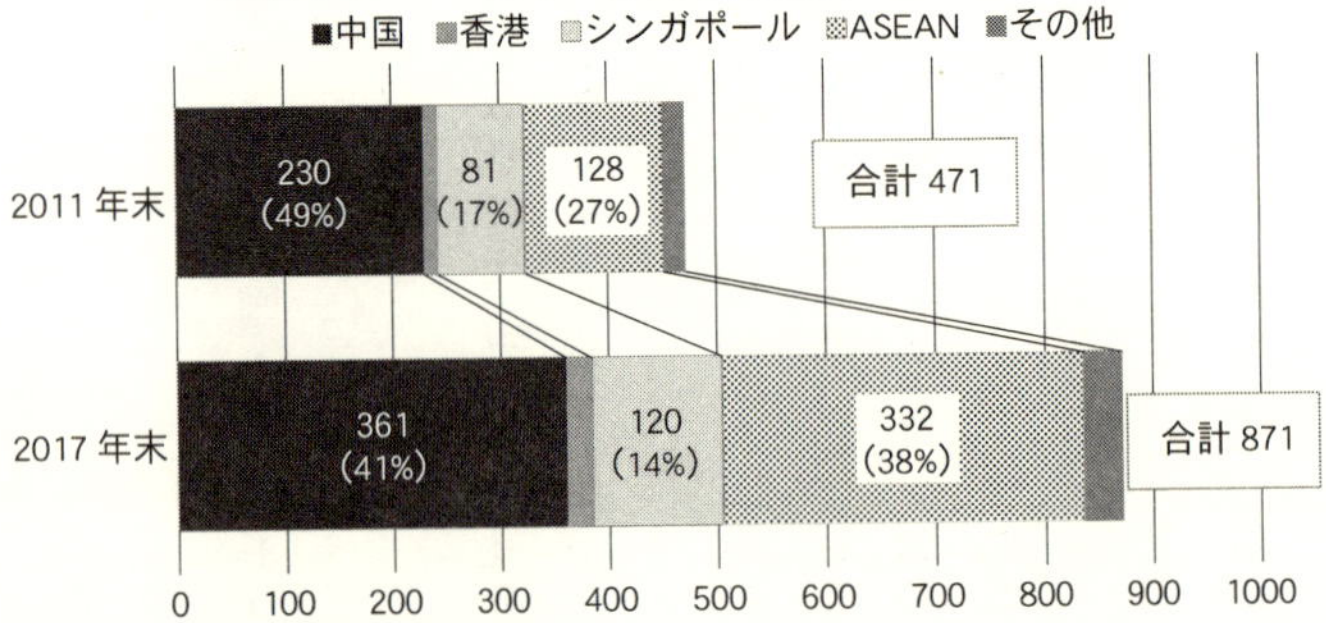

資料：同社年次報告書より作成。

ベーカリー部門の売上高は２０１０年以降、年平均14％の伸び率を続けている。２０１７年は売上高の48％をシンガポール、32％を中国で稼ぎ、双方で合計８割を占めた。国内外の総店舗数（８７１）はその10年前に比べ約６倍に拡大しており、積極的な出店戦略の跡が見て取れる。店舗数が最も多い中国には３６１店舗あり、シンガポールのほぼ３倍だ。にもかかわらずシンガポールの売上高の方が大きいのは、商品単価が高く設定され１店舗当たりの売上高が相対的に大きいためとみられる。

ベーカリー部門の店舗数は、シンガポールを除くＡＳＥＡＮ（３３２店舗）が中国とほぼ肩を並べるところまで増えてきた。過去７年間の店舗増加率は、シンガポール１・８倍、中国２倍に対し、ＡＳＥＡＮは３倍と大きい。ＡＳＥＡＮでの主な出店先はインドネシア、フィリピン、マレーシア、タイ、ベトナムの５カ国で、２０１４年にカンボジア、２０１７年にミャンマーへ新たに進出した。ＡＳＥＡＮは中間層の増加で市場拡大が見込めるため、今後も積極展開を目指す。例えば「BreadTalk」38店（２０１７年６月末）を展開しているタイでは２０１９年までに１００店へ拡大、カンボジアでも５年間で約７倍の35店に増やす計画だ。

フードコートも海外で運営

次にフードコート部門である。フードコートとは、様々な種類の飲食店を１カ所に集めた「集合食堂」であり、日本でもショッピングセンターの中などでよく見かける店舗形態だ。ブレッドトークが運営するフードコートは、ＡＳＥＡＮ域内では「フード・リパブリック（Food Republic）」という名称で展開されている。主に主要都市の大型商業施設にあり、地元の人々や外国人観光客などで賑わっている。例えば、マレーシアの首都クアラルンプール中心部の大型ショッピングモール「パビリオン」の地下に「フード・リパブリック」はある。ここでは地元のマレー、中華、インド料理はもちろん、日本、韓国、台湾、タイ、ベトナムなど多彩な外国料理を楽しめる（著者は現地を訪れると、やはり、かなりの確率でこの「フード・リパブリック」に足を運ぶ）。

ブレッドトークは株式上場から2年後の２００５年、地元シンガポールの繁華街オーチャード通りのショッピングセンター「ウィズマ・アトリア（Wisma Atria）」にフードコート1号店を開き、中国、香港にも進出した。更に２００７年にマレーシア、２０１１年に台湾、２０１２年にタイへ相次いで展開した。フードコート部門の国・地域別売上高比率（２０１７年）は、シンガポールが44％と最大で、中国（31％）、香港（14％）が続く。同部門の内外店舗数（２０１７年末で53）は過去10年間で2倍超に増えた。国・地域別では中国27、シンガポール14、香港・台湾・ＡＳＥＡＮ計12の順に多い。

最後のレストラン部門は、売上高、店舗数ともにシンガポールが突出しており、全体の８－９割を占める。同部門の主力は２００３年からフランチャイズ展開している台湾系の小籠包専門店「鼎泰豊（ディンタイフォン）」である。同店はブレッドトークが手掛ける事業の中で利益率が高い。このため同店を含むレストラン部門は２０１７年に営業利益の50％超を稼いでいる。「鼎泰豊」はシンガポールに21店舗、タイに4店舗あり、２０１８年秋に欧州初の店舗が英ロンドンにオープンする予定だ。

中国で海鮮料理店も

レストラン関連では、地元名物料理「カニクラブ」で有名なシンガポールのレストラン大手、ジャンボ・グループと２０１２年に合弁会社を設立、ブレッドトークは3割出資した。目的は同グループ傘下の海鮮料理店を中国で展開することで、既に同国に4店舗オープンしている。同グループは２０１５年11月にシンガポール株式市場に上場、ブレッドトークを追うように海外部門を拡大している（第6章参照）。ブレッドトークは２０１７年に地元人気料理「肉骨茶（バクテー）」の有名店と合弁会社を設立、中国やタイで店舗を展開することを決めたほか、２０１８年には台湾の有名ベーカリー「呉宝春」とも合弁会社を発足し、中国、香港、シンガポールでフランチャイズ展開することを明らかにしている。

ブレッドトークのジョージ・クエック会長は創業前、地元シンガポールのフードコート運営会社の幹部として中国に出店した経験を持つ。ブレッドトークでは発足時から海外展開を強く意識し、どの国でも受け入れられるようシンプルで覚えやすい社名、店名にしたという。２０００年7月にシンガポール中心部のショッピングモール「ブギス・ジャンクション」に「BreadTalk」1号店を出店した際は、当時は斬新なデザインだったガラス張りの店舗と独自の品揃えで多くの客を集めた。後者は、乾燥した豚肉を鰹節のように薄く削り、パンの上にまぶした「Floss bun」という商品がヒット、「シンガポール国民の間に旋風を巻き起こした」[29]。ブレッドトークでは海外の著名なパン職人らで構成するチームが研究・開発に日々取り組むなど商品力の強化にも余念がない。

(5) ラッフルズ・エデュケーション――アジア有数の多国籍教育サービス企業

13カ国・22都市に展開

１９９０年に最初の専門学校を地元シンガポールに設立したのが始まりである。以後、海外展開を加速、同国も含む事業拠点は13カ国・22都市に広がった。アジアを中心にオセアニア、中東でも大学や専門学校など高等教育機関を運営するラッフルズ・エデュケーション（ＲＥ）はアジア有数の多国籍教育サービス企業と言える存在だ。

創業者はチュウ・フア・セン現会長兼ＣＥＯ。同氏の指揮下、ＲＥは国際化を推進し、１９９２年のシンガポールでの株式上場を経て、最大のターゲットとした中国で１９９４年上海、１９９６年北京、１９９９年長春（吉林省）、２００１年広州（広東省）、２００４年常州（江蘇省）、２００８年天津などへ相次いで進出。２００８年には河北省で学園都市を運営する地元企業も買収した。

ＡＳＥＡＮ域内は１９９２年にクアラルンプール（マレーシア）にまず進出、２００１年バンコク（タイ）、２００６年ホーチミン（ベトナム）、２００９年ジャカルタ（インドネシア）、２０１０年プノンペン（カンボジア）、マニラ（フィリピン）、２０１２年ジョホール（マレーシア）、スラバヤ（インドネシア）へ次々と展開した。南アジアも２００４年ムンバイ、２００９年ニューデリー、バンガロール、２０１０年コルカタ、アーメダバード、チェンナイ、ハイデラバードとインド主要都市に次々参入。２０１０年にダッカ（バングラデシュ）、コロンボ（スリランカ）にも乗り込んだ。更にオセアニ

ア も ２００４年豪州、２００６年ニュージーランド、中東も２０１３年サウジアラビアに進出した。

ＲＥが傘下の学校で提供する教育科目には「デザイン」や「ビジネス」、「テクノロジー」、「心理学」、「教育学」、「言語学」などがある。[30] 例えば、「デザイン」はファッション、インテリア、ビデオゲーム、アニメ、グラフィック・デザイン、宝石など、「ビジネス」は会計、商務、経営管理、マーケティング、起業など、「テクノロジー」は情報技術（ＩＴ）、通信、クラウド・コンピューティングなどがある。

学生の需要に合わせ、職業向けの技術・専門知識を修得した証明（資格）を取得するDiplomaコース、学部卒の学位を取得するBachelorコース、修士・博士課程のPostgraduateコースを用意。進出先の国々で様々な地元企業と連携し、学生に研修機会を与えているほか、グループの系列校の間に単位互換制度もあるため異文化体験を通じ国際的な素養を磨くこともできるとしている。

中国市場で売上高の6割稼ぐ

収益の柱は中国事業である。２０１７年6月期は同国を含む「北アジア」の売上高が全体の約6割を占めた。中国では子会社オリエンタル・ユニバーシティ・シティ・ホールディングス（ＯＵＣＨ）が河北省廊坊市で学園都市「東方大学城」を運営している。首都北京から約40㎞、天津から約60㎞の距離にあり、キャンパス面積は約49万㎡。総合大学、単科大学、職業訓練校など10を超える教育施設があり、2万人近くの学生が在籍している。[31] 「東方大学城」は２０００年に開設された。ＲＥは２００８年にその運営会社OUCHを買収、子会社化した。2010年にはマレーシアの政府系投資会社カザナ・ナショナルがREからOUCH株10％を取得した。OUCHは2015年、香港証券取引所へ株式を上場した。2017年6月期の売上高は前の期比12％減の6034万元（約10億4000万円）であった。

ASEAN域内では2012年、マレー半島南端に位置するマレーシア・ジョホール州で「イスカンダル・ラッフルズ大学」と「ラッフルズ・アメリカン・スクール」を同時に開業した。同国政府が進める大型地域振興計画「イスカンダル」の対象エリア内に進出したもので、前者はREが隣国マレーシアで初めて開校する総合大学、後者はRUにとって国内外で初のK-12（幼稚園から高校）教育施設となった。REは更に2014年、ホテル学校やデザイン学校を開校するためスイス・ナンダに土地・建物を合計2912万スイスフラン（約32億円）で取得したほか、2016年にはデザイン学校の開校と、商業施設向けの賃貸で家賃収入を得る狙いから、イタリア・ミラノに4階建てのビル（床面積4800㎡）を購入した。

中国事業のリストラ

REの2017年6月期の売上高は前の期比13％減の9622万Sドル（約79億円）、最終損益は185万Sドル（約1億5000万円）の赤字と振るわなかった（前の期は1581万Sドルの黒字）。RUは業績悪化の理由として、①中国・上海で合弁事業を解消した、②「東方大学城」で学生寮の家賃収入が減った、③豪州で運営する大学で外国人生徒の入学が減った――などを挙げている。だが、売上高の減少はこれで8期連続となった。積極的な海外展開を続けてきたREであるが、近年は進出先での「競争激化、人件費上昇、規制強化などの要因が経営を圧迫している」[32]。

２０１７年６月期の売上高を地域別に見ると、特に「北アジア」が５６７１万Sドルとピーク時（２００９年６月期）の４割程度に落ち込んだ。厳しい状況に対応するため、REはここ数年、中国事業を再編しており、既に長春、常州、蘇州などから撤退した模様である。一方で前述のイスカンダル（マレーシア）に加え、メダン（インドネシア）やリヤド（サウジアラビア）には拠点を新設した。対中依存度を引き下げ、収益源の多様化・安定化を図る狙いだ。スイス、イタリアでの新規投資にも同様の思惑があり、欧州事業の総責任者には２０１６年にチュウCEOの長男チュウ・ハン・ウイエ氏が任命された。

頓挫した米国進出計画

REは中国以外でも苦戦している。２０１２年にはベトナムでの事業認可が取り消された。認可を受けていた英語やビジネス、観光分野の短期ビジネス訓練コースに加え、認可外の大学教育（修士課程を含む）も行っていたためとされた[33]。それまで数年間にわたり現地で学校を運営していただけに「全く想定外の事態だった」[34]という。認可取り消しを受け、REは在籍していた５００人近くのベトナム人学生を、RE傘下のシンガポールや豪州などの学校に割安な授業料で転校させ、航空券など渡航費も一部負担した。また、２０１６年にはインドでもパートナーとの意見対立から、バンガロール、チェンナイ、ハイデラバード、ニューデリーの４都市で運営していた大学が閉鎖に追い込まれたと報じられている。[35]米国への進出計画も頓挫した。ＲＥは２０１６年７月、経営難に陥っていた米ニューメキシコ州のサンタフェ芸術大学の買収を発表した。チュウ会長は「当社の国際ネットワークの大幅強化に結び付く」と意義を強調、同大学の施設・サービスを拡充し、アジアからの留学生獲得に注力すると意気込んでいた。だが、ＲＥは２０１７年３月、米当局の承認が得られず、この計画はご破算になったと発表した。

ＲＥは教育サービス分野で国際化の先駆者として拡張路線を疾走してきた。しかし、歴史や文化、習慣が異なる海外で教育事業を展開することの難しさにも直面している。教育分野で稀有な多国籍企業であるＲＥの経営は曲がり角に差し掛かっている。

［注］

（１）シンガポールには外国企業のアジア統括本社が多く、これらが手掛ける対外投資も同国の対外ＦＤＩに含まれるとみられる。古い文献だが、Low et al.（1998）はシンガポールの対外ＦＤＩ額のうち外国企業の投資が占める比率は１９９１年に51%だったと分析。ＵＮＣＴＡＤ（２００７）は２００２年の同比率は39%だったとしている。

（２）⑵の内容は、顔（２００７）とLee et al.（2017）に多くを依拠している。

（３）２０１７年２月16日付の報道用資料。

（４）みずほ銀行（２０１６）６ページ

（５）みずほフィナンシャルグループ（２０１７）76ページ

（６）Sembcorp Industries "FACTS&FIGURES 2016"

（７）２０１６年12月期の数字。

（８）同社ＨＰ。https://www.globalpsa.com/　２０１７年12月25日アクセス。

（9）　２０１６年12月期の実績に基づく。
（10）　同社ＨＰ。https://investors. flex. com/home/default. aspx　２０１８年６月３日アクセス。
（11）　２０１７年２月20日付の日経ビジネスなどを参考にした。
（12）　ただし、ハイフラックスの収益状況は悪化している（第６章参照）
（13）　「Corporate Factsheet 2017」に基づく。http://49tmko49h46b4e0czy3rlqaye1b. wpengine. netdna-cdn. com/wp-content/uploads/2018/02/Olam-Corporate-Factsheet-English-Feb-2018. pdf　２０１８年４月３日アクセス。
（14）　脚注（13）と同じ。
（15）　２０１６年９月15日付の時事通信。
（16）　２０１５年８月28日付の日本経済新聞。
（17）　同社ＨＰ。https://www. capitaland. com/international/en/find-a-property/global-presence-map. html.　２０１８年３月27日アクセス。
（18）　２０１６年12月期の年次報告書より抜粋。
（19）　同社ＨＰ。https://www. capitaland. com/international/en/find-a-property/global-presence-map. html　２０１８年３月27日アクセス。
（20）　例えば、リー・シェンロン首相は２０１２年の訪中時、現地で開催されたフォーラムに出席し、シンガポール企業の成功例の１つとしてキャピタランドに言及した。
（21）　２０１６年末時点。
（22）　２０１５年６月９日付ＮＮＡ。リム・ミンヤンＣＥＯ（当時）のインタビュー記事。
（23）　２０１８年３月期の決算資料。以下、各国での契約者数などの数字は同資料に基づく。因みにシングテルのグループ契約者数は、各国グループ企業への出資比率に応じて配分すると（例えば20％の出資先が持つ契約者数は20％分だけシングテル契約者数に組み込む）、約２億６０００万人である。
（24）　２０１７年４月11日付の日本経済新聞。

(25) 出資比率は２０１８年３月末。以下同。
(26) ２０１６年２月23日付の日本経済新聞。
(27) DBS Vickers Securities（2017）p. 7.
(28) 卵やココナッツミルク、パンダンリーフというハーブ、砂糖などで作られるカヤジャムをトーストに塗り、薄くスライスしたバターをはさんだもの。半熟卵につけながら食べることが多い。
(29) ２００３年12月期の年次報告書。
(30) 同社ＨＰ。http://www.raffles-education-corporation.com/College_Information_Programmes.htm　２０１７年６月12日アクセス。
(31) ２０１６年６月期のＯＵＣＨ年次報告書。２０１７年６月期の同報告書には学生数の記載がない。
(32) ２０１７年６月期の年次報告書。
(33) ２０１２年３月15日付の Thanh Nien。
(34) ２０１２年６月期の年次報告書。
(35) ２０１６年11月26日付の The Times of India。

第3章　マレーシアの多国籍企業

——政府系中心に急展開

1　マレーシアの対外ＦＤＩ動向

(1)　2000年代後半から本格化

対外が対内を凌駕

ＵＮＣＴＡＤの統計からマレーシアの対外ＦＤＩ額をフローベースで見ると、まず１９９０年代半ば頃に最初の増加時期が観察されたが、この流れは１９９７年のアジア通貨危機後に失速した。その後、対外ＦＤＩ額は２０００年代後半から本格的な拡大期に入る。２００８～１７年の対外ＦＤＩ額は年平均約１２３億ドルと、その前の10年間（１９９８～０７年）の4倍超の規模となった（図表3-1）。対外ＦＤＩは対内ＦＤＩを一貫して下回っていたが、２００７年に初めて逆転した。その後も対外が対内を上回る状況が続き、２０１２年には出超額が約79億ドルと過去最高を記録した。ただ、２０１６～１７年は対外ＦＤＩが伸び悩んだため、２年連続で対内が対外を上回っている。

ストック指標の対外ＦＤＩ残高も２０００年代後半から急増、２０１７年は約１２９０億ドルとなった。同残高が急増し始める前の２０００年代前半に比べるとほぼ10倍の規模である。更に注目すべきは、２００９年と14～16年に対外ＦＤＩ残高が対内ＦＤＩ残高を上回ったことだ。ＡＳＥＡＮ諸国で対外ＦＤＩ残高が対内ＦＤＩ残高を上回るのはマレーシアが初めてであった。外資を積極的に誘致して成

図表3-1　マレーシアの対外FDI（フロー）

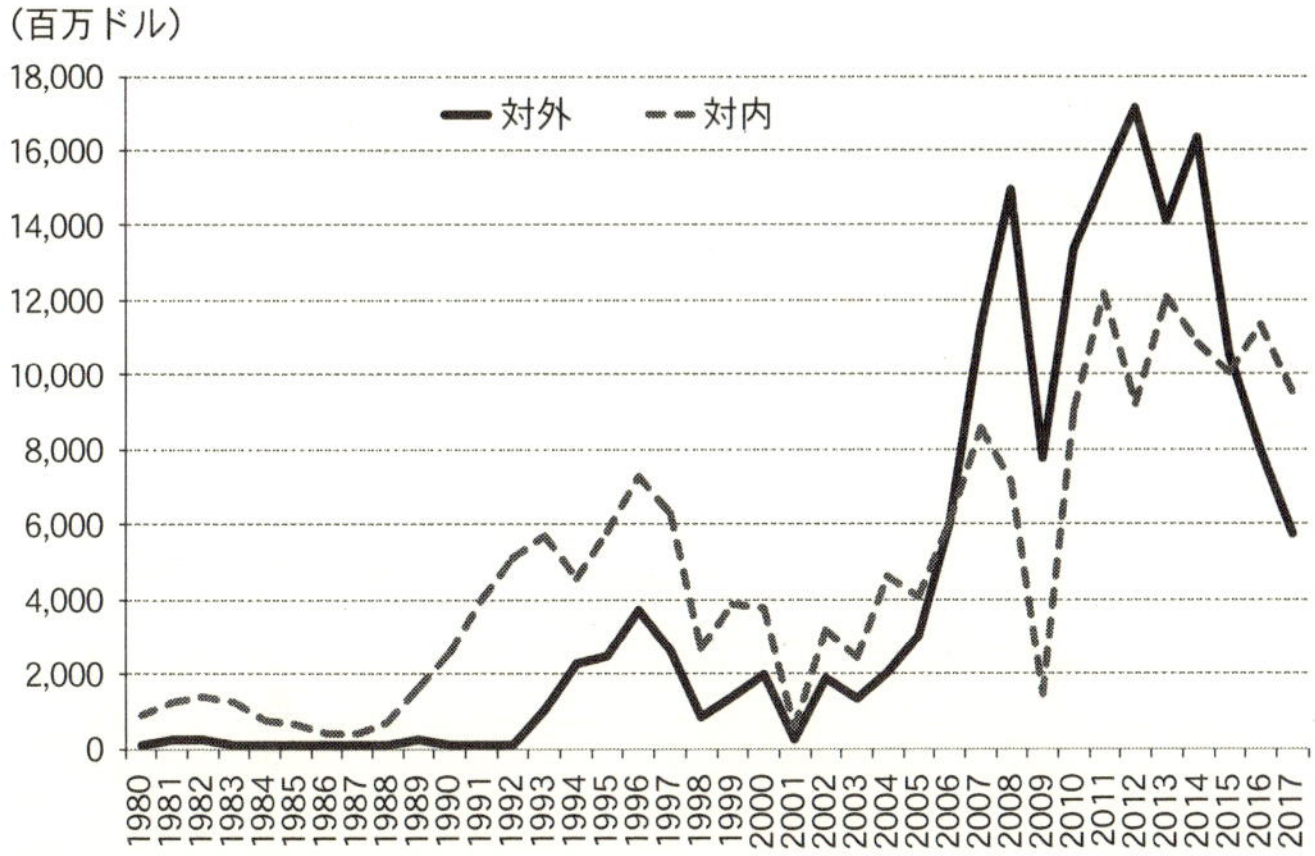

資料：UNCTADstatより作成。

長軌道を歩んできた同国は、今や対外投資の主体としての側面の方が大きい。World Bank（2018）によると発展途上国の対外ＦＤＩ残高に占めるマレーシアのシェア（２０１５年）は５％弱と７位であるが、同残高の対ＧＤＰ比（同）は46％と南アフリカ（52％）に次いで途上国で２番目の高さだ。経済規模に比して対外ＦＤＩ残高が大きいマレーシアは「対外ＦＤＩを活発に行っている途上国有数の存在」とされる。

最大の投資先はアジア

マレーシア中央銀行（バンク・ネガラ）によると、対外ＦＤＩ残高（２０１７年末）の地域別シェアは、アジアが46％と突出し、以下、欧州（17％）、北米・アフリカ（ともに８％）の順。アジアの中ではＡＳＥＡＮ向けのシェアが30％と圧倒的に高く、その残高は約１７３０億リンギ（約４兆８３００億円）とリーマンショックが起きた２００８年に比べほぼ倍増してい

図表3-2　マレーシアの対外FDI残高（地域別）

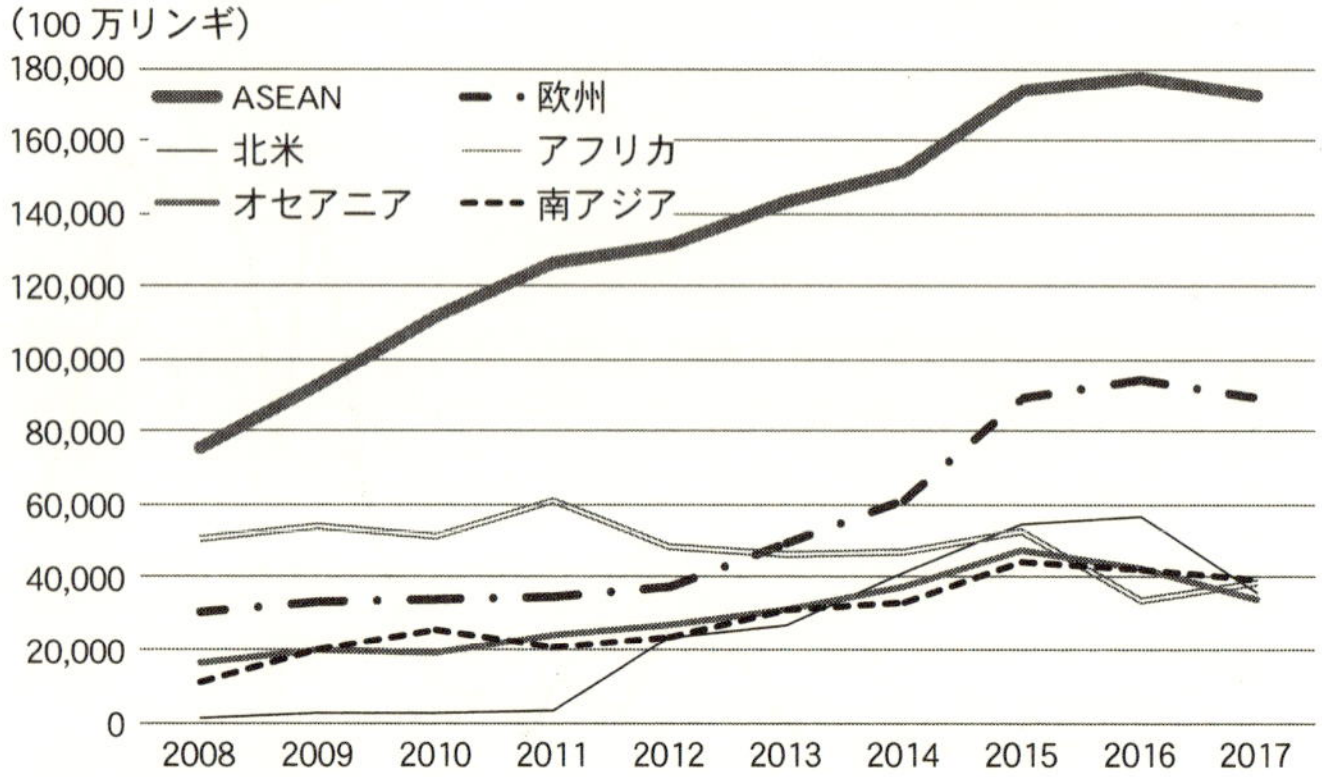

資料：Bank Negara, Direct Investment Abroad より作成。

る（図表3-2）。対ＡＳＥＡＮ・ＦＤＩ残高を国別に見ると、最も多いのがシンガポールでシェア54%と過半を占める。次がインドネシアの27%で、両国を合わせるとシェアは約80%に達する。3番目に多いタイ（6%）は、２００９年の11%をピークに低下している。他方、5位カンボジア（2・5%）がじりじりと上昇し、4位ベトナム（3・7%）との差を詰めてきている。

サービス業が牽引役

対外ＦＤＩ残高を業種別にみると、２００８年から10年近くの間に、最大セクターであるサービスのシェアが51%から67%へ更に上昇した。2位の鉱業（石油ガス含む）は32%から16%に下がっている。3位の農林水産（8%）と4位の製造（7%）はそれほど変化していない。

サービス業の中で最も多いのは金融・保険で、サービス業の対外ＦＤＩ残高の50%超を占める。次が情報通信で14%だ。両業種が目立つのは、金融のＣＩＭＢグループ・

ホールディングスや通信のアシアタ・グループといった地元の有力企業が海外事業を積極的に行っていることと整合的である（後述）。

対外ＦＤＩの最初の増加時期であった１９９０年代は国営石油会社ペトロナスの石油・ガス探索など鉱業関連の海外プロジェクトが中心を占めたが、２０００年代になると、１９９０年代から進み始めていた金融や通信などサービス関連の対外ＦＤＩに弾みが付き、その多くはアジア、特にＡＳＥＡＮに向かった[1]。

(2)　対外ＦＤＩ拡大の経緯、背景

担い手はＧＬＣ

Sermcheep（2017）が指摘するようにマレーシアはシンガポールとともにＡＳＥＡＮでは対外ＦＤＩの先行国である。前述の通り、対外ＦＤＩの最初の拡大期は１９９０年代に見られ、２０００年代後半から本格的な拡大期に入った。人口６００万人足らずの都市国家シンガポールほどではないとはいえ、マレーシアも人口３０００万人超と国内市場はそれほど大きくなく、地元企業が成長を続けるには国際化は不可避の道である。このため同国でも地元企業の海外進出意欲は元来強かった。そこへ経済成長に伴う地元企業の資金力拡大、外国為替規制の緩和、国内賃金の上昇、近隣アジア諸国の外資規制緩和など様々な要因が重なり、マレーシアの対外ＦＤＩは加速していく（Goh and Wong 2010, Saad et al.

2014)。

マレーシアの場合も政府系企業（ＧＬＣ）の動向を押さえておかねばならない。シンガポールと同様、対外ＦＤＩで中心的役割を担うのはＧＬＣであるからだ。例えば１９９９~２００５年のマレーシアの対外ＦＤＩ（フロー）に占めるＧＬＣのシェアは約半分を占め、地元民間企業や在マレーシア外資系企業を上回り、最大の主体であったとの分析がある（Zainal 2006)。ＧＬＣの対外ＦＤＩが加速したのは２０００年代半ば以降のことであり、同国の対外ＦＤＩの本格拡大期とほぼ重なる。それではＧＬＣにこの時期、何が起きていたのだろうか？

政府はＧＬＣの経営改革を断行したのである。具体的には２００４年から10年をかけて有力ＧＬＣ20社（Ｇ20）の改革プログラムを実施した。[2] Ｇ20には銀行のマラヤン・バンキング（メイバンク）やＣＩＭＢグループ、電力のテナガ・ナショナル、複合企業のサイム・ダービー、空港運営のマレーシア・エアポーツ・ホールディングスなどが含まれた。De Luna Martinez (2016) は、同プログラムの特徴について、①「プトラジャヤ委員会（Putrajaya Committee)」という実行組織を設置し、責任の所在を明確化した、②業績評価指標（Key Performance Indicators：ＫＰＩｓ）を用いてＧＬＣのパフォーマンスを客観的に評価した、③ＧＬＣ改革を国家戦略の中に明確に位置づけた、④近代的な経営能力を持つＧＬＣ幹部の養成に注力した——などを挙げ、「ＧＬＣ改革を計画している国があればお手本にすべき内容だ」と称賛している。

図表 3-3　マレーシアの有力 GLC の国際化状況

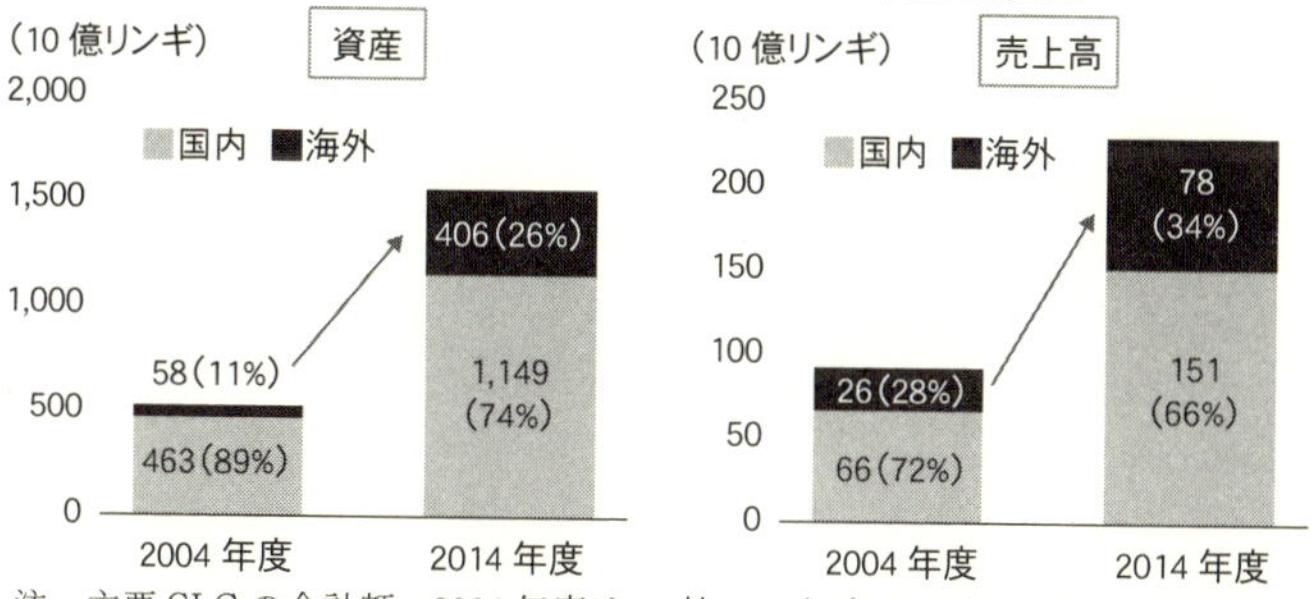

注：主要 GLC の合計額。2004 年度は 15 社、14 年度は 17 社で構成。括弧内は構成比。
資料：Putrajaya Committee（2015）より作成

ＧＬＣ改革と海外事業の拡大

この改革プログラムが進められる中、ＧＬＣの海外事業は本格化した。同プログラムは「ＧＬＣが持つ『公的機関』としての役割を制限し、基本的には民間企業として利益を追求する体制を確立する」（熊谷 ２０１７）ことを狙いとし、国際化は重要戦略の１つとされた。実際、同プログラムの実施期間中にＧ20の海外資産額は約7倍の４０６０億リンギ、海外売上高は約3倍の７８０億リンギへとともに拡大、総資産、総売上高に占める比率はそれぞれ15ポイント高い26％、6ポイント高い34％へ上昇した（図表３-３）。

Ｇ20の海外進出先は、ＡＳＥＡＮ、日本、中国、インド、欧州、北米、中南米、アフリカなど世界42カ国に広がり、外国人従業員数は約15万人（全体の約4割）に増えた。プトラジャヤ委員会はプログラム終了後に発表した２０１５年の報告書で、このような国際化の進展によって、ＧＬＣの「顧客基盤が厚くなり、多様化した」、「国内外の不安定要因への対応力が高まった」と評価している。[3]

「国有多国籍企業」が多いマレーシア

UNCTAD（2017）は、マレーシアは世界的に見てGLCの多国籍化が目立つ国だと指摘している。同報告書によると、政府系の多国籍企業である「国有多国籍企業（State-owned Multinational Enterprises：SO-MNEs[4]」）は世界に約１５００社あり、これらの企業は合計８万６０００社の海外現地法人を展開している。SO-MNEs約１５００社の本社所在地を国・地域別に見ると、最も多いのは欧州連合（EU）の４２０社（全体の３割）で、中国が２５７社（17％）で続く。そして３位に来るのがマレーシアの79社（５％）で、４位のインド61社（４％）、５位の南アフリカ55社（４％）を上回っている（図表３-４）。本節⑴で言及した対外FDI残高のGDP比とともに、マレーシアの対外FDIの進展ぶりを示す数字と言えるだろう。

図表３-４　「国有多国籍企業」の数

国・地域名	企業数
EU	420
中国	257
マレーシア	79
インド	61
南アフリカ	55
ロシア	51
アラブ首長国連邦（UAE）	50
韓国	33
シンガポール	29
カタール	27
ニュージーランド	24
カナダ	18

注：「国有多国籍企業」の定義は本章脚注４参照。
資料：UNCTAD（2017）より作成。

(3) ブミプトラ政策とＧＬＣ

マレーシアではＧＬＣが国内総労働人口の約５％を雇い、上場企業の時価総額の約４割を占めるなど大きな存在感を示す。[5] Menon (2012) によると、ＧＬＣは上場企業の総資産、売上高、税引き前利益の３～４割を占め、主要セクターの売上高（上場企業のみ）に占めるシェアは電気・ガス・水道93％、運輸・倉庫80％、小売り68％、銀行62％と軒並み高い。Kowalski et al. (2013) は各国経済におけるＧＬＣのシェア[6]（売上高、総資産、時価総額の各上位10社の合計のうちＧＬＣが占めるシェアを単純平均）を独自に計測、ランキングを作成した。その結果、マレーシアは１位中国（96％）、２位アラブ首長国連邦（88％）、３位ロシア（81％）、４位インドネシア（69％）に次ぐ5位（68％）であった。

マレーシアでＧＬＣが幅を利かせているのは、多数民族マレー系を優遇するブミプトラ政策が影響している。同政策は経済的劣位に置かれたマレー系を様々な面で優遇するもので、１９７０年代初頭に導入され、今なお同国の最重要政策と位置づけられる。マレー系政党が中心勢力をなす政権下でＧＬＣはもちろんマレー系企業と言える存在であり、ブミプトラ政策によって事業許認可、公共工事受注、土地購入、銀行融資等で優遇されながら規模を拡大、マレー系の雇用にも貢献してきた（三木　２００１）。こうして国内で磐石な基盤を築いたＧＬＣは近年、海外事業も推進し、多国籍化の道を疾走している。

(4) マレーシア企業の海外子会社

５年間で24％増

マレーシア企業の国際化をうかがわせる別の統計も見ておこう。同国政府が２０１７年10月に初めて発表した地元企業の海外子会社に関する調査結果だ。それによると、２０１５年末時点の海外子会社数は２１２５社に上り、２０１０年からの５年間で24％増えた。業種別ではサービス（シェア74％）が最も多く、以下、製造（14％）、農業（５％）、建設（４％）、鉱業（３％）の順。本節(1)で見たように同国の対外ＦＤＩ額はサービス業が圧倒的に多い。そのことと平仄が合う数字である。海外子会社の所在地は、隣国シンガポール（４０６社）が１位で、２位インドネシア（２５８社）、３位中国（２１７社）、４位香港（１４７社）、５位豪州（１０４社）である。シンガポールをはじめＡＳＥＡＮ諸国にある子会社数は８８０社と全体の４割を占める。ＡＳＥＡＮ子会社の売上高は合計約１００６億リンギと全体の約３割を占めた。

(5)　マレーシア多国籍企業の海外事業概観

主なGLC

ペトロナス

マレーシアのGLCと言えば、国営石油会社ペトロナスが筆頭格であろう。第1章で紹介したUNCTAD「途上国・移行国経済の多国籍企業トップ100」(2018年版)ではASEAN企業で2番目の8位であった。海外資産額は約393億ドルで総資産の約29%を占めた[7]。2017年12月期は売上高が前の期比15%増の2236億リンギ(約6兆2400億円)、純利益が同2・2倍の13%増の377億リンギ(約1兆520億円)であった。売上高は直近ピーク時(2014年)から3割強減ったもののマレーシア産業界で突出した存在感を示しており、海外売上高比率は7割超と高い。

ペトロナスは採掘から精製、ガソリンスタンドの経営まで手掛ける総合的な石油会社。原油・天然ガスの生産国マレーシアのGLCとして1974年に発足、40数年にわたり事業収入を国家に還元し、政府を支えてきた。2017年は配当や税金、石油収益金、輸出税で計427億リンギ(約1兆1900億円)を連邦・地方政府に納付した。その一方で同社は世界50カ国以上で事業を展開するグローバル企業としての顔を持つ。海外進出を始めたのは1990年代初頭で、以後、川上の採掘部門ではイラク、アルジェリア、アンゴラ、カメルーン、エジプト、スーダン、ブルネイ、インドネシア、豪州など約20

カ国に進出している。近年実施した大規模投資としては2012年にカナダの天然ガス会社プログレス・エナジー・リソーシズを52億カナダドル（約4360億円）で買収した事例がある。(8) 川下では潤滑油を86カ国で販売しているほか、地元マレーシアを中心に1000超のガソリンスタンドも運営している。

サイム・ダービー、クリム

UNCTAD「途上国・移行国経済の多国籍企業トップ100」に同様にランクインしたサイム・ダービー（2018年版で55位）もマレーシアの有力GLCである。農園、自動車・建機の輸入・販売、不動産等を幅広く手掛ける複合企業で、特に農園部門で国際色が強く、インドネシアやリベリアなど海外に持つアブラヤシ（パーム油原料）農園の面積比率は6割超に上る。同社は2017年11月、農園部門を不動産部門とともに本体から分離し、マレーシア証券取引所に上場させた。一方、第1章で紹介したUNCTAD「農産物の生産を主力とする多国籍企業トップ25」にサイム・ダービー（1位）とともにランクインしたクリム（9位）も南部のジョホール州政府を筆頭株主とするGLCで、インドネシアにアブラヤシ農園を保有している。

マラヤン・バンキング（メイバンク）

政府系の有力銀行にはメイバンクとCIMBグループの2行がある。後者は後ほど詳述するので、前者について簡単に記そう。メイバンクの筆頭株主は政府系投資会社、アマナラヤ信託で持ち株比率は約35％（２０１８年２月時点）。２０１７年末の総資産額は国内銀行トップの１９４７億ドルで、ＡＳＥＡＮ域内ではシンガポール３大銀のＤＢＳグループ・ホールディングス（３８９２億ドル）、オーバーシー・チャイニーズ銀行（３４２０億ドル）、ユナイテッド・オーバーシーズ銀行（２７０４億ドル）に次いで４番目の規模だ。メイバンクは商業銀行、投資銀行、イスラム銀行、保険などを幅広く手掛け、ＡＳＥＡＮ諸国、中国、インド、米国など世界20カ国で事業を展開している。２０１７年12月期の税引き前利益は約１０１億リンギ（約２８１８億円）で、その約３割をインドネシア、シンガポールを中心とする海外で稼いだ。現在ＡＳＥＡＮを中心に海外事業を更に強化する「Maybank2020」と呼ぶ５カ年計画の最中で、２０１７年にインドネシアの損保会社を買収するなど拡張戦略を進めている。

テナガ・ナショナル、マレーシア・エアポーツ・ホールディングス（ＭＡＨＢ）

インフラ関連のＧＬＣでは国営電力会社テナガ・ナショナルが海外展開に意欲的である。同社には政府系投資会社カザナ・ナショナルが28％（２０１７年10月時点）、従業員退職積立基金（Employees Provident Fund：ＥＰＦ）が13％（同）をそれぞれ出資している。２０１７年８月期の年次報告書[9]によると、テナガは既にインドネシア、インド、パキスタン、クウェート、サウジアラビア、トルコ、英国の７カ国に進出、地元電力会社に資本参加したり、発電所の保守業務を手掛けたりしている。テナガは経済のサービス化などで地元マレーシアの電力需要は伸び悩むとみている。このため海外での権益獲得に注力し、2025年までに海外収益比率を20%へ高める考えだ。一方、空港運営会社のMAHBはトルコ・イスタンブールの空港を傘下に抱えるほか、カタールで空港の運営を請け負うなど海外事業を進めている。2016年に発表した経営5カ年計画では2020年の目標売上高75億リンギの3分の1を海外で稼ぐとの目標を打ち出した。MAHBの主要株主は持ち株比率33%のカザナと同10%のEPFである（2018年3月時点）。

主な民間企業

YTLコーポレーション

マレーシア企業の国際化はGLCが主導しているが、もちろん民間企業も多国籍化に意欲的だ。例えば、電力、水道など公益事業や建設、不動産、ホテルを手掛けるYTLコーポレーション。2017年6月期の売上高は約147億リンギ（約4101億円）で、その7割超をシンガポール、英国を中心とする海外で稼いだ。シンガポールに電力子会社パワー・セラヤ、英国に上下水道サービス子会社エセックス・ウオーターがある。前者は2008年にシンガポールの政府系投資会社テマセク・ホールディングスから、後者は2002年に米エンロンからそれぞれ買収した。主力の公益事業ではインドネシア・西ジャワ州で石炭火力発電所2基を建設、2021年から30年間、国有電力会社に電力を供給する。中東のヨルダンでも中国の大手電力企業と提携し、シェールオイル発電所を建設する計画だ。YTLは日本との関係も深く、１９９６年にアジアの企業として初めて東京証券取引所に上場。２０１０年には北海道ニセコでリゾート開発に乗り出した。ニセコでは新ホテルの建設など更なる開発を目指している。

トップ・グローブ

世界最大のゴム手袋メーカー、トップ・グローブも海外展開が著しい。地元マレーシアに加え、中国、タイに合計約30の工場を持ち、世界１９５カ国に輸出、ゴム手袋で世界シェア25％を誇る。[10] ２０１７年８月期の売上高（約34億リンギ）の地域別比率は、北米31％、欧州28％、アジア20％、中南米11％、中東７％と分散されている。創業は１９９１年。マレーシア証券取引所へは２００１年に上場した（２０１６年にシンガポールでも上場）。以後、16年間、売上高、純利益ともに年平均20％超の伸びを続けてきた。今後はＭ＆Ａ（買収・合併）も行いながら規模を更に拡大し、２０２０年までにゴム手袋の世界シェアを30％へ高める方針だ。[11] ２０１８年１月には医療用手袋を製造し、世界１００カ国以上で販売している地元メーカー、アスピオンを13億７０００万リンギで買収すると発表した。

パークソン・ホールディングス

流通関連では大手百貨店パークソン・ホールディングスを取り上げたい。マレーシアの大手財閥ライオングループに属す同社は、１９９０年代半ばにまず中国へ進出した。既に現地の36都市に49店舗（２０１７年６月末）を展開し、マレーシア国内の45店舗を上回る規模だ。２０１０年にベトナム、２０１

1年にインドネシア、２０１３年にミャンマーとＡＳＥＡＮ諸国にも相次いで進出し、２０１３年にはＡＳＥＡＮ事業統括子会社をシンガポール株式市場に上場させた。ＡＳＥＡＮ各国の店舗数は、ベトナム7、インドネシア17、ミャンマー1である。パークソンの２０１７年６月期の売上高は前の期比２％増の約39億６４００万リンギ（約１１０６億円）。その7割近くが中国事業で、対中依存度は高い。だが、中国での収益環境は悪化しており、この期は約１億２０００万リンギの純損失を計上した（第６章参照）。

以上、ここで取り上げたマレーシアの民間企業３社はいずれも華人系企業である。

2　マレーシア有力多国籍企業の海外事業展開

(1)　エアアジア――ＡＳＥＡＮの空を変えた格安航空（ＬＣＣ）

ＡＳＥＡＮ経済の一体化に寄与

トニー・フェルナンデス氏（エアアジアの現グループＣＥＯ）が２００１年、経営危機に陥っていたマレーシアの航空会社をわずか1リンギ（約28円）で買収、エアアジアを事実上立ち上げた。当時２つの航空機、１つ（マレーシア国内）の目的地、２５０人の社員でスタートした同社は今や、１８８の航空機、１０９（18カ国・地域）の目的地、約１万６０００人の社員[12]を有すＡＳＥＡＮ最大規模の航空会社である。

「域内全10カ国に路線を持つ当社こそ、真のASEAN航空会社だ」とフェルナンデス氏は胸を張る(13)。実際にはASEAN全10カ国に飛んでいる航空会社は他にもある。だが、域内の隅々に広がる充実した路線網と域内最大規模の乗客者数を誇るエアアジアが、ASEAN航空業界の代表格となったのは明白だ。低価格サービスで多くの人々にとって「高嶺の花」だった空の旅を大衆化し、ビジネス・観光の双方で域内の人の流れを拡大した。エアアジアはASEAN経済の一体化に寄与した存在でもある。

同社は2001年に事実上創業した後、2003年にタイ、2005年にインドネシア、2010年にフィリピンで地元資本と相次いで合弁会社を設立、2013年にはインドにも乗り込んだ。2007年にはマレーシアで中長距離専門子会社エアアジアXを創業、その現地法人も2013年にタイ、2014年にインドネシアで地元資本と合弁で設立した。こうしてエアアジアはASEAN域内では地元マレーシアにタイ、インドネシア、フィリピンを加えた4カ国を運航拠点とする体制を構築した。

年間乗客数は6400万人に膨張

2017年の乗客数は、グループ全体で約6400万人(14)。運航初年度の2001年（約29万人）に比べ220倍の規模に膨れ上がった（図表3-5）。シンガポール航空（約3161万人）やインドネシア・ガルーダ航空（約3620万人）、タイ国際航空（約2000万人）を上回り、年間乗客数はASEAN域内で最大規模だ(15)。エアアジアが「ナショナル・フラッグ・キャリア」と呼ばれる政府系の大手

図表 3-5　エアジアの乗客数とその国別比率

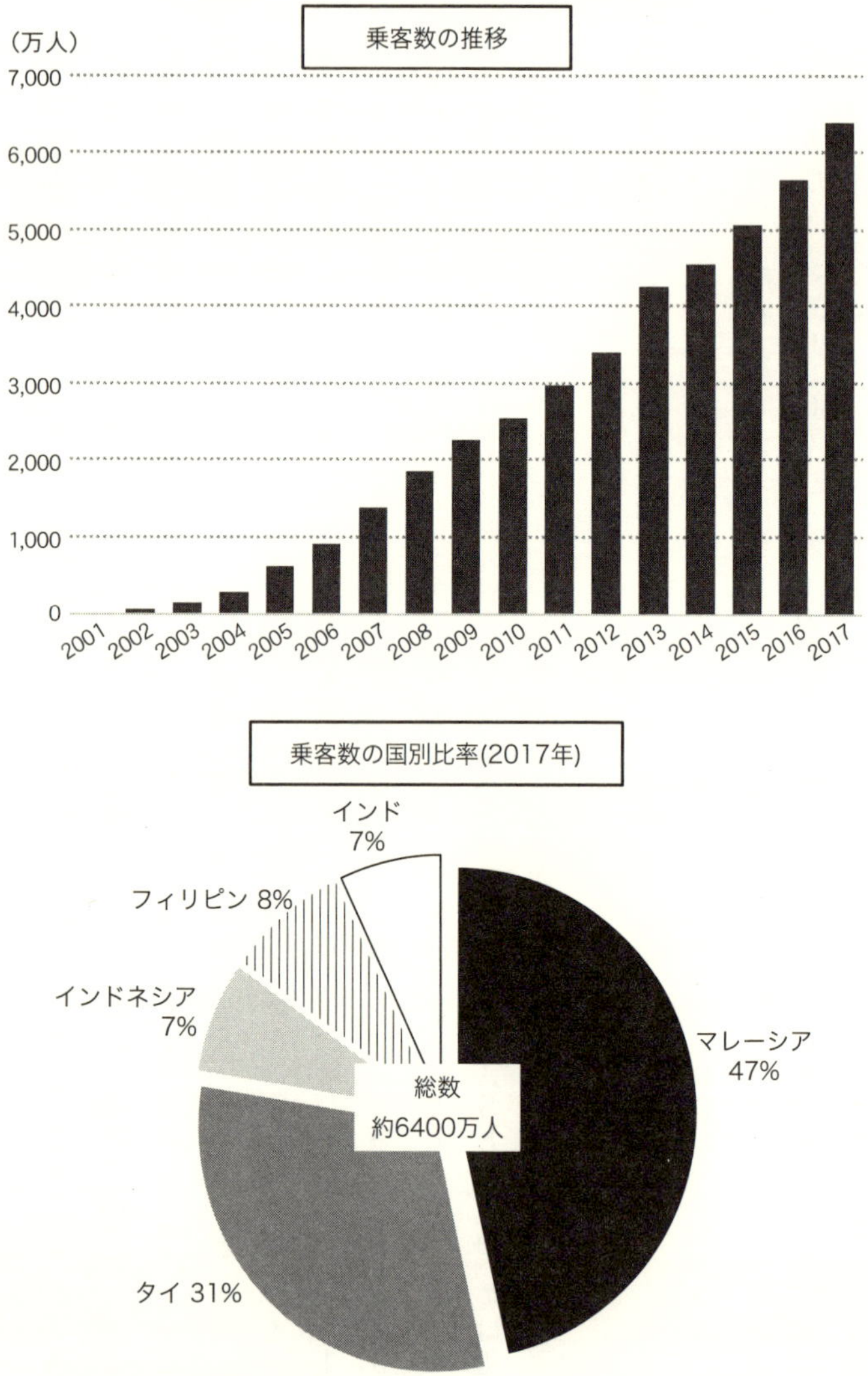

注：国別比率は各国法人別の取り扱い人数ベース。
資料：各年年次報告書より作成。

航空会社をすべて追い抜き、ＡＳＥＡＮで業界首位へ浮上したのは２００９年のことであった。この年、同社のグループ乗客数は域内の航空会社として初めて２０００万人を突破、シンガポール航空（約１９００万人）から首位を奪った。エアアジアの乗客数は更に増加を続け、既に全日本空輸（５３８９万人）、日本航空（４２６１万人）も上回っている。[16]

２０１７年の乗客数の運航拠点別比率を見ると、マレーシア47％、タイ31％、フィリピン８％、インドネシア・インド各７％の順に多い（図表３-５）。マレーシア以外のＡＳＥＡＮ３カ国（タイ、インドネシア、フィリピン）を合計すると46％で、本拠地マレーシアとほぼ同じだ。エアアジアが「ＡＳＥＡＮ色」が濃い企業であることが分かる数字であろう。グループ全体の乗り入れ先１０９のうちＡＳＥＡＮ域内は79と７割強を占める。[17] 運航拠点を置く各国での市場シェア（２０１６年）は、マレーシアが49％（国内線47％、国際線49％、以下同）と最も高く、以下、タイ22％（30％、18％）、フィリピン11％（13％、８％）、インドネシア８％（２％、27％）、インド４％（３％、10％）の順。[18] マレーシアは国内線と国際線の双方でシェアが高く、タイとフィリピンは国内線、インドネシアとインドは国際線のシェアが高いという違いが見て取れる。

効率経営の徹底

エアアジア躍進の要因は主に２つだ。１つは徹底したコスト削減による低価格サービスの実現、もう１つは積極的な路線網の拡張である。前者は、例えば、グループ全体で約１９０に上る航空機がすべて欧州エアバス機（Ａ３２０）である。かつてはボーイング機も使っていたが、補修・メンテナンス費を節減するためエアバス機に統一した。エアジアはこれらの保有機をフルに活用し「(短距離路線なら)着陸後25分で飛び立つ」という「アジアの航空会社で最速」とされる効率的な運航を実現した。２０１７年のフライト数はグループ全体で過去最高の年間36万７３００便。同年末の保有機数で割ると１機当たり年間平均１９５４便で、１日当たりだと約５・４回飛ばした計算になる。コスト削減の面では創業翌年の２００２年からインターネット予約を積極的に導入してきたことも寄与した。

路線網はＡＳＥＡＮ中心に日中韓台印豪などグループ全体で18カ国・地域に広がり、路線数は２２５を数える。[19]注目されるのはその約３割の66路線をエアアジアのみが運航している点だ。つまり、これらの路線に競合相手はいない。例えば２０１６年にマレーシア発着便としてペナン－ホーチミン（ベトナム）、コタキナバル－武漢（中国）、ランカウイ－広州（中国）など６路線を新設したが、いずれも他社に先駆けて実施した。エアアジアは２国間・同一国内の地方都市同士を結ぶ路線に次々と就航している。既存需要の後追いでなく新規需要を創出するという攻めの姿勢が鮮明である。

「まず参入」のスピード重視

強力な路線網を構築できたのは、ＡＳＥＡＮのＬＣＣ先行組として運航拠点を域内に積極的に設置したことが大きい。ＡＳＥＡＮでは経済統合が着々と進み、２０１５年末に経済共同体創設が宣言された。だが、金融や航空などサービス分野では今なお厳しい外資規制が残る。こうしたなかエアアジアはタイ（45％）、インドネシア（49％）、フィリピン（40％）と50％未満の出資であっても現地に進出した。「まず参入」というスピード重視の戦略であり、路線網の拡張を優先した（梅崎　２０１５）。こうしたやり方がつまずくケースもあり、日本では２０１２年に全日本空輸（現ＡＮＡホールディングス）と合弁で国内線を就航したものの撤退を余儀なくされた。だが、その後、楽天などと新たな合弁会社を設立、２０１７年10月に名古屋－札幌線を就航し、日本の国内線へ再参入している。

「アジア航空業界の風雲児」、「長距離バスから乗客を奪った男」、「価格破壊者」……。創業者のフェルナンデス氏を形容する言葉は枚挙にいとまがない。同氏はエアアジア創業前、米音楽大手ワーナー・ミュージックの東南アジア地域副社長を務め、マドンナなど米人気歌手のＣＤのマーケティング活動を行っていた。そんななか旅先のロンドンで英国のＬＣＣを紹介したテレビ番組を偶然見て、「マレーシアで同じことができないか」と思い立ち、起業した。だが、マレーシアでは国策のブミプトラ政策の下、ＧＬＣが優遇され、国営マレーシア航空が幅を利かせていた。こうしたなかフェルナンデス氏は当局と粘り強く交渉、新路線開設の認可を勝ち取っていく。格安料金が大衆の支持を得るにつれ、当初は認可を渋った当局の姿勢も軟化したのだ。既存秩序の打破に向けた強い意志と行動力が、同氏の真骨頂と言えよう。

年間乗客数１億人台を目指す

エアアジアの２０１７年12月期決算は、グループ売上高が前の期比約42％増の97億１０００万リンギ

（約２７０９億円）、純利益が同１％増の16億４０００万リンギ（４５８億円）であった。連結対象に新たに加わったインドネシア、フィリピンの関連会社の業績が好調だったほか、タイでも国内線シェアを高めるなど地元ＬＣＣの苦戦を尻目に好調を維持した。ただ、石油価格上昇で燃料費負担が増えたことなどから純利益は微増にとどまった。エアアジアは２０１１年に欧州エアバスに「A320neo」２００機を発注、２０１６年には「A321neo」１００機を購入する総額１２６億ドルの契約も結んだ。フェルナンデス氏は年間乗客数の１億人台突破を目標に掲げており、積極経営を更に続ける姿勢だ。

エアアジアは２０１７年３月、ベトナムで現地企業と合弁ＬＣＣを設立する計画を明らかにした。実現すれば、ＡＳＥＡＮ域内でマレーシア、タイ、インドネシア、フィリピンに次ぐ5番目の運航拠点となる。また、中国では同年5月に国有複合企業の中国光大集団や河南省と合弁ＬＣＣの設立に向けた覚書に調印した。中国の国内線に新規参入し膨大な需要を取り込む考えだったが、この覚書は失効したと２０１８年8月に発表している。フェルナンデス氏は中国の国内線を「アジア太平洋の人々を域内のどこへでも運べる唯一の航空会社」になるための「最後のワンピース」と位置付けている[20]。２０１７年9月にはグループ経営を効率化するため、各国のグループ企業を束ねる持ち株会社「エアアジア・グループ」を新設する計画も明らかにした。

(2)　IHHヘルスケア——アジア最大規模の多国籍病院

9カ国で50病院を経営

IHHヘルスケアはアジア最大規模の医療サービス会社である。2017年12月期のグループ売上高は前の期比11%増の約111億リンギ（約3097億円）、EBITDAは同横ばいの約22億8000万リンギ（約636億円）であった。マレーシアと隣国シンガポールの両株式市場に同社が上場した2012年を起点にすると、その後の5年間で売上高は約6割、EBITDAは約5割それぞれ増えている。

IHHの売上高は、医療サービスでASEAN2位とされるタイのバンコク・ドゥシット・メディカル・サービシズ（BDMS）が同じ期に計上した691億バーツ（約2418億円）を約3割上回る。また、IHHの株式時価総額は2018年3月末時点で約496億リンギ（約1兆3800億円）であり、医療サービス会社としては米HCAホールディングスの342億ドル（約3兆7300億円）に次いで世界2位の規模である。

IHHの特徴は広範な海外ネットワークを持つ点にある。米HCAが国内中心の事業であるのと対照的で、IHHは地元マレーシアを含め計9カ国[21]に展開している。これらの国々は、「重要市場」のシンガポール、マレーシア、トルコ、インドの4カ国、「成長市場」の中国（香港含む）、これら以外のブルガリア、マセドニア、ブルネイ、アラブ首長国連邦（UAE）——の3グループに分類されている。

図表 3-6　IHH ヘルケアの国別売上高比率（2017 年 12 月期）

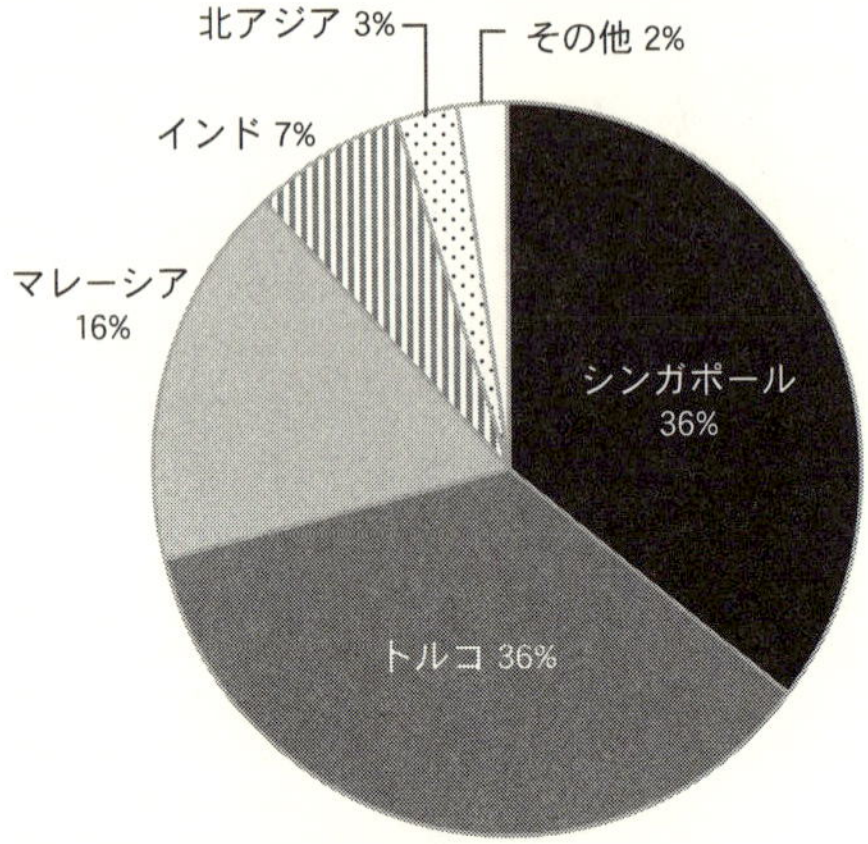

注：病院部門の売上高に占める比率を算出した。
資料：2017 年 12 月期の決算資料より作成。

ＩＨＨがこれら９カ国で運営している病院数は約50、病床数は８０００超、従業員は３万５０００人超にそれぞれ上る。病院数の国別内訳は、トルコが[22]21（病床数３８１８、以下同）と最も多く、以下、マレーシア14（２１８２）、インド９（１１９２）、シンガポール４（９２８）の順。国別売上高比率（２０１７年12月期）は、シンガポールとトルコ（ともに36％）が双璧をなし、マレーシア（16％）、インド（７％）と続く（図表３-６）。病院数、売上高のどちらで見ても、「重要市場」４カ国がＩＨＨの経営を支えていることが分かる。

トルコ最大の病院を子会社化

ＩＨＨの発足は２０１０年。この年、マレーシアの政府系投資会社カザナ・ナショナルが、シンガポールの大手医療サービス会社パークウエイ・ホールディングス（ＰＨ）を円換算約２０００億円[23]で買収した。ＰＨ買収を巡ってはインドの医療大手フォルティス・ヘルスケアと激しく競ったが、カザナに軍配が上がった。カザナは同じ頃、マレーシアの大手病院パンタイ・グループも買収しており、これをＰＨと統合する形でＩＨＨを発足させたのである。前身企業の１つであるＰＨはインドの病院大手アポロに資本参加するなど従来から海外事業に積極的な会社であったが、新生ＩＨＨは国際化のアクセルを一段と踏み込んだ。とりわけ２０１２年にトルコ最大の病院、アジュバーデム（Acibadem）の株式60％を取得、傘下に収めたことは話題を呼んだ。

そんなＩＨＨに日本の総合商社、三井物産が着目した。２０１１年４月、同社はＩＨＨに30％出資し、ＩＨＨを持分法適用会社にすると発表した。高齢化や所得上昇に伴い、ＩＨＨの主要な展開先であるアジアでは医療サービス需要が拡大を続ける公算が大きい。病院経営に加え、医療教育機関の運営や新薬開発も手掛けるＩＨＨに資本参加することで、三井物産は新たな収益源と期待する医療ビジネスの強化を狙った。その後、同社の持ち株比率は約18％（２０１８年３月末）に下がったものの、筆頭株主のカザナ・ナショナル（41％）に次ぐＩＨＨの第２位の株主となっている。

稼ぎ頭は子会社「パークウエイ・パンタイ」

グループ内の最大の稼ぎ手がマレーシアやシンガポール、インドで病院を経営する全額出資子会社パークウエイ・パンタイ（ＰＰ、本社マレーシア）で、２０１７年12月期はグループ売上高の６割強に貢献した。ＰＰの病院は「マウント・エリザベス」、「グレンイーグルス」、「パンタイ」、「パークウエイ」等の名称で展開され、国内外に28ある。ＰＰに次ぐのがトルコの子会社アジュバーデムで、同国に加えブルガリアやマセドニアに計21の病院を展開、グループ売上高の約３割に寄与した。このほかグループ内にはマレーシアで医療教育を行うインターナショナル・メディカル・ユニバーシティ（ＩＭＵ）、インターナショナル・メディカル・カレッジ（ＩＭＣ）という２つの全額出資子会社もある。

ＩＨＨの経営を国別に概観すると、シンガポールでは４病院と50クリニックを運営している。２０１７年の入院患者数は合計約７万６５００人、同１人当たりの収入は２万９１２７リンギ（約81万３００0円）であった。４病院のうち２０１２年７月に開業した「マウント・エリザベス・ノベナ病院」は、総工費20億シンガポールドル（Ｓドル）を投じ建設した。３００超の病室はすべて個室の高級仕様で、１泊１万Ｓドル（約82万円）以上の部屋もある。[24] アジアの政治家や企業経営者の利用が多いとされる。

一方、子会社アジュバーデムがあるトルコでは、既に16病院を持つが、更に数を増やす考え。同子会社は２０１６年６月、ブルガリアで日本の徳州会グループが運営していた「ソフィア徳田病院」と、地元大手病院シティ・クリニック・グループを買収し、４つの病院などを展開する同国有数の医療サービス企業に浮上した。

ＩＨＨは本社があるマレーシアでは第2位（病床数ベース）の民間医療サービス会社だ。国内の14病院で年間約19万８０００人（２０１７年）の入院患者を受け入れ、同１人当たりの収入は６２３７リンギ（約17万４０００円）。ＩＨＨは今後、同国で１病院を新設するほか既存の３病院を拡張し、受け入れ能力を増強する。また、インドでは２０１５年、地元医療機関であるコンチネンタル・ホスピタルズの株式51％とグローバル・ホスピタルズの株式73％を取得した。ともに南部アンドラプラデシュ州の州都ハイデラバードに拠点を置き、前者は心臓外科、神経科、整形外科、後者は臓器移植など高度医療を手掛ける。２０１７年５月、ＩＨＨは、前身のＰＨが２００３年に取得した大手病院アポロの全保有株（約11％）を売却したが、２０１８年８月に国内外で34の病院を経営するインドのフォルティス・ヘルスケアを買収すると発表した。前述の通り、同社は２０００年のＰＨ買収でＩＨＨ筆頭株主のカザナと競った企業である。

中国で経営規模を拡大

今後力を入れるのはやはり中国だ。２０１７年３月に香港に新病院（５００床）を開設したのに続き、２０１８年に成都（３５０床）、２０１９年に上海（４５０床）、２０２０年に南京（70床）へ相次いで進出する計画だ。中国では歯科医院など小規模な施設を運営してきたが、病院経営に乗り出すことで事業を本格化し、中国を「重要市場」へ引き上げたい考えだ。新設する３病院のうち、上海に建設する「グレンイーグルス上海」は中国での基幹施設と位置付けている。国際空港に近い約３万６０００㎡の敷地に建設し、心臓外科や消化器科、泌尿器科、内科などの診療科目を揃える。ＩＨＨが70％、現地資本が30％を出資する合弁会社が運営し、総額13億６０００万元（約２３５億円）を投じる。

ＩＨＨはこのほか、ミャンマーの最大都市ヤンゴンで２０１６年に２５０床の病院建設を始めたほか、同年４月にＩＨＨ傘下の不動産投資信託（ＲＥＩＴ）が大阪の老人ホームなど３件を約30億円で取得した。

ＩＨＨは世界中から高い技術を持つ医師を集めるなどして高品質の医療サービスを提供し、富裕層の増加や人口の高齢化が進む国・地域の需要を取り込んでいく姿勢だ。華人やマレー人、インド人が共生するマレーシア・シンガポールという多民族国家を地盤とすることから、異なる文化や宗教、生活習慣への造詣が深く、国際展開を進める上で強みになっている。医療サービス分野で越境経営にまい進するＩＨＨは、ＡＳＥＡＮ発の有力「多国籍病院」と言える。その拡張戦略からは今後も目が離せない。

(3)　アシアタ・グループ――11カ国で事業を展開する大手通信会社

契約者数は３億５０００万人

地元マレーシアも含め合計11カ国で事業を展開する大手通信会社で、マレーシアの有力ＧＬＣの１つである。携帯通信の契約者数は国内外で合計約３億５０００万人[25]と東南アジア・南アジアに地盤を置く通信会社としては首位シンガポール・テレコム（シングテル、約７億人[26]）に次ぐ規模だ。携帯通信に加え通信塔の運営・管理、デジタルサービスも手掛け、従業員総数は２万５０００人超に上る。筆頭株主は政府系投資会社カザナ・ナショナルで持ち株比率は約37％、続く２位も政府系の従業員退職積立基金（ＥＰＦ）で約16％を保有している（２０１８年２月）

前身は１９９２年設立のＴＭインターナショナル（ＴＭＩ）という会社だ。ＴＭＩは国営通信テレコ

図表3-7　アシアタの国別売上高比率（2017年12月期）

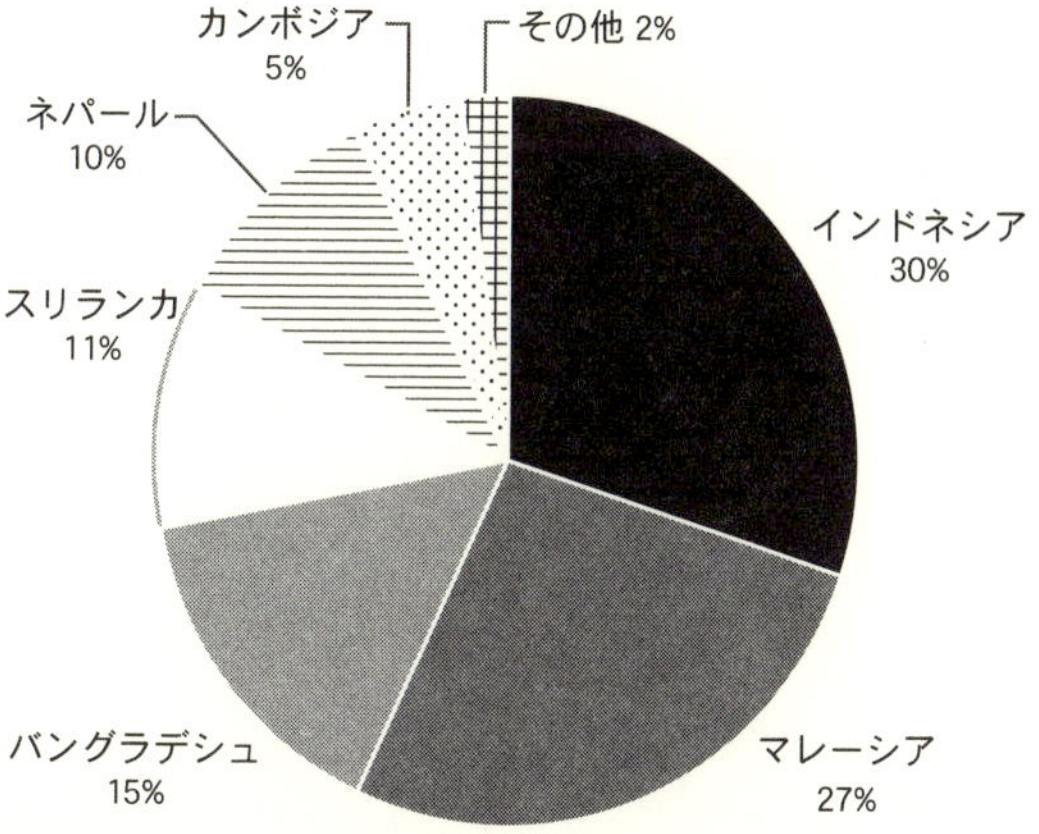

資料：2017年12月期決算資料より作成。

ム・マレーシア（ＴＭ）の子会社として携帯通信事業を手掛けていた。２００８年にマレーシア証券取引所へ株式を上場し、翌２００９年に現在のアシアタ・グループに社名を変更した。２０１７年12月期の売上高は前の期比13％増の２４４億リンギ（約６８１０億円）、ＥＢＩＴＤＡは同15％増の92億３０００万リンギ（約２５７５億円）。株式上場年の２００８年に比べ、ともにほぼ倍増している。国別売上高比率は、インドネシア（30％）と地元マレーシア（27％）が高く、以下、バングラデシュ（15％）、スリランカ（11％）、ネパール（10％）、カンボジア（５％）の順（図表3-7）。アシアタは海外売上高が全体の7割超を占める多国籍企業である。

インドネシアの業界大手を買収

アシアタはマレーシアで「セルコム（Celcom）」、インドネシアで「ＸＬ」、スリランカで「ダイアログ（Dialog）」、バングラデシュで「ロビ（Robi）」、カンボジアで「スマート（Smart）」、ネパールで「エヌセル（Ncell）」という名称で携帯通信事業を展開しており、これらの国々に子会社を持つ。また、インドに「アイデア（Idea）」、シンガポールに「エムワン（M1）」という名称で同事業を行う関連会社がある。更にミャンマーやパキスタンでは通信塔の運営・管理、企業向け通信サービスなどを手掛けている。

国別に見ると、まず地元マレーシアに全額出資子会社マレーシア・セルコム・アシアタ（MCA）がある。アシアタの前身の旧TMIが2008年、MCAの前身企業を買収、傘下に収めた。MCAは現在、地元の大富豪アナンダ・クリシュナン氏が率いるマキシス、ノルウェーの国営通信会社テレノール系のディジ・ドットコムとともにマレーシア携帯通信市場で大手3社の一角を占める。契約者数は1060万人だ[27]。

マレーシアと並ぶ主要市場のインドネシアには約66％を出資している子会社XLアシアタがある。同国へは2005年、地元携帯通信会社の経営権を取得する形で参入した。2014年にXLアシアタは同業大手アクシス・テレコム・インドネシア（業界5位）を8億6500万ドルで買収し、契約者数（4650万人）で業界2位へ浮上した。XLアシアタは現在、第4世代（4G）の通信規格のLTEネットワークや電子商取引（EC）事業への積極投資を続けている。

カンボジアへは1998年に地元携帯通信会社を買収、参入した。2013年には現地の同業大手ラテルズを買収し、同国で2位の勢力へ躍進した。現地子会社カンボジア・スマート・アシアタ（CSA）は2014年に業界の先陣を切って4Gサービスを始めるなど攻勢をかけている。契約者数は81

0万人だ。2017年5月には三井物産がアシアタからCSAの株式10%を取得、翌2018年には更に10%を追加購入し、出資比率を20%へ引き上げている。

シンガポールには約29%出資している関連会社M1がある。出資したのは2005年だ。M1の携帯契約者は220万人と同国市場で3位。アシアタは地元企業のケッペル・テレコム（約19%）、SPHマルチメディア（約13%）を上回り、M1の筆頭株主である。一方、ミャンマーでは2013年に実施された携帯事業免許の入札に参加したものの敗退した。その後、2015年に現地の通信塔会社ディジセル・ミャンマー・タワー・カンパニーの株式75%を1億2500万ドルで取得している。

ネパール最大手も子会社化

南アジアでは1996年、バングラデシュの携帯通信会社を買収、子会社化した。その20年後の2016年、現地子会社ロビ・アシアタはインド通信大手バルティ・エアテルのバングラ現地法人を吸収合併し、3400万人の契約者を持つ業界2位となった。合併後の新会社に対する持ち株比率は、アシアタ69%、バルティ25%、NTTドコモ6%。アシアタはスリランカにも子会社スリランカ・ダイアログ・アシアタ（SDA）を持つ。出資比率は83%。バングラデシュよりも1年早い1995年に進出し、累計20億ドル超の投資を行ってきた。携帯通信の契約者数は1180万人で業界トップという。

巨大市場インドでは地元の大手通信アイデア・セルラーに20%弱出資している。出資時期は母国マレーシアで株式を上場した2008年。同社は約2億人の契約者を持ち、インド市場でトップ3に入る有力企業だ。アシアタはまた、２０１６年６月にネパールの携帯通信最大手エヌセルの株式80％を取得し、子会社化した。買収金額は13億６５００万ドルに上った。契約者約１５００万人のエヌセルは現地でシェア約50％を握るトップ企業。アシアタにとってネパールは売上高で５番目の市場となった。

シングテル（シンガポール）とアシアタというＡＳＥＡＮ有力通信２社を比べると、前者はフィリピン、タイ、インドネシア、豪州などに進出し、後者はカンボジアやバングラデシュ、ネパールといったシングテルが未進出の国々への参入が目立つ。これらは発展が遅れている半面、今後の成長余地も大きいとみられる国々であり、アシアタがよりエマージングな市場に攻め込んでいることが分かる。シングテルが海外進出先で50％未満の出資比率にとどまっているのに対し、アシアタは50％超の子会社を多く持つのも異なる点だ。

通信塔でも世界有数の規模に

アシアタは前身のＴＭＩ時代から国際化に熱心であったが、その動きが一段と加速したのは２００９年の社名変更以降であり、カンボジア（２０１３年）、インドネシア（２０１４年）、バングラデシュ（２０１６年）、ネパール（同）などで相次いで有力企業の買収に踏み切った。携帯通信以外でも２０１２年に設立した通信塔の運営・管理子会社マレーシア・イードットコ・グループ（Malaysia edotco Group：ＭｅＧ）を通じてカンボジア、スリランカ、バングラデシュ、ミャンマー、パキスタンの５カ国に次々と進出し、国内外で保有・管理する通信塔は約４万基と世界２位の規模にまで膨らんできた。(28)

アシアタはネットビジネスにも期待を寄せており、２０１２年に全額出資子会社アシアタ・デジタル・サービシズ（Axiata Digital Services：ＡＤＳ）を設立した。ＡＤＳは２０１６年、マレーシアの衛星テレビ大手アストロ・マレーシア・ホールディングスと提携し、インドネシアでネットでのコンテンツ配信サービスに乗り出している。アシアタはまた、同年にインドで電子商取引（ＥＣ）を展開するストアキングに１６００万ドル出資した。約１万６０００の小売業者が利用する同社のＥＣをアシアタのネットワークに乗せ他国に広げる考えだ。

(4)　ＣＩＭＢグループ・ホールディングス――「ＡＳＥＡＮの銀行」を標榜

ＡＳＥＡＮ最大規模の店舗網

「ＡＳＥＡＮのリーディングカンパニーになる」[29]。ＣＩＭＢは自らを「ＡＳＥＡＮ企業」と呼び、ＡＳＥＡＮ経済と手を携え成長しようとの姿勢を鮮明にしている。ＡＳＥＡＮを旅する機会があれば、主要空港のターミナルビルの中を少し観察してみよう。コーポレートカラーの赤を使ったＣＩＭＢの派手な看板を目にすることも多いはずだ。そこには次のような宣伝文句が書かれている。「ＡＳＥＡＮのどの国でも仕事をします」。

ＣＩＭＢは、商業銀行、投資銀行、イスラム金融、資産運用など多彩な金融業務を手掛けるユニバーサルバンクである。２０１７年末の総資産額は５０７２億リンギ（約14兆１５００億円）でメイバンク

（約7653億リンギ）に次いでマレーシア2位。ASEAN全体では、DBS、OCBC、UOBのシンガポール3行、メイバンクに次いで5位だ。ASEANを中心に中国やインド、欧米に拠点を展開し、進出先は15か国・地域に広がる。国内外の支店数は900超を数える。この店舗網はASEANの銀行としては最大規模だ。2017年末の従業員総数は約3万8000人である。

既に紹介したIHHやアシアタと同様、CIMBもまた、マレーシアの有力GLCで、政府系投資会社カザナ・ナショナルが27％、従業員退職積立基金（EPF）が12％の株式を保有する主要株主となっている（2018年2月末）[30]。トップのナジル・ラザク会長は、2009～18年にマレーシアの第6代首相を務めたナジブ・ラザク氏の実弟で、2人の父親は第2代首相の故アブドゥル・ラザク氏だ。ナジル氏は2014年秋までCIMBのCEOを務め、国際化を陣頭指揮した。

2000年代後半から国際化に拍車

CIMBの存在感が一気に高まったのは、2005年に地元大手のブミプトラ商業銀行（BCB）を買収してからだ。翌2006年にCIMBとBCB、中堅のサザン銀行の3行が統合、新生CIMBが発足すると、ASEAN域内を中心とする海外展開に拍車が掛かった。特に2008年にインドネシアの銀行子会社バンク・ニアガと地元大手のリッポー銀行を統合、業界5位の「CIMBニアガ」を誕生させる一方、タイ中堅のバンク・タイを買収、子会社化し、「CIMBタイ」に改名した。この2つのM&Aを経て「CIMBはASEANの有力リージョナルバンクとなった」（A. T. Kearney and JWT

2013)。その後も2009年にシンガポールで個人向け銀行業務に参入、2010年にカンボジアで銀行業に進出、2012年にタイの証券会社SiCCO及び英大手銀ロイヤル・バンク・オブ・スコットランド（RBS）のアジア投資銀行業務を買収するなど経営のリージョナル化を進めた。

更に2014年にCIMBタイを通じてラオスに進出、2016年にはベトナムに全額出資の銀行子会社を設立し、営業を始めた。ベトナム進出によりCIMBはASEAN全10カ国のうち9カ国に拠点を構築した。そして残るフィリピンも2017年に銀行の事業認可を得たため、CIMBはASEAN全10カ国にネットワークを持つ初の銀行となり、名実ともに「ASEANの銀行」になった。

ASEAN以外では2012年にインドで証券子会社を設立、翌2013年に韓国でASEANの金融機関として初めて証券取引業務の資格を得た。更に2017年、海外証券取引部門を統括するCIMBセキュリティーズ・インターナショナル（シンガポール）の株式50％を中国銀河証券に売却、中国に300数十店舗、約900万人の顧客を抱える同社の販売ネットワークを活用する体制を整えた。

海外利益比率は約3割

2017年12月期決算は、営業収入が前の期比10％増の約176億2600万リンギ、純利益が同26％増の44億7500万リンギ。新生CIMBの海外展開が本格化した2008年に比べると、ともに2・3倍に拡大した。ただし、収益構造の国際化はそれほど順調に進んでいない。税引き前利益の海外比率は約30％で、ライバルのメイバンクとほぼ同じ。シンガポール大手3行と比べるとDBS（30％）

図表3-8　CIMBグループ、税引き前利益の国内外比率

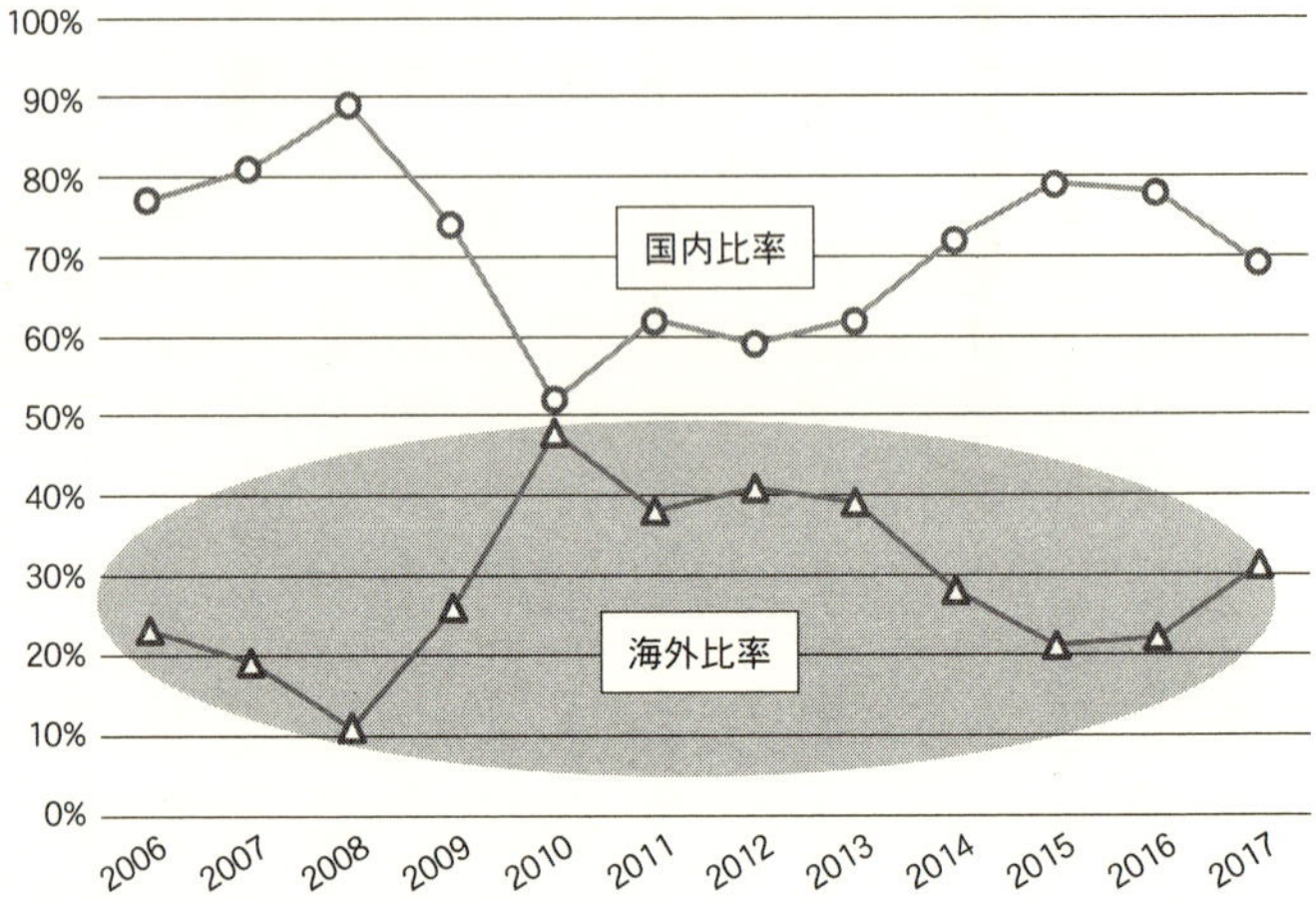

資料：年次報告書各年版より作成。

と同水準だが、ＵＯＢ、ＯＣＢＣの41～45%より低い（第２章参照）。ＣＩＭＢの同比率は２００８年の11%から２０１０年のピーク時には約50%へ上昇、メイバンクのほぼ２倍に達した。その後２０１３年まで40%前後を維持したが、翌２０１４年から３年連続で20%台と低迷した（図表３-８）。ナジル会長は同比率を60%程度へ高めるとの目標を掲げていたが[31]、達成には時間がかかりそうな情勢だ。

足を引っ張ったのがインドネシア事業であった。同事業の利益貢献率は、２０１０～１３年は30%台であったが、その後は20%を割り込んでいる。世界的な商品市況の下落で現地子会社ＣＩＭＢニアガの貸出先、特に資源関連企業向けで不良債権が拡大し、貸倒引当金の積み増しを迫られた。インドネシア５位の同行は大手行に比べ石炭採掘を手掛ける中小企業が取引先に多いとされ、これら企業の経営悪化が響いた格好だ。ただ、ＣＩＭＢの２０１７年12

月期決算はコスト削減や貸倒引当金の減少等でインドネシア事業の税引き前利益が約５割拡大している。一方、シンガポールとタイを中心とするその他の国々の利益貢献率は合計10％前後の年が多く、大きな変化は見られない。

２０１５年２月にナジル氏の後任としてCEOに就任したザフルル・アジズ氏は、グループ全体で人員削減や店舗網再編、非中核事業の縮小を進め、経営体質を強化する構えだ。就任後に発表した中期経営計画「ターゲット２０１８」では、２０１８年12月期までに①費用／収入比率を50％未満へ引き下げる、②自己資本利益率（ROE）を15％超へ高める、③個人向け銀行業務／総収入比率を60％へ高める、などの目標を打ち出した。そのためマレーシアとインドネシアで希望退職者を募り、両国の従業員総数の１割に当たる約３６００人を削減したほか、豪州の投資銀行部門の事務所を閉鎖、更にタイなどで銀行の不採算店舗を整理した。２０１６年にインドネシアの生命保険子会社をカナダ企業に売却し、翌２０１７年には中国・遼寧省の営口銀行に対する持ち株（18％強）も売却している。

AECを強く意識

CIMBは２０００年代後半以降、ASEAN域内で積極的に事業拠点を拡充してきた。それはASEANが２００７年に経済共同体（AEC）構築への道筋をまとめたブループリントを提示し、２０１５年末の期限に向け貿易自由化など統合作業を本格化した時期と重なる。他の多くのASEAN企業もこの時期に域内展開を加速したが、CIMBはその中でもAECを強く意識した企業の１つと言える。

それは冒頭紹介した宣伝戦略や、トップがＡＥＣに頻繁に言及する姿勢からうかがえることだが、ＡＥＣを主要な分析テーマとする「ＣＩＭＢ・ＡＳＥＡＮ研究所」を２０１１年に設立したことも象徴的な事例であった。ＣＩＭＢはＡＳＥＡＮ金融界の覇者を目指し、Ｍ＆Ａも果敢に仕掛けながら経営の〝ＡＳＥＡＮ化〟を推進してきた。だが「かなり性急に動いたので足場固めをして次の拡大戦略に備えるべき」（マレーシアの大手証券）との声もある。

ＣＩＭＢと日本企業の関係に触れよう。ＡＳＥＡＮ域内に張り巡らせたＣＩＭＢの経営ネットワークに着目する日本企業は少なくなく、三菱商事は２０１５年、ＣＩＭＢと共同でＡＳＥＡＮ企業に投資する産業育成ファンドを創設すると発表した。ＣＩＭＢと組むことでマレーシアやインドネシアなどで有望企業を発掘、資金面や取引面で支援し、日本企業の新たな商機獲得に結びつける狙いがある。また、損保ジャパン日本興亜ホールディングスは２０１６年、ＣＩＭＢのマレーシア、インドネシア、シンガポール、タイの４カ国にある銀行支店網で損害保険の窓口販売を行う契約を結ぶことで合意している。

(5)　ゲンティン・グループ――躍動する多国籍カジノ企業

グループ企業は５００社超

カジノなど娯楽・観光事業を主力とする華人系大手財閥で、パーム油原料のアブラヤシ農園（プランテーション）の経営、発電などエネルギー事業、不動産開発も手掛ける。海外はシンガポール、インドネシア、中国、インド、米国、英国などに進出。このうち２０１０年にシンガポールに開業した大型統合型リゾートが収益に大きく寄与している。米国などで新しいカジノの展開を進めており、海外事業の更なる拡大を狙っている。

創業者は、中国福建省出身の故リム・ゴートン氏[32]。19歳でマレーシアへ移住した同氏は建設機械の販売などを行いながら有力政治家との関係を構築した。１９６０年代に大型公共工事を次々と受注し、国内有数の建設業者となった。同氏はマレー半島中部のリゾート地キャメロン高原に出張した際に爽やかな涼風に触れた。経済が発展すればリゾート需要は増え、商機も膨らむ——。そんな思いに駆られ、同氏は観光・娯楽事業への参入を決断、１９７１年に首都クアラルンプール近郊の高原に最初のホテルを開く。ゲンティンはこのエリアを国内唯一の公認カジノをはじめテーマパーク、ゴルフコースなどを備える一大リゾート地として開発。莫大な富を築いたゴートン氏は「カジノ王」と称された。

ゴートン氏は２００７年に89歳で死去し、次男コックテイ氏が会長兼ＣＥＯとして後を継いだ。現在はコックテイ氏の息子、ケオンフイ氏がエグゼクティブディレクター兼最高情報責任者（ＣＩＯ）としてナンバー３の地位にあり、父親の下で帝王学を学んでいる。米フォーブス誌が発表した２０１７年のマレーシアの富豪ランキングによると、コックテイ氏の資産総額は44億５０００万ドルで同国６位の規模であった。

グループ持ち株会社のゲンティン傘下にある主な企業は、ゲンティン・マレーシア（ゲンティンの出資比率は49・4％、2018年3月、以下同）、ゲンティン・プランテーション（同51・6％）、ゲンティン・シンガポール（同52・7％）の上場企業3社、更に非上場のゲンティン・エナジー（同100％）を加えた4社である。

ゲンティン・マレーシアは国内や米英での娯楽・観光事業、ゲンティン・プランテーションはマレーシアとインドネシアでの農園経営をそれぞれ主要業務とする。ゲンティン・シンガポールはシンガポールでの娯楽・観光事業を担当し、同国株式市場に上場している。ゲンティン・エナジーはその名の通り、発電や石油・ガスの採掘を手掛けており、主な展開先は中国やインドだ。これら4社にぶら下がる子会社・関連会社もすべて含めると、ゲンティン・グループは合計500社超の企業で構成される。

シンガポール事業が大きく寄与

2017年12月期のグループ決算は、売上高が前の期比9％増の200億リンギ（約5580億円）、EBITDAが同15％増の71億リンギ（約1980億円）であった。売上高の部門別構成比は、娯楽・観光が83％と突出し、以下、農園9％、発電5％、石油・ガス2％、不動産1％の順。国別売上高比率を見ると、シンガポール37％、マレーシア36％と両国が大きく、両国を除くアジア太平洋と「英国・エジプト」がともに10％、「米国・バハマ」が8％となっている。これらの数字からゲンティンがシンガポールとマレーシアの娯楽・観光事業に大きく依存する企業であることが分かる。

グループ売上高に占める娯楽・観光事業の比率は、2000年代は60％台を中心に推移していたが、

図表 3-9　ゲンティンの娯楽・観光事業と海外事業の売上高比率

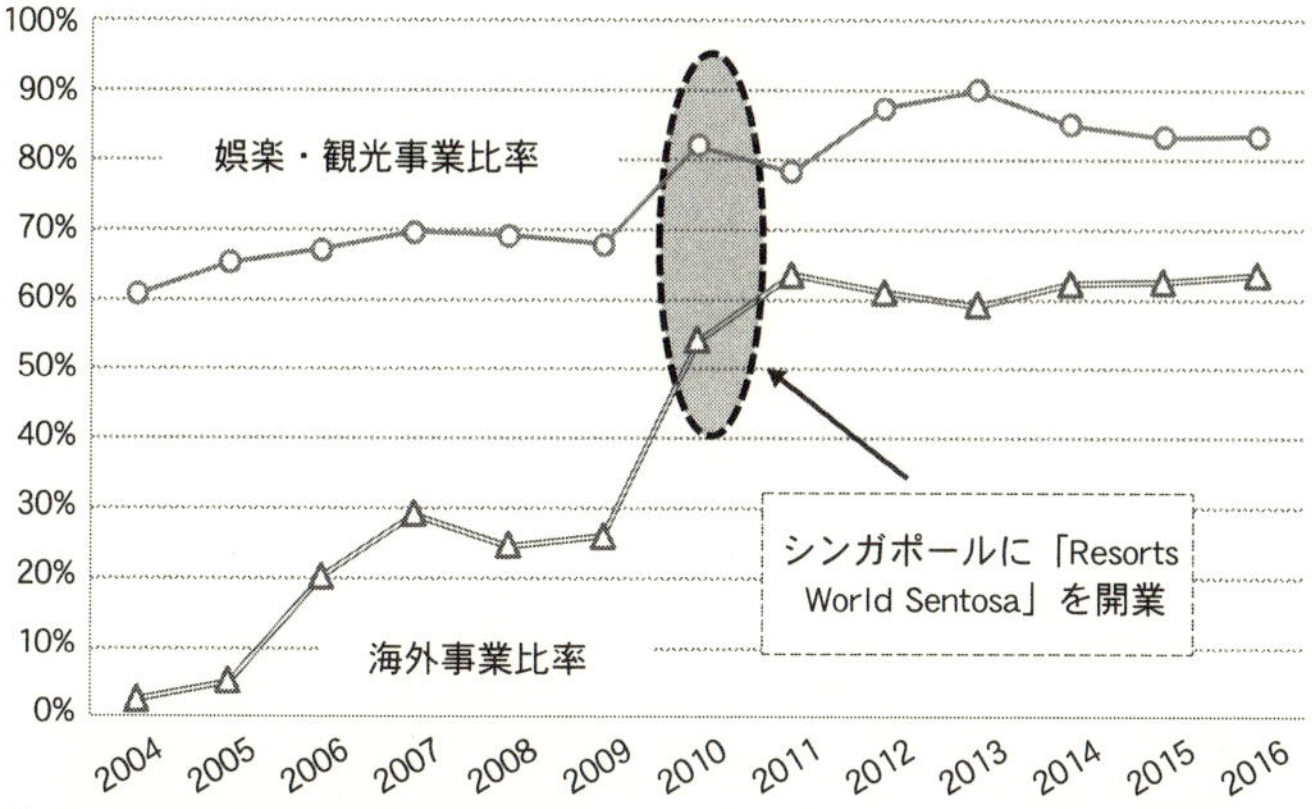

資料：年次報告書各年度版より作成。

２０１０年に80％超に跳ね上がり、２０１３年のピーク時は90％に達した（図表３-９）。節目となった２０１０年はゲンティンがシンガポールに同国初のカジノ、米映画テーマパーク「ユニバーサル・スタジオ」、ホテルなどで構成される統合型リゾート「Resorts World Sentosa：ＲＷＳ」を開業した年であった。同リゾートはシンガポール政府が観光振興の切り札として推進したもので、ゲンティンは２００６年に開発権を落札、完成までに総額65億９０００万Ｓドル（約５４３０億円）の巨費を投じた。ＲＷＳ開業を受け同社の収益構造はマレーシア一極集中型からマレーシア・シンガポール両国にバランス良く依存する形へ変容した。この結果、海外売上高比率は２０００～０９年の平均15％から２０１１年以降は60％程度へ一気に高まった。

２０１０年以降に海外展開を加速

老舗企業ゲンティンの海外展開が本格化するのは２０

１０年以降のことである。シンガポール進出に続き、２０１１年には米ニューヨークに約８億ドルを投じ同市初のカジノを開業した。２０１７年にはホテルやカジノ、飲食施設の新増設を含む拡張工事に着手しており、２０１９年末までに完了予定だ。カジノの総本山、ネバダ州ラスベガスに40億ドルを投じ大型カジノを建設し、２０２０年末までに開業する計画もある。一方、２０１３年にカリブ海の島国バハマ、２０１５年に英バーミンガムにもカジノを相次いで開設した。これら一連のカジノはシンガポールと同様、「Resorts World」の名称で展開されており、同ブランドはゲンティンの国際化を象徴するものとなった。因みに英国では高級カジノを２００４年に買収するなど比較的早くから事業を始めていたため、既に40超のカジノ（うち６つはロンドン市内）を展開している(33)。

成長地域のアジアにも攻め込んでいる。２００９年にグループ企業のゲンティン香港とフィリピンの有力華人企業アライアンス・グローバル・グループが合弁会社トラベラーズ・インターナショナル・ホテル・グループを設立、マニラのニノイ・アキノ国際空港近くにカジノを中核とする統合リゾート「Resorts World Manila」を開いた。合弁会社は２０１３年、フィリピン株式市場に上場した。また、クルーズ船運航を主力とするゲンティン香港は２０１６年にドイツの３つの造船所を３億７５００万ユーロ（約４９５億円）で買収した。自前の造船所を持つことで大型客船などの調達力を強化、中国人の旅行需要を取り込む狙いがある。一方、ゲンティンは２０１４年に中国の不動産会社と合弁で韓国・済州島にカジノ施設を建設すると発表したが、この計画からは２０１６年に撤退した。その後、２０１７年９月に日本支店を開設、同10月に円建て外債（サムライ債）を発行し２００億円を調達した。日本でのカジノ解禁に備えた動きと言われている。

地元の中核施設も大規模再開発

地元マレーシアでも娯楽・観光事業を強化している。クアラルンプール近郊で1971年に開業したカジノリゾート「Resorts World Genting：RWG」（通称「ゲンティン・ハイランド」）の大規模再開発計画を2013年に発表した。米映画大手、20世紀フォックスのテーマパーク（2018年末までに開業予定）や高級ホテル、劇場、ショッピングモールの新設、変電所や水処理場などインフラ基盤の拡充に10年間で総額100億リンギ超を投じる。首都中心部から車で約1時間と至便な場所にあるRWGの魅力を更に高め、2020年の年間入場者数を3000万人と2016年の5割増へ拡大させる。

ゲンティンの第2の柱、農園部門にも触れよう。同社が持つアブラヤシ農園の面積（2017年末時点、未使用分含む）はマレーシアに6万4628ヘクタール、インドネシアに18万3027ヘクタールである。搾油工場はマレーシアに7、インドネシアに4あり、両国で1時間当たり合計550トンの搾油能力を持つ。ゲンティンは2016年、インドネシア西カリマンタン州の農園経営2社を買収、合計約2万2000ヘクタールの農地を新たに取得した。また、同年に中央カリマンタン州に同国3番目、翌2017年に南カリマンタン州に同4番目の搾油工場を開設した。

エネルギー事業は中国、インドネシア各1カ所、インド3カ所で発電所を運営し、2017年末の発電能力は合計2061メガワット。2017年には中国・福建省にある発電所の能力を増強したほか、インドネシア・西ジャワ州で新発電所を稼働した。一方、石油・ガスの採掘は中国とインドネシアに進出している。前者は国営石油大手、中国石油化工（シノペック）との合弁により渤海湾で採掘しており、２０１７年に年間２８０万バレルを産出した。インドネシアは西パプア州に進出している。

[注]

（1）Bank Negara (2010)、(2011)。

（2）開始当初は15社を対象とし、２００６年に20社に増えた。売却や他社との統合で対象外となった企業もあるため、実際には20社を下回る。尚、熊谷（２０１８）では、ＧＬＣの呼称は１９９０年代までもっぱらシンガポールで使われ、マレーシアで用いられるようになったのは２００４年に始まったＧＬＣ改革プログラム以降としている。

（3）Putrajaya Committee on GLC High Performance (2015)。

（4）SO-MNEs の定義は、①政府によって設立され、ＦＤＩを含む商業活動を行う、②政府が最低10％の株式を有する最大株主になっている——など。詳細はUNCTAD (2017) 参照。

（5）Khazana National Berhad "Khazanah National FAQ" http://www・khazanah. com. my/FAQ　２０１８年４月26日アクセス

（6）同論文では国有企業（State-owned Enterprises: SOEs）という単語を使っている。

（7）２０１６年12月期の実績に基づく。

（8）熊谷（２０１４）

（9）２０１７年８月期決算の発表後、決算期を12月期に変更している。

（10）２０１７年６月期の年次報告書。

（11）２０１６年６月29日付の日本経済新聞。

（12）航空機数は２０１７年末、目的地数と社員数は２０１６年末。

(13) ２０１３年12月期の年次報告書から抜粋。
(14) エアアジアXを除く。同社の２０１７年12月期の乗客者は約５８４万人。
(15) シンガポール航空は２０１７年３月期、ガルーダ航空とタイ国際航空は２０１７年12月期の数字。シンガポール航空の乗客者数はシルクエアなどグループ企業も含む。ガルーダ航空もグループ全体の数字。
(16) 両社とも２０１８年３月期の数字。
(17) ２０１６年12月期の年次報告書。
(18) 脚注（17）と同じ。
(19) ２０１６年末の数字。
(20) ２０１７年５月14日付の報道用資料。
(21) 進出国数や病院数、ベッド数などは原則２０１８年３月末の数字。
(22) 現地子会社がマセドニアやＵＡＥで運営する病院も含まれる。
(23) ２０１１年４月７日付の日本経済新聞。
(24) ２０１４年２月12日付の日経産業新聞。
(25) 同社ＨＰ。https://www.axiata.com/corporate/group-profile/　２０１８年３月29日アクセス。
(26) ２０１８年３月末。第２章参照。
(27) 同社ＨＰ。https://axiata.com/operating/company/24/　２０１８年３月29日アクセス。以下に出てくる契約者数やアシアタの出資比率も同様。
(28) ２０１７年９月５日付の日経産業新聞。
(29) ＣＩＭＢが掲げる経営目標としてＨＰで紹介されている。https://www.cimb.com/en/who-we-are/vision-mission-and-values.html#read　２０１８年３月30日アクセス。
(30) ＣＩＭＢの年次報告書によると、三菱東京ＵＦＪ銀行（現三菱ＵＦＪ銀行）は２０１７年２月末に約５％の株式を保有していたが、２０１８年２月末は主要株主から名前がなくなっている。

(31)　２０１０年７月に著者のインタビューで述べたもの。ナジル氏の当時の肩書はＣＥＯ。
(32)　ゴートン氏の略歴などはゲンティンのＨＰ掲載の情報を参考にした。http://www.genting.com/history-2/　２０１８年５月４日アクセス。
(33)　２０１６年12月期の年次報告書。ブランド名は「Resorts World」ではない。

第４章　タイの多国籍企業

――大手財閥がＭ＆Ａ加速

1　タイの対外ＦＤＩ動向

(1)　２０１０年前後から加速　対外ＦＤＩ規模、マレーシアを上回る

日本企業にとってＡＳＥＡＮ最大の投資先であるタイは、シンガポール、マレーシアと同様に外資導入を梃子に経済発展を遂げた国である。だが、近年はやはり、投資国としての側面を強めている。タイの対外ＦＤＩ額（フロー）は２０１０年前後から拡大傾向を鮮明にした。それまで対内ＦＤＩ額を遥かに下回る水準で推移していたが、２０１１年に初めて上回り、２０１２年には１００億ドルの大台を突破した（図表４‐１）。２０１７年の対外ＦＤＩ額は約１９３億ドルと対内ＦＤＩ額の２・５倍となり、２年連続で過去最高額を更新し、対外ＦＤＩの先輩格マレーシア（２０１７年は約58億ドル）を２年連続で上回る規模であった(1)。

タイの対外ＦＤＩが拡大していることは、残高ベースでも確認できる。外資導入に長年力を入れてきた経緯があるため、対内ＦＤＩ残高にはなお遠く及ばないが、対外／対内比率は２０１１年頃から急伸し、２０１７年は49％とほぼ半分に達した。その10年前（２００６年）は約９％に過ぎなかったから大きな変化と言えよう。タイ中央銀行の統計によると、対外ＦＤＩ残高（２０１７年末）の分野別内訳

図表 4-1　タイの対外 FDI（フロー）

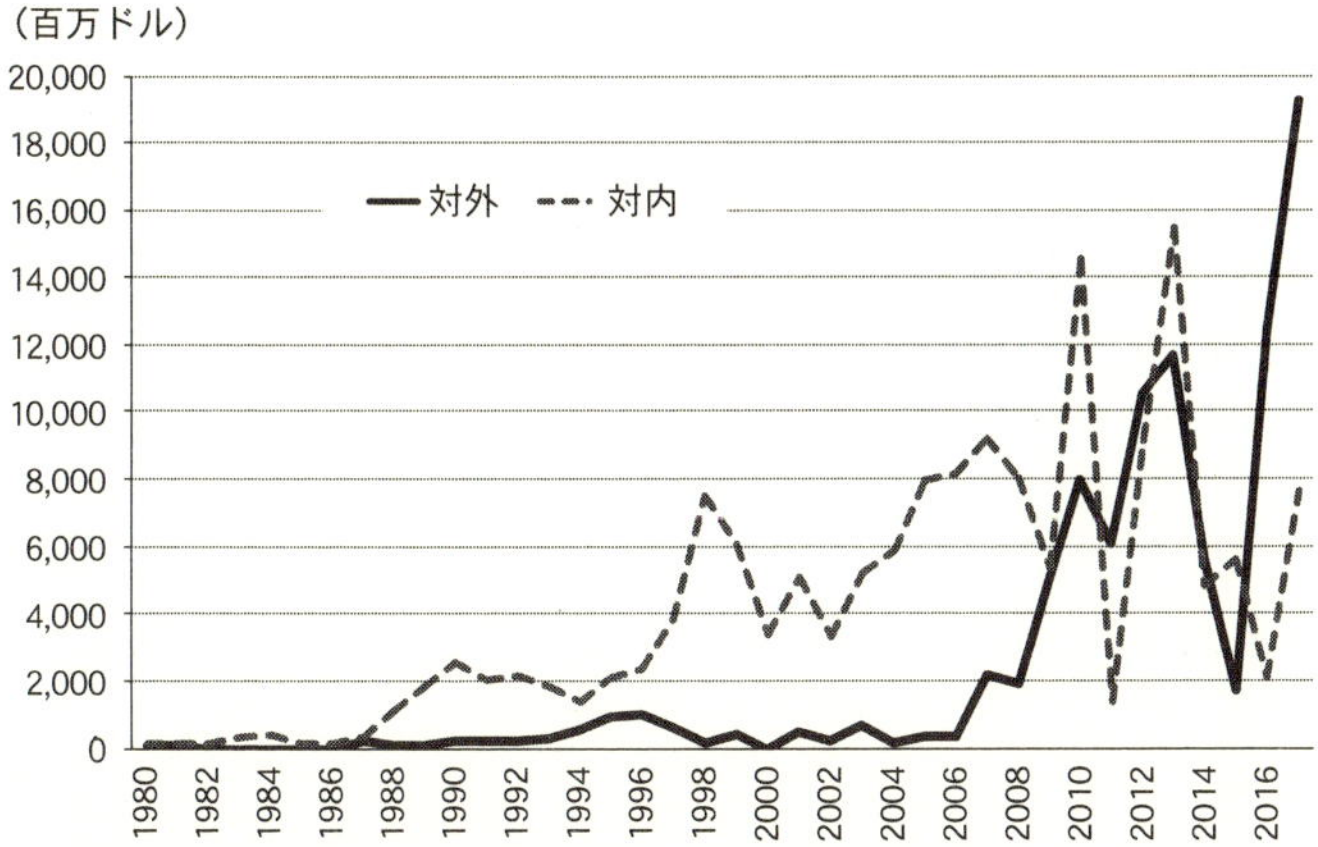

資料：UNCTADstat より作成。

は、製造、金融・保険、鉱業、卸売・小売の順に大きく、この上位４分野で全体の７割超を占める。

２０１０年前後から顕著となったタイ企業の対外FDI拡大の特徴に積極的なM&Aが挙げられる。この現象はシンガポールやマレーシアの企業でも観察されるが、本章で後ほど紹介する事例に見られるように大手財閥を中心とするタイ企業でとりわけ活発化しているとの印象を受ける。末廣（２０１４）によると、タイでは１９９０年代前半や、１９９７年に発生したアジア通貨危機後から２００４年頃までの時期にもM&Aの増加が観察されたが、２０１０年頃から始まった今回の現象は、①買収額が飛躍的に膨れ上がった、②買収先がアジア諸国、更には先進国の有力企業にも向かっている、③巨額化する買収資金を、土地資産を担保とする銀行借り入れで賄っている、という点で以前と異なるといい、これらのM&Aがタイの昨今の対外FDI額を大きく押し上げている。

最大の投資先はASEAN、CLMV向けが牽引役

タイの対外FDIの行き先を見てみよう。ASEAN10カ国を1つに括ると、最大の投資先はASEANである。タイ中央銀行の統計によると2017年末の対ASEAN・FDI残高のシェアは約30％に上り、ASEANに続く投資先である欧州連合（EU）や香港のシェア（ともに13％）を大きく上回る（図表4-2）。対ASEAN・FDI残高は2007年からの約10年で10倍に急増、タイの対外FDIを牽引した[2]。

ASEANの中でも投資先として存在感を高めているのがカンボジア、ラオス、ミャンマー、ベトナムのCLMV諸国である。過去10年間でタイの対CLMV・FDI残高は15倍に急増しており、CLMV以外のASEAN6カ国向けの8倍超を大きく上回る伸びを示した。この結果、対ASEAN・FDI残高に占める対CLMV・FDI残高のシェアは2017年末で42％となり、タイの対外FDIが本格化した2000年代後半以降では最高水準へ上昇した。

2017年末のタイの対CLMV・FDI残高は143億ドルであった。CLMVを「1国」とみなすと、香港（152億ドル）、EU（151億ドル）とほぼ肩を並べ、タイにとって最大規模の投資先となっている。国別残高はベトナム（53億ドル）が最大で、ミャンマー（43億ドル）、ラオス（34億ドル）、カンボジア（13億ドル）と続いている。ベトナム向けは2016年から急増し、2017年にミャンマー向けを上回り、CLMVで最大の投資先となった[3]。ミャンマー、ラオス、カンボジア向けのFDIも増え続けている。

図表4-2　タイの対外FDI残高（国・地域別）

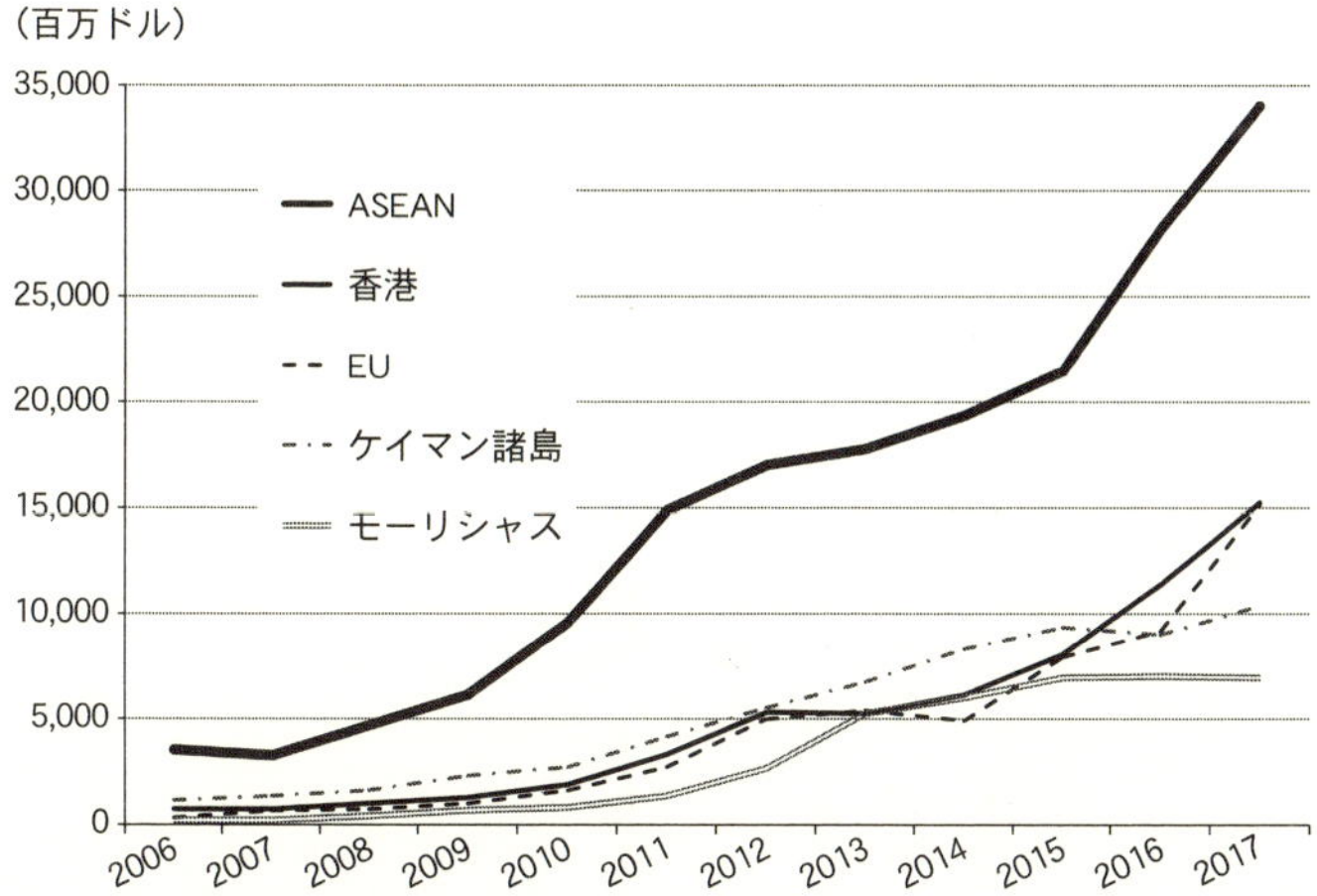

資料：タイ中央銀行の統計より作成。

対ＣＬＭＶ投資の中身は、ミャンマー、ラオスでは石油ガス、電力など資源・エネルギー関係が中心。ベトナムでは小売業や飲食業で大型Ｍ＆Ａが相次ぐなど人口約９０００万人の市場を狙った動きが活発になっている。カンボジアは大型案件こそ目立たないものの製造・サービスの双方で進出が増えている。

ＣＬＭＶ子会社数も拡大

タイ企業がＣＬＭＶに攻め込んでいる様子は、様々な調査結果から確認できる。例えば、タイ証券取引所（ＳＥＴ）の調査によると、２０１５年に上場企業の約３分の１に当たる１９２社が海外で投資を実施し、その約６割の１１５社がＣＬＭＶで何らかの投資を行った（SET 2017a）。また、２０１７年夏に上場企業幹部を対象にＳＥＴなどが実施した別の調査（複数回答）によれば、回答企業の６割強に相当する70社が今後１年以内に海外での投資を計画、その大半の58社がＣＬＭＶ市場をターゲットとし、ＡＳＥＡＮ主要４カ国（シンガポール、マレーシア、インドネシア、フィリピン）の50社を上回った（SET 2017b）[4]。更に Rattanakhamfu and Tangkitvanich（2017）によると、タイの代表的株価指数、ＳＥＴ１００を構成する有力企業１００社がＣＬＭＶに設置した子会社の数は、２０１１年の93社から２０１３年に１３０社へ拡大した。国別で最も増えたのはベトナムで、同期間に34社から56社へ増えたとしている。

(2)　対外ＦＤＩ拡大の経緯、背景

メコン圏の輸送インフラ整備も

タイの対外ＦＤＩが近年急増した背景には、国内のプッシュ要因として昨今の人手不足や賃金上昇、政治情勢の流動化、更に少子高齢化の進展等からタイ経済の先行きが不透明なこと、国外のプル要因として諸外国に存在する低廉な労働力、外資向けの各種優遇措置、成長力に富む市場などが挙げられている（Cheewatrakoolpong and Boonprakaikawe 2015, Cheewatrakoolpong and Satchachai 2017)。プル要因については近隣のＣＬＭＶ諸国が高成長を続け、経済の改革・開放に取り組む中で、これらの国々の労働力や市場が特に注目されている。

また、タイとＣＬＭＶが位置するメコン圏で東西、南北、南部の３つの経済回廊に代表される国際輸

送インフラ整備が進み、企業の越境経営が従来に比べやりやすくなったことも、タイの対CLMV・FDIを促している。(5) CLMVでは「タイ製の消費財が中国製や地場製よりも高いブランド価値を持つ」(Rattanakhamfu and Tangkitvanich 2017) ことがタイ企業の進出を後押ししているとの見方もある。

これら様々な要因が重なり、2010年前後からタイの対外FDIはASEAN、とりわけCLMV向けを中心に急増したとみられる。その動きは、早い時期から対外FDIを進めていた華人系財閥などを中心とする先行組の動きに拍車が掛かるとともに、中堅・中小を含む新規の企業群も対外FDIに力を入れるという2つの現象が同時に進行したものであった (Subhanij and Annonjarn 2016)。(6)

タイ政府が支援を強化

第1章で述べたようにシンガポール、マレーシアはGLC、タイは民間企業と対外FDIの担い手が異なる。背景にはシンガポール、マレーシア両国においては政府主導で対外FDIの拡大が進められたという事情がある。ただ、タイ政府も近年、地元企業の対外進出を重視、支援を強化し始めた。例えば同国投資庁 (Board of Investment：BOI) は2013～17年の5カ年計画の重点項目に、従来の対内FDIに加え対外FDIの促進を初めて盛り込んだ。マレーシアなど近隣国に比べタイ企業の対外進出は遅れているとみており、対外FDIによって国内の人手不足や賃金上昇への対応、海外での商機獲得などを促す狙いがある。

BOIは2013年、地元企業の対外進出支援を担当する専門部署「海外投資促進課 (Overseas

Investment Promotion Division)」を新設し、中堅・中小企業を主な対象に各種研修や視察団の派遣、海外市場の情報提供など支援策の拡充に乗り出した。(7) BOIはタイ企業の主な進出先を3つに分類し、CLMVとインドネシアの5カ国を最も優先度の高い第1グループ、中国やインド、他のASEAN諸国を第2グループ、中東やインド以外の南アジア、アフリカの国々を第3グループとした。同時に対外FDIの優先業種として、繊維・衣類、食品・農産物、自動車部品の3つをピックアップした。

一方、商業省はサイアム・セメント・グループ（SCG）やバンコク銀行、TCCグループなど大企業を中小企業と連携させ、CLMVへの貿易や投資の更なる拡大を目指す「タイランド・チーム」と呼ぶプロジェクトを2016年から始めた。このプロジェクトには商業省のほかタイ工業連盟や商工会議所なども参加している。同省はまた、2016年6月に観光・スポーツ省と共催で「CLMVTフォーラム」と呼ばれる大規模イベントをバンコクで初めて開催した。同フォーラムはCLMVとタイの5カ国から政策当局者や企業関係者、学識者が集まり、相互理解増進、人的ネットワーク構築、ビジネス機会獲得など経済関係の緊密化を図るもので、2018年8月に第2回が開かれた。

(3) タイ多国籍企業の海外事業概観

タイの対外FDIが急増している裏には、もちろん地元企業が国際化を推進しているという状況がある。以下、海外事業に意欲的なタイ企業を概観する。ただし、大手華人系財閥のセントラル・グループやチャロン・ポカパン（ＣＰ）グループなど5社は後ほど別途取り上げる。

バンプー

まず、第1章で紹介したＵＮＣＴＡＤ「途上国・移行国経済の多国籍企業トップ１００」（２０１８年版）にタイから唯一ランキング入りした石炭採掘・販売のバンプーである。同社は海外資産額約73億ドル[8]で86位であった。海外資産比率が１００％近いことなどから「多国籍指数（ＴＮＩ）」の順位は７位と高い。地元タイで石炭資源が枯渇しているため、同社はインドネシアと豪州に主要な炭鉱を持つ。２０１７年は約４１００万トンの石炭を販売した。販売先の比率（数量ベース）は中国（22％）、豪州（20％）、日本（17％）、タイを除くＡＳＥＡＮ（11％）、タイと台湾（ともに７％）、インドと韓国（ともに６％）の順。２０１７年は売上高約28億８０００万ドル（約３１４０億円）のうち石炭部門が９割超を占めた。バンプーは同部門への依存度を引き下げるため多角化を進めている。その１つが発電事業で、既にタイや中国、日本で手掛けている。日本では２０１５年から太陽光発電所への投資を始め、既に10カ所以上に増やした。

インドラマ・ベンチャーズ

石油化学大手インドラマ・ベンチャーズ（ＩＬＶ）は、ペットボトル用のポリエチレンテレフタレート（ＰＥＴ）やポリエステル繊維、それらの原料である高純度テレフタル酸（ＰＴＡ）を主力製品とする。このうちＰＥＴでは世界最大手だ。米コカ・コーラやペプシコなど巨大企業を取引先に持つＩＬＶのＰＥＴは、世界で消費されるペットボトルの約２割に使われている(9)。創業は１９９５年で、インド出身のアローク・ロヒアＣＥＯが起業した。華人系財閥が幅を利かすタイでは珍しいインド系の大手企業である。ＩＬＶの海外展開に弾みが付いたのは、経営難に陥っていた米企業を２００３年に買収してから。以後、積極的なＭ＆Ａで海外拠点を相次ぎ拡張した結果、工場はアジア、北米、欧州、アフリカ４大陸の26カ国・76カ所（２０１７年末）に広がり、販売先は１００カ国超に達した。２０１７年12月期の売上高は２８６３億バーツ（約１兆円）、純利益は２０９億バーツ（約７３０億円）。ＰＥＴのような汎用品の販売は市況に左右されやすいことから、ＩＬＶは製品の高付加価値化に取り組んでいる。具体的には自動車や衣料、衛生用品向けなどの高機能素材を強化しており、既にこれら高付加価値品目はＥＢＩＴＤＡの５割強を稼いでいる。

ＴＯＡペイント、サイアム・シティ・セメント

製造業では塗料大手、ＴＯＡペイントやセメント大手、サイアム・シティ・セメント（ＳＣＣ）も海外展開に積極的である。ＴＯＡペイントは１９９０年代後半のベトナムを皮切りにマレーシア、ラオス、ミャンマー、カンボジアへ相次いで進出、タイ以外のＡＳＥＡＮ５カ国に８工場を持つ。同社は２０１７年10月にタイ証券取引所に株式を上場した。上場で得た資金はＡＳＥＡＮ域内の生産増強に投入し、インドネシアに初の工場を作るほか、ミャンマーとカンボジアでは工場を増やす。いずれも２０１

8年に行い、海外売上高比率を13％（2017年12月期）から引き上げる方針。一方、セメント業界2位のSCCは2015年にカンボジアに合弁工場を設立し、翌2016年にはスイスのセメント世界最大手ラファージュホルシムからベトナムとスリランカの現地工場を合計300億バーツ超で買収するとともに、バングラデシュのセメントメーカーも傘下に収めた。SCCはタイで年間約1500万トンの生産能力を持ち、アジアを中心に10カ国超に輸出している。域内各国でセメント需要が拡大しているため現地生産を増やしていく考えだ。

ブンロート・ブルワリー、イチタン・グループなど

飲食業界でも様々な動きが浮上している。茶飲料大手イチタン・グループは2015年、ASEAN最大の人口を持つインドネシアに進出した（第6章も参照）。成長力に富むCLMVへの輸出も拡大しており、2020年の海外売上高比率を2017年の約2倍の50％へ高める計画だ。「シンハ」ブランドのビールで有名な酒類大手ブンロート・ブルワリーは2016年、ベトナムの食品大手マサン・グループ傘下の食品会社と酒類会社を総額11億ドルの巨費を投じて買収した。また、味付けのり菓子の製造・販売、タオケーノイ・フード・アンド・マーケティングは中国への輸出増などから海外売上高比率が2017年に約6割まで上昇した。このためタイ・アユタヤ県に新工場を建設、輸出商品の生産能力を強化した。

アマタ・コーポレーション、ＷＨＡなど

タイ企業のＣＬＭＶ進出が加速する中、工業団地の開発・運営大手、アマタ・コーポレーションはベトナムで既存の１カ所（ドンナイ省）に加え、新たに２カ所（ドンナイ省とクアンニン省）に工業団地を開設するほか、ミャンマー最大の都市ヤンゴンにも建設する計画である。ミャンマーへの進出は初めて。更にカンボジア、ラオスへの進出も検討している。[10]工業団地や倉庫を手掛けるＷＨＡはベトナム・ゲアン省の２カ所に工業団地を新設し、２０１８年から販売を始める。タイの９カ所で工業団地を運営しているが、海外展開は初となる。総事業費は約10億ドルを見込む。一方、物流大手ＪＷＤインフォロジスティクスは２０１６年にカンボジアのプノンペン経済特別区（ＰＰＥＺ）の運営会社に５％出資、２０１８年には出資比率を15％へ高めた。ＰＰＳＥＺは日本企業の対カンボジア投資の主要な受け皿であり、物流需要の拡大が見込めると判断した。ＪＷＤは中核の倉庫事業でも国際化を推進し、２０１８年の海外売上高比率を前年の約２倍の14％へ高める考えだ。

デュシット・インターナショナル、マイナー・インターナショナルなど

サービス業ではホテル大手、デュシット・インターナショナルが海外売上高比率を２０１７年の３割から２０２５年に５割へ引き上げるとの目標を掲げている。地元タイを中心に中国やインド、フィリピンなど８カ国でホテル27軒（２０１７年末）を展開しているが、海外を中心に大幅に増やす方針だ。東京オリンピックが開催される２０２０年までに日本へ進出することも検討している。一方、ホテル・外

食大手のマイナー・インターナショナルも2016年にポルトガル、2017年にモルディブのホテルを相次いで傘下に収めるなど海外部門の拡張に余念がない。アジア、欧州、アフリカ、南米など世界26カ国でホテル159軒（2017年末）を展開しており、2017年の海外売上高比率は約50％に達した。このほか金融ではバンコク銀行が2015年にミャンマー支店を開いたほか、2016年にカシコン銀行がラオスで合弁保険会社を発足、アユタヤ銀行はカンボジアで小口金融サービス会社を買収した。

2　タイ有力多国籍企業の海外事業展開

(1)　サイアム・セメント・グループ――ASEAN市場を攻める純民族系財閥

「ASEANのリーダー」を意識

サイアム・セメント・グループ（SCG）は、出資比率約3割のワチラロンコン現国王を筆頭株主とする。創業は1913年。国土建設の基礎となるセメント国産化のため設立された。タイの象徴である象を企業シンボルとするSCGは、同国製造業で最古参の名門企業で[11]、タイ経済の工業化・近代化とともに歩んできた。バンコク銀行やチャロン・ポカパン（CP）グループなど華人系財閥が大きな存在感を誇るタイで、SCGは純民族系財閥と呼べる異色の存在である。主要事業は化学、セメント・建材、包装材の3部門。近年は近隣ASEAN諸国で積極的に事業を拡大しており、ASEAN域内で「ビジネスリーダーとしての地位を維持したい」と意気込んでいる。[12]

CPグループなど華人系財閥が海外の華人・華僑ネットワークも活用しながら1970、80年代の早い時期から国際化を進めたのに比べるとSCGの足取りは遅く、1990年代前半に米テネシー州に設けた住宅用タイル工場が最初の海外拠点であった。[13] 自国の急速な工業化に対応するのに手一杯で、海外に打って出る余裕がなかったとも言われる。域内関税の削減を進めるASEAN自由貿易地域（ASEAN Free Trade Area：AFTA）の始動などを受け、1990年代半ばにベトナムやインドネシアでの現地生産計画を打ち出したが、1997年にタイを震源地とするアジア通貨危機が発生したため環境が悪化。SCGは多角化の見直しなどリストラを迫られ、国際化の機運も後退した。その後、従業員・負債の削減など合理化にめどが立った2000年代に入ってSCGは2つの成長戦略を鮮明にした。1つは「技術力の強化」、もう1つは「リージョナライゼーション（regionalization）の推進」であった。後者は有望な近隣市場を果敢に攻めようというもので、これによりASEANを主要な展開先とする国際化が本格化していく。

ASEAN売上高比率は24％へ上昇

2017年12月期のグループ売上高は前の期比6％増の4509億2100万バーツ（約1兆5800億円）、純利益は同2％減の550億4100万バーツ（約1930億円）である。化学製品の価格

図表 4-3　SCG の ASEAN 売上高とその比率

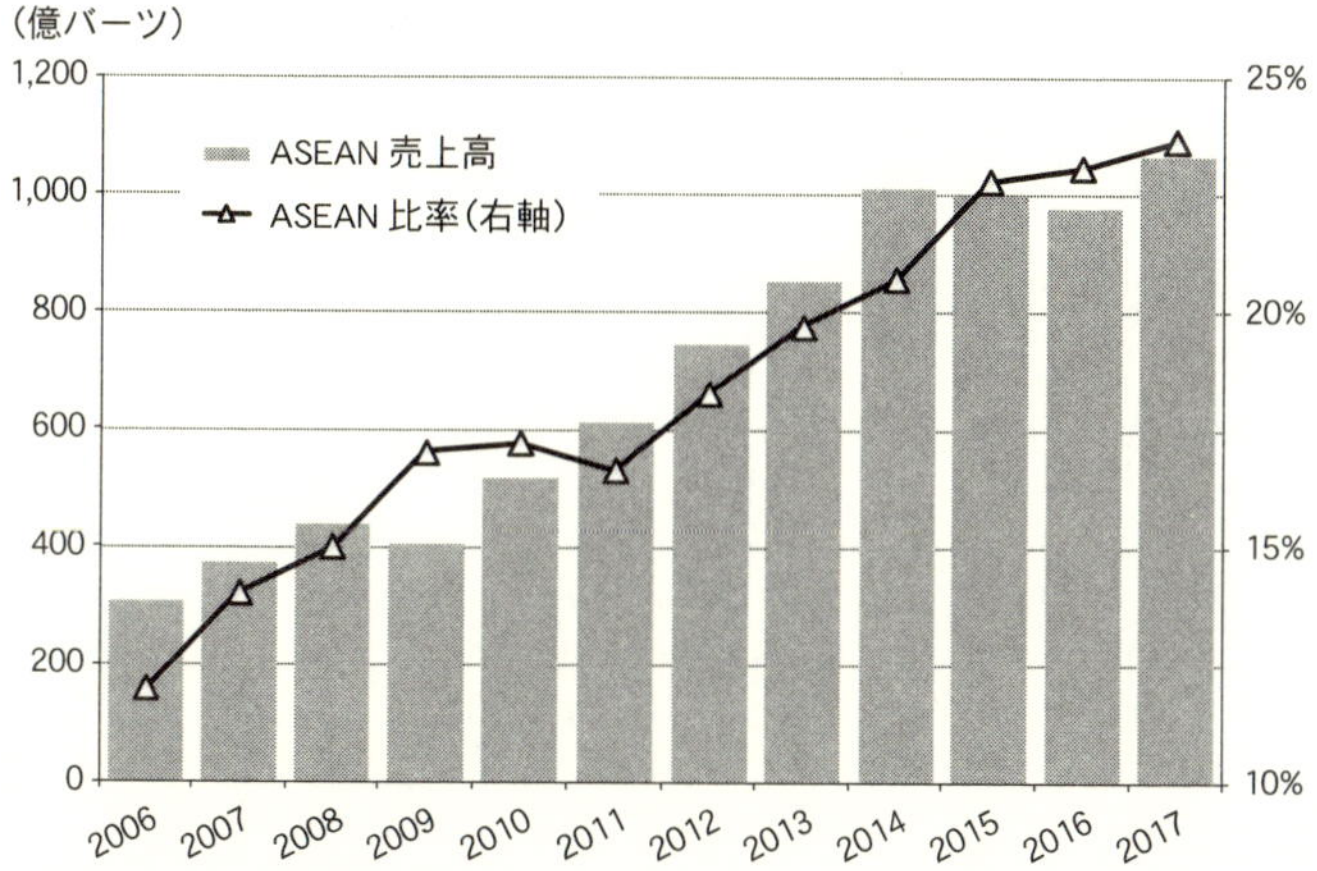

注：ASEAN 売上高は、現地での生産・販売額とタイからの輸出額の合計。
資料：年次報告書各年度版より作成。

上昇などから増収を確保したものの、セメント、建材市場の競争激化の影響で減益を余儀なくされた。売上高の事業別シェアは化学46%、セメント・建材33%、包装材18%の順に大きく、純利益の同シェアも化学76%、セメント・建材13%、包装材8%と同じ並びである。

「リージョナライゼーション」の旗印の下、SCGの経営はどれほどASEAN色を強めたのか。2017年12月期はタイを除く「ASEAN売上高」(現地生産品の販売額と輸出額の合計)の比率が24%と過去最高に達している(図表4-3)。過去10年超で同比率はほぼ倍増しており、「リージョナライゼーション」の進展が確認できる。ASEAN売上高のうち、対ASEAN輸出額の比率は10%前後で横ばいの状態が続いているが、現地生産品の販売額は10年間で約3倍増の14%へ上昇した。ASEAN域内で進めてきた生産能力の増強が寄与したとみられる。タイを除くＡＳＥＡＮ域内の従業員数は約１万８０００人（２０１７年末）で、総従業員数の３割強に当たる規模へ拡大している。

ＡＳＥＡＮ売上高の国別シェアを見ると、ベトナム（36％）、インドネシア（27％）、カンボジア（11％）、フィリピン（９％）、ミャンマー（８％）の順に高く、５カ国で合計９割超を占める。更にＡＳＥＡＮ売上高をＡＳＥＡＮ現地生産品の販売額と対ＡＳＥＡＮ輸出額に分け、それぞれの国別シェアを調べると、前者はベトナム（48％）、インドネシア（24％）、カンボジア（11％）、フィリピン（９％）、後者はインドネシア（30％）、ベトナム（19％）、ミャンマー・カンボジア・マレーシア（ともに11％）の順となる。これらの数字からインドネシアとカンボジアは現地生産品の販売と輸出のシェアが同水準で、ベトナムとフィリピンは現地生産品の販売、ミャンマーとマレーシアは輸出のシェアの方が大きいという特徴が読み取れる。

子会社の４割がＡＳＥＡＮに分布

ＳＣＧの子会社は２０１７年末時点で２５０社を数える。そのうち約４割に相当する１０３社が、タイ以外のＡＳＥＡＮ諸国に置かれている。所在地の国別内訳を調べると、ベトナム（39社）、インドネシア（23社）、シンガポール（11社）、カンボジア・ミャンマー・フィリピン（ともに８社）、ラオス（５社）の順に多く、重要市場のベトナムとインドネシアの両国に過半数が分布している。

ＡＳＥＡＮ各国における近年の主な動きを見ると、まずベトナムでは２０１１年、日本の段ボール大手、レンゴーとの合弁会社タイ・コンテナーズ・グループ（ＴＣＧ）を通じ、ハノイやホーチミンに工場を展開する地元の段ボールメーカー、アルカマックスを買収した。２０１３年には地元のセラミックメーカー、プライム・グループの株式85％を取得、これによりＳＣＧはセラミックタイルの生産で世界首位へ浮上した。２０１６年には同グループの残りの株式も購入し、完全子会社とした。更に２０１７年、ベトナム国内数カ所にセメント工場などを持つ地元メーカー、ベトナム・コンストラクション・マテリアルズの全株式を１億５６００万ドルで買収している。工場の生産能力は年間３１０万トンで、ＳＣＧにとって最大の海外生産拠点となった。

ベトナムでは石油化学コンビナート建設という巨大プロジェクトも進めている。ＳＣＧが71％、残りを国営石油会社ペトロベトナムが出資、ホーチミン市から約１００㎞離れたバリアブンタウ省に開発するもので、年産約１００万トンのエチレン設備など総工費54億ドルを見込んでいる。同プロジェクトには当初、カタールの国営石油会社が参加していたが撤退、その持ち分をＳＣＧが買い取った。作業速度を上げるためＳＣＧは２０１８年5月、ペトロベトナムの出資分も取得、単独事業にすると発表した。

ベトナムと並ぶ重要市場のインドネシアでは２０１１年に石化最大手チャンドラ・アスリ・ペトロケミカルの株式３割を１３５億バーツ（約４７０億円）で取得した。更に前出のＴＣＧを通じ、２０１３年にプリマコル・マンディリ、２０１４年にインドリス・プリンティンド、２０１７年にインドコル・パッケージング・チカランと地元の段ボールメーカー３社を立て続けに買収している。２０１５年には年産１８０万トンのセメント新工場も稼働させた。ＳＣＧ幹部はベトナムに続きインドネシアでも石化コンビナートの開発を進める意向を示している。出資先のチャンドラ社から合弁事業への誘いがあったためで、2018年までに事業化調査を終える方針と伝えられている[14]。

ミャンマー、ラオスでも生産開始

2007年にセメント工場（南部カンポット州）を初めて稼働したカンボジアでは2015年に第2工場を完成、現地生産能力を年間200万トンへ倍増させた。同国では近年、大型商業施設や住宅などの開発案件が多く、セメント需要も急増している。このためSCGは第3工場の建設も計画している。同工場も含め2016〜20年の5年間にカンボジアでは2億〜3億ドルを投資する方針だ[15]。

一方、ミャンマーでは2017年にヤンゴンから東に陸路で約300キロ離れたモーラミャインでSCGにとって同国初となるセメント工場を稼動させた。投資額は約4億ドルで生産能力は年180万トンである。モーラミャインはインドシナ半島を横断する国際幹線道路「東西経済回廊」の起点となる場所。同回廊の発展で拡大が見込める需要を取り込むのが狙いだ。SCGはラオスでも2017年に年産180万トンのセメント工場を稼動させた。

SCGは「経済共同体」が2015年末に創設されるなど経済統合が進むASEAN市場を更に攻める姿勢を鮮明にしている。ASEANでは共通言語として英語が使われることが多いため、SCGでは社内公用語を英語にする計画もあるという[16]。タイ以外のASEAN諸国で働く従業員数は2020年代半ばには現在の3倍近くの5万人程度へ膨らむ可能性がある[17]。

(2) セントラル・グループ――欧州・ベトナムで買収攻勢

海外売上高比率は3割へ上昇

セントラル・グループ（以下、セントラル）はタイの流通最大手である。ＡＳＥＡＮ最大級と言われる首都バンコク中心部のショッピングモール（ＳＭ）「セントラル・ワールド」を運営するほか、「セントラル」、「ロビンソン」などの百貨店、「トップス」ブランドのスーパー、高級ホテル「センタラ」などを手掛けている。定食の「大戸屋」や牛丼店「吉野家」といった外食チェーンを展開し、日本企業との関係も深い。近年は欧州やＡＳＥＡＮ域内でＭ＆Ａを相次いで実施するなど海外部門の拡大に熱心である。

２０１７年の売上高は前年比５％増の３４８５億バーツ（約１兆２２００億円）であった。内訳は地元タイが72％、海外が28％（欧州15％、ベトナム13％）（図表４-４）。過去５年間で欧州の売上高は３倍に増え、わずかな額しかなかったベトナムは１０００倍以上に拡大した。２０１１年に５％に過ぎなかった海外売上高比率は急ピッチで上昇している。セントラルは将来的に同比率を50％程度へ引き上げるとの目標を掲げている。

歴史は古い。創業者は中国海南省出身の華僑だった故ティアン・チラティワット氏。同氏は１９２５年にタイに移住、１９５１年に輸入雑貨店を開いた。１９５６年にバンコクに初の百貨店を開業、１９６０年代にその支店網の拡大を進めた。セントラルはタイ経済が高成長に沸いた１９８０年代、富裕層

図表4-4　セントラル・グループの国・地域別売上高比率（2017年）

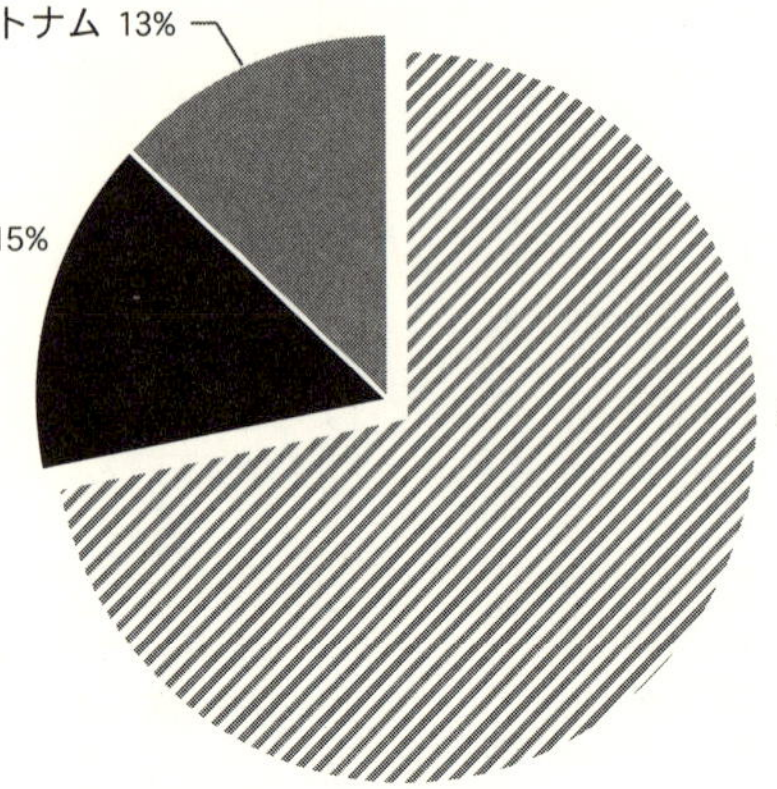

資料：同社決算資料より作成。

をターゲットに大型店舗を相次ぎオープン。１９９０年代はスーパー、家電量販など専門店や外食店をチェーン展開する一方、若者向けの新型デパート「ＺＥＮ」を開業、大手百貨店ロビンソンも買収した。２０１２年には日本のファミリーマートの現地法人も買収するなど、タイ有数のコングロマリット（複合企業）へ飛躍した。[18]

　グループ総帥のポストはティアン氏の息子たちに引き継がれたが、２０１３年に同氏の孫に当たるトッス氏がＣＥＯに就任、第３世代にバトンが渡った。ティアン氏には３人の妻、男14人、女12人の合計26人の子供がいた。[19]現在はトッス氏を中心とする創業家メンバーがグループ主要企業の幹部を務め、直系・傍系の区別なく、一族が連携して事業運営に当たっているとされる。[20]

欧州の老舗百貨店を相次ぎ傘下に

　多国籍化の動きが加速したのは、２０１１年にイタリアの老舗百貨店リナシェンテを買収してからだ。２億６００

0万ユーロで全株式を取得した。同社は1865年創業で、本店があるミラノなど伊全土で合計11店を展開している。セントラルは買収により伊国内外で新規出店を進めるとともに、伊ブランド製品のアジア市場投入の足掛かりを得ることを狙った。この動きはアジア新興国のタイに本拠を置く大手百貨店が先進国の老舗百貨店を買収するという下克上的なストーリー性もあって話題を集めた。

欧州では2013年にデンマークの老舗百貨店イルムも買収した。1891年創業の同社は、首都コペンハーゲンに6階建ての店舗を構え、来店客数は年間650万人。更に2015年、セントラルはドイツの老舗百貨店3店も買収した。ベルリンの「カーデーベー」、ミュンヘンの「オーバーポリンガー」、ハンブルクの「アルスターハウス」で、これら百貨店を運営する企業の過半数の株式を、オーストリアの企業グループ、シグナから取得した。この買収によりセントラルの欧州事業の売上高は年12億ユーロへと倍増した。

セントラルは2020年までに欧州の売上高を20億ユーロへ増やすとの目標を掲げる。トッスCEOは「高級百貨店のグローバルリーダーになるため、欧州の主要都市で買収を続ける[21]」としており、ロンドンやパリでの有力百貨店買収も視野に入れている。

ベトナム小売市場で最大規模の外資に

アジアでは中国に狙いを定め、2010年杭州、2011年瀋陽（2店舗）、2012年成都に相次いで百貨店を開いたが、2015年までに全て閉鎖した。当初、中国の店舗数を10年間で40へ増やす計画だったが、競争激化による販売不振から撤退を余儀なくされた。そうしたなか力を注いでいるのが、ASEAN大陸部で最大規模の約9000万人の人口を持つベトナム市場の開拓である。

セントラルは2011年にベトナム事業の担当部署を立ち上げ、2013年に第1弾として約450㎡の売り場を持つスポーツ用品店を首都ハノイに開いた。翌2014年に百貨店（店名は「ROBINS」）をハノイ（3月、売り場面積約1万㎡）とホーチミン（12月、同約1万2000㎡）にオープン。更に2015年には北部の大手スーパー、ランチーマート（Lanchi Mart）と提携するとともに、国内に21店舗を持つ大手家電販売店チェーン、グエン・キム・トレーディングの株式49％を取得した。

そして2016年に大型M&Aに踏み切った。仏小売り大手カジノ傘下の大型スーパー、ビッグC（ベトナム）を、負債を含む総額10億ユーロ（約1320億円）で買収したのである。ビッグCは1990年代末にベトナムに進出、スーパー33店舗、コンビニ10店舗などを持ち、約5億8600万ユーロの売上高（2015年）があった[22]。ビッグCはセントラルにとって因縁深い企業である。もともとセントラルが1990年代半ばにタイで設立したのがビッグCであったからだ。1997年に発生したアジア通貨危機の影響でセントラルは経営が悪化、ビッグC株の大半をカジノに売却していた[23]。その後カジノはビッグCをベトナムに展開するなど経営を拡張したが、欧州経済の減速で今度は自らの負債が膨らみ、ビッグCを手放さざるを得なくなった。これを受けセントラルはベトナムのビッグCを獲得した（ただし、タイのビッグCは有力華人財閥TCCグループの傘下に入った[24]）。

セントラルはビッグC買収によりベトナム小売市場で最大規模の外資系企業へ浮上した。同国では2

016年にASEAN最大のファッションサイト、ザロラのタイ・ベトナム事業を買収するなど電子商取引（EC）分野を強化。翌2017年には文房具・事務用品の専門店「B2S」をホーチミン市に初出店した。約6000種類の豊富な品揃えを売り物とし、経済成長に伴い拡大している教育・ビジネス関連用品の需要を取り込む狙いだ。セントラルはベトナムでビッグC、コンビニ、家電量販店、ファッション専門店など傘下に合計約220の店舗（2017年末）を抱えるまでに勢力を拡大した。2022年までに750店舗まで増やすのが目標である。[25]

マレーシアへも展開

他のASEAN諸国では2014年にインドネシアのジャカルタ中心部の大型SM「グランド・インドネシア」にセントラル百貨店1号店を開いた。売り場面積約2万㎡で、約6億バーツを投じた。同じ年にはマレーシアで国内に500店以上を持つ衣料販売会社HCHを買収した。更にクアラルンプール近郊で地元企業と合弁でタイ国外では初のSM建設を計画中で、早ければ2018年の開業を目指す。カンボジアのプノンペンでもSM建設を予定している。[26]同国では2014年、日本のイオンが大型SMを開業している。セントラルが進出すれば、日タイ大手が激突する構図となる。

地元タイでは2014年5月、総額180億バーツを投じ大型SM「セントラル・エンバシー」を開業するなど激戦区バンコクでの競争力強化に余念がない。既存百貨店の集客力を高める狙いから、美容室や教育施設、芸術関連の催し物などを拡充する方針も打ち出している。隣接するカンボジア、ラオス、ミャンマー（ＣＬＭ）の発展に伴う購買力の高まりや、国際幹線道路などタイ・ＣＬＭ間の輸送インフラ整備の進展を踏まえ、国境地帯にＳＭや百貨店を重点的に展開する計画もある。ＣＬＭからの観光客や買い出し客を取り込むためで、これもセントラルが進める「国際化戦略」の一環と言えよう。

ネット販売比率を引き上げへ

セントラルは２０１７年３月、今後５年間でネット販売比率を１％から15％に高めるとの方針を発表した。２０１６年の「ザロラ」買収に続き、２０１７年には中国のインターネット通販２位の京東集団（ＪＤドットコム）と共同で通販サイトを開設することも明らかにした。セントラル傘下のファッション製品やスポーツ用品を販売するほか、金融や物流のサービスも提供する。セントラルは実店舗とＥＣを融合させる「オムニチャンネル」戦略も推進し、「次の20年間も（グループ売上高を）年率10～15％成長させる」[27]（トッスＣＥＯ）考え。国際化とネット販売を両輪とする戦略を一段と鮮明にする見通しだ。

(3)　ＴＣＣグループ――大型買収でＡＳＥＡＮ企業への飛躍目指す

中核企業はタイ・ビバレッジなど

飲食品、商工業、不動産、金融・保険、農産品の５つを中核とするタイ有数の華人系財閥であり、

「チャーン」ブランドのビールで有名なタイ・ビバレッジや大手商社ベルリ・ユッカー（ＢＪＣ）などがグループの有力企業だ。グループ売上高は非公表だが、タイ・ビバは約１９００億バーツ（２０１７年９月期、約６６５０億円）、ＢＪＣは約１６４２億バーツ（同12月期、約５７５０億円）の売上高がある。グループ従業員数は６万人超。(28) 近年目立つのはＡＳＥＡＮ事業の拡大強化で、大型Ｍ＆Ａを行いながら攻勢を続けている。

グループ総帥は「アルコール王」の異名を持つチャローン・シリワタナバクディー会長。広東省汕頭からタイへ移住した華僑の家で育った同氏はまず、酒造所へ原材料を供給する仕事から始め、後に自ら酒造所を営み、砂糖や包装材などへも事業を広げた。１９９５年、タイ・ビバの前身企業が国民的人気ブランドとなる「チャーン」ビールを発売した。２００３年にアルコール飲料の製造・販売を手掛けていたグループ企業約60社が統合しタイ・ビバが発足、２００６年にシンガポール株式市場に上場した。企業規模の拡大に大きく寄与したのが２０００年代に加速した不動産投資であり、ＴＣＣグループは首都バンコクなどでホテルやオフィスビル、商業施設を相次ぎ開発した。一代で莫大な富を築いたチャローン氏はタイでは立志伝中の人物となった。

ＡＳＥＡＮ最大規模のＭ＆Ａ

中核企業２社の国際化の動きを見よう。まず飲料事業を統括するタイ・ビバだ。同社のホームページや年次報告書には「ビジョン２０２０」という言葉が頻繁に登場する。２０１４年に発表された２０２

０年までの中期経営計画の名称であり、その骨子は国内市場に依存した「タイ企業」から近隣諸国で多く稼ぐ「ＡＳＥＡＮ企業」へ脱皮するというものだ。具体的にはＡＳＥＡＮを中心に海外売上高比率を50％超へ高めるとの目標を設定し、その実現に向け非アルコール部門の比率も同様に50％超へ引き上げるとの計画を掲げた。２０１４年は双方の比率が25～30％にとどまっていた[29]。

「ビジョン２０２０」発表前の２０１３年、「ＡＳＥＡＮ企業」への飛躍に向けた大きな布石が打たれた。タイ・ビバはこの年、シンガポールの大手飲料品メーカー、フレイザー・アンド・ニーブ（Ｆ＆Ｎ）を総額１２０億シンガポールドル[30]で買収したのである。円換算で約１兆円という、ＡＳＥＡＮ域内のＭ＆Ａで過去最大規模の案件として注目された。Ｆ＆Ｎ買収を巡ってはインドネシアのリッポー・グループがシンガポールの系列不動産会社を通じ対抗したため、ＡＳＥＡＮの大手華人財閥同士による争奪戦へ発展した。Ｆ＆Ｎの大株主だった日本のキリンホールディングスはリッポー側の支持に回ったが、結局、タイ・ビバが勝利を収めた。

Ｆ＆Ｎはスポーツドリンク「１００ＰＬＵＳ」や乳飲料「マグノリア」を主力商品とし、売上高の過半をシンガポール、マレーシアで稼ぐ。タイ・ビバは２００８年、タイの緑茶飲料大手、オイシ・グループを買収。更に２０１１年、米ペプシコ系のボトリング会社で、タイで炭酸飲料「エスト」を生産・販売するスーム・スックも傘下に収めた。これらに続くＦ＆Ｎ買収は、「１００ＰＬＵＳ」など人気のノンアルコール飲料だけでなく、同社の充実したＡＳＥＡＮ販売網を獲得したことも意味した。タイ・ビバは２０１４年からＦ＆Ｎの販路を使いマレーシアに「エスト」を投入し、同国の炭酸飲料市場

図表4-5　TCCグループが海外で実施した近年の主なM&A

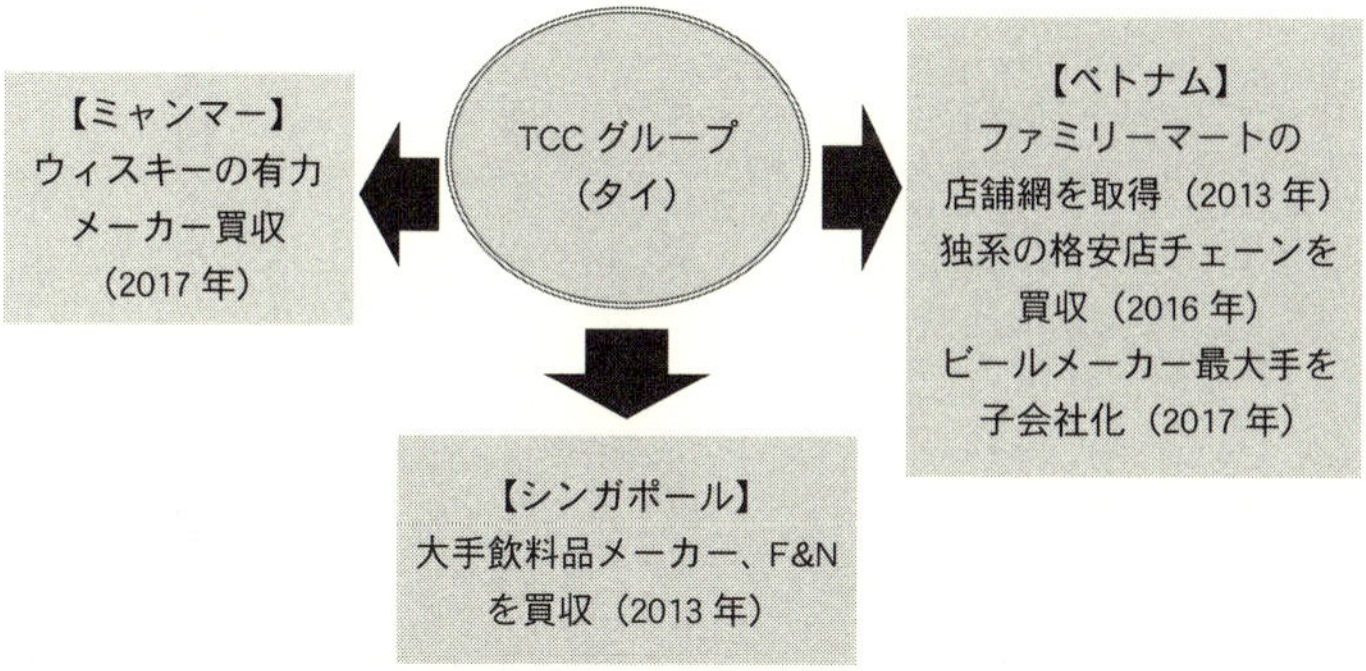

資料：TCCグループの発表用資料などから著者作成。

で既にシェア４～５％を獲得[31]。２０１６年からはＦ＆Ｎの流通ルートに乗せミャンマーでも「エスト」の販売に乗り出した。

ベトナムのビール最大手も飲み込む

Ｆ＆Ｎ買収は有望なベトナム市場へのアプローチという面でも意味があった。Ｆ＆Ｎは乳業最大手ベトナム・デイリー・プロダクツ（ビナミルク）の主要株主（２０１７年末で約19％）であるため、タイ・ビバはＦ＆Ｎを介しベトナム市場への関与を強める格好となった。タイ・ビバは２０１７年にはベトナム子会社を通じ、ビール最大手サイゴンビール・アルコール飲料総公社（サベコ）の株式約54％を取得した。同国政府が実施した国有企業サベコの株式売却の入札に参加、落札したもので、金額は約48億５０００万ドル（約５３００億円）に上った。ビール市場で約４割のシェアを持つサベコを傘下に収めたことで、ベトナムにおけるタイ・ビバの存在感は一段と高まった。

タイ・ビバは同じ２０１７年、ミャンマーでもウイスキーの最大手ブランド「グランド・ロイヤル」を製造販売する地元企業の株式75％を約7億4200万ドルで取得した。

独系格安店チェーンも傘下に

国際化のもう1つの牽引役であるBJCもまた、ベトナム事業を拡大している。2013年に日本のファミリーマートが現地で展開していたコンビニ24店舗を取得、店名を「ビーズ・マート」に改め、店舗網を拡張している。ファミマは2009年、日系コンビニとして初めてベトナムに進出したが、提携相手の地元企業の経営が悪化。この企業をBJCが買収したことから、事業継続を断念した。日本のセブン-イレブンが2017年に新規参入するなどベトナムのコンビニ市場でも競争は激化するばかりだ。こうしたなかBJCは「ビーズ・マート」を2021年までに500店舗以上に増やし、競争力を強化する構えだ(32)。

BJCは2016年には独小売り大手メトロからベトナム国内の格安店チェーン、メトロ・キャッシュ・アンド・キャリー・ベトナムを6億5500万ユーロ（約860億円）で買収した。メトロは2002年に進出した同国で「メトロ」19店舗を運営していたが、お膝元の欧州に経営資源を集中させるリストラ策の一環としてベトナムから撤退した。BJCは「メトロ」をタイ国内で運営する「MMメガマーケット」と同じ店名に改め、新体制の下で店舗網を拡充する方針だ。仏カジノ傘下のビッグC（ベトナム）をセントラル・グループが買収した事例と併せ、BJCのメトロ買収はタイ有力財閥の〝ベトナム進出熱〟を強く印象付けるものでもあった。

ＢＪＣは２０１６年、地元タイでは仏カジノからビッグＣを31億ユーロ（約４１００億円）で買収した。タイのビッグＣは、大型のハイパーマーケット１２５店（当時）などを持つスーパー業界２位。この買収はＴＣＣグループによるタイ小売市場への本格進出を意味した。ビッグＣが連結対象子会社に加わったＢＪＣの２０１６年12月期決算は、売上高が前の期比約３倍増の１３７８億バーツ、純利益が同４割増の40億バーツへそれぞれ拡大した。ＢＪＣは１８８２年創業の老舗企業で、瓶や缶、プラスチック容器、日用品などの製造・販売を主力としてきたが、ビッグＣ買収によって小売部門が一気に拡大、２０１７年12月期はビッグＣを中心とする「モダン・リテール・サプライチェーン（ＭＳＣ）」部門が売上高の７割を占めた。

近隣国への展開を強化

ＢＪＣはタイ国内でビッグＣの店舗網を拡大する。特にコンビニ「ミニビッグＣ」を重視、２０２２年までに店舗数を１７００店程度へ増やし、セブン-イレブンに次ぐタイのコンビニ２位を目指す(33)。一方でビッグＣをベトナム以外の近隣国、具体的にはラオス、カンボジア、マレーシアの３カ国で新たに展開する予定だ。このうちカンボジアは２０１９年に首都プノンペンとタイ国境エリアの西部ポイペトの２カ所に開店する方針である。ＢＪＣは既にラオスでコンビニ「Ｍポイント・マート」40店舗超を運営している。これらの店名を「ミニビッグＣ」に改め、新規出店のスピードを上げる計画もある。

ＴＣＣグループの海外事業をタイ・ビバ、ＢＪＣの中核２社を軸に見てきたが、他のグループ企業も国際展開を強化している。例えば、不動産分野ではF&N傘下のフレイザーズ・センターポイントがシンガポールや中国、欧州で住宅やホテル、サービスアパートなどを手掛けてきたが、２０１４年に豪不動産大手のオーストランド、翌２０１５年には英国でブティックホテル２軒を買収。更に２０１７年にはドイツなどで物流施設を保有するオランダの不動産投資会社を買収すると発表した。

(4) タイ・ユニオン・グループ（ＴＵＧ）――４大陸13カ国に17生産拠点

世界最大のツナ缶メーカー

ツナ缶で世界最大手の水産会社である。北米、欧州、アジア、アフリカ４大陸の13カ国に合計17の生産拠点を展開し、総従業員数（常勤・非常勤の合計）は約５万人[34]。２０００年代後半から欧米やアジアで積極的なＭ&Ａを行い、規模を拡大してきた。日本の三菱商事が７・３％出資（２０１７年末）しており、日本向けのツナ缶などで協力関係にある。ＴＵＧは中国など新興国でも事業を拡大し、２０２０年までにグループ売上高を80億ドル（２０１７年12月期は約43億ドル）へと倍増させる計画だ。

創業は１９７７年。中国広東省出身のクライソン・チャンシリ現会長がバンコク郊外にあった小さな工場を買収したのが始まりで、最初の社名は「タイ・ユニオン・マニュファクチャリング」であった。１９８８年に「タイ・ユニオン・フローズン・プロダクツ（ＴＵＦ）」に社名を変更し、冷凍シーフードの生産・輸出に乗り出した。１９９２年からは三菱商事、はごろもフーズと提携関係に入り、「ＴＵ

F製品を国際標準レベルへ引き上げ、世界市場で競争力を得るのに役立った」[35]としている。TUFは1994年にタイ証券取引所に株式を上場した。翌1995年、クライソン氏の息子、ティラポン現CEOが30歳の若さで社長に就任した。TUFは2015年、現在のTUGに社名を変更した。

欧米で売上高の7割を稼ぐ

2017年12月期のグループ売上高は前の期比1・6％増の1365億3500万バーツ（約4780億円）と8年連続で過去最高を更新した。主力のツナ缶は伸び悩んだが、欧州のサーモン事業など冷凍シーフードが堅調に推移、純利益は同14・6％増の60億2100万バーツに拡大した。製品別の売上高比率は、ツナやイワシ、サバ、サーモンの缶詰製品等が46％、エビやカニなど冷凍・冷蔵の水産物が41％で、残りは冷凍食品やペットフードなどだ。国・地域別の比率は、米国38％、欧州32％、タイ10％、日本6％の順。TUGにとって最大の市場は、売上高の7割を稼ぐ欧米である（図表4-6）。

2000年代後半から海外展開に拍車

TUGの最初の海外投資は1997年。米国3位のツナ缶ブランド「チキン・オブ・ザ・シー」を保有する現地企業を買収した。同ブランドは現在に至るまで米市場でのTUGの主力商品だ。この現地企業はツナのほかエビ、サーモン、カニの缶製品等も手掛け、米水産業界で最大規模の売上高を誇る[36]。

対外投資に拍車が掛かったのは2000年代後半からだ。2008年にカニや貝、ツナの缶詰を生

図表 4-6　タイ・ユニオン・グループの国・地域別売上高比率（2017 年）

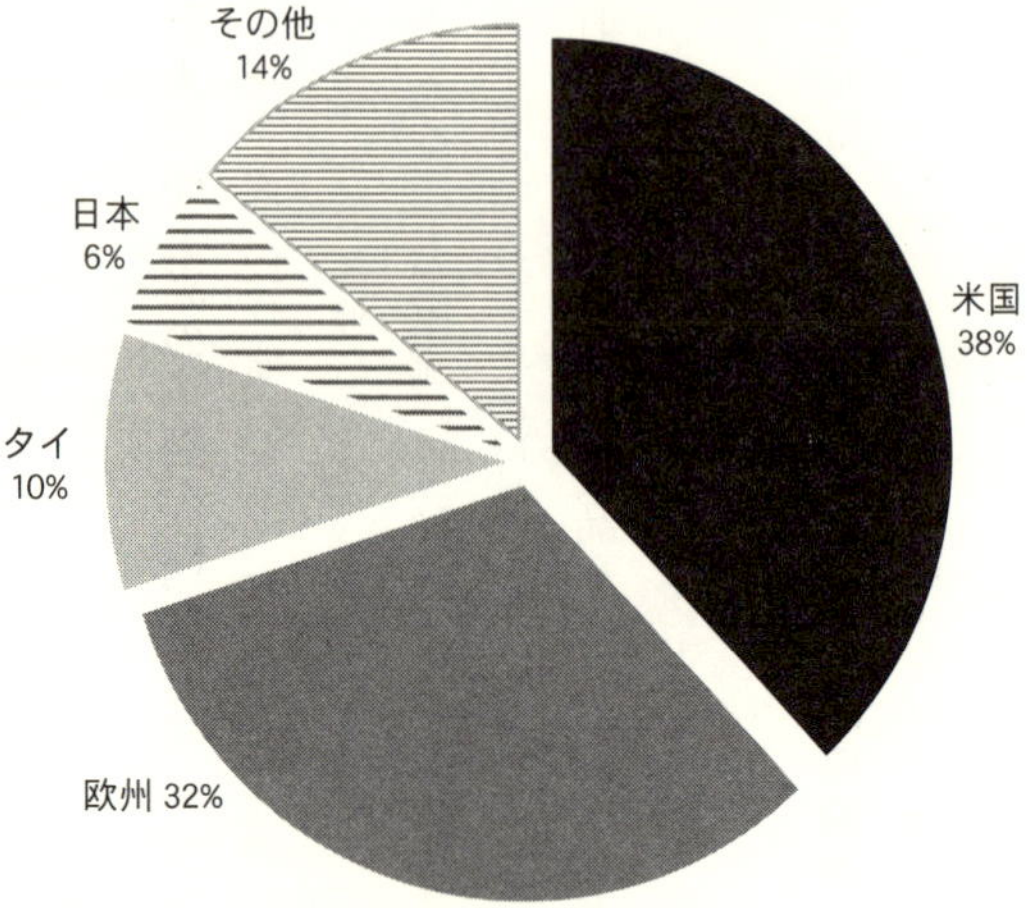

資料：2017 年度年次報告書より作成。

産・販売するベトナムのユー・チャン・カン・フードの過半数の株式を取得、翌２００９年にはパプアニューギニアに合弁会社モレスビー・インターナショナル・ホールディングスを設立し、ツナ缶の原料となるマグロの漁と加工を行う拠点を確保した。後者の合弁相手はパプアとフィリピンの企業で、ＴＵＧの出資比率は３分の１であった。

　注目されたのが２０１０年にフランスの水産大手、ＭＷブランズを６億８０００万ユーロ（約９００億円）で買収した案件。同社はツナやサバ、サーモンなどの缶詰を生産し、英国やオランダ、イタリア、アイスランドなどでも販売する欧州有数の水産企業であった。ＴＵＧは「チキン・オブ・シー」買収で米国に地歩を築いたが欧州では出遅れていた。このためＭＷブランズ買収により売上高の過半（当時）を占めていた米市場への依存度を引き下げ、収益源の多様化を狙った。ＴＵＧは更に２０１４年にフランスのスモークサーモン最大手のマーアライアンスとノルウェーの有力イワシ缶メーカーのキング・オスカー、２０１６年にニシンやサバの缶詰メーカーであるドイツのルーゲン・フィッシュを相次いで買収した。

一方、米国では２０１４年12月にツナ缶２位、バンブル・ビー・シーフーズを買収すると発表した。１８９９年創業でカリフォルニア州サンディエゴに拠点を置く同社は、イワシやサーモンの缶詰を主に米国とカナダで生産・販売し、年10億ドル程度の売上高があった。買収額は15億ドル強に上るとされた。ティラポンＣＥＯは計画を発表した際、「創業以来最大の買収となる」と述べ、実現へ並々ならぬ意欲を示した。だが、翌２０１５年12月、ＴＵＧは買収を断念した。傘下の米ツナ缶３位「チキン・オブ・ザ・シー」と合わせた市場シェアが４割を超えるため、米独禁当局との交渉が難航したのだ。

だが、ＴＵＧは他分野で北米を攻めた。２０１５年に米ロブスター加工会社オリオン・シーフード・インターナショナルを買収。翌２０１６年にはカナダの同業レ・ペッシェリ・ド・シェヌーを買収するとともに、世界最大規模のシーフードレストラン、米レッド・ロブスター・シーフード（ＲＬＳ）に５億７５００万ドルを出資した[37]。ＲＬＳの年商は約25億ドル。北米中心に７００店超を有し、日本にも出店している。これら３件のＭ＆Ａの狙いは、北米市場で手薄なロブスター分野の取引を拡大し収益基盤を固めることにあり、ＲＬＳへの出資はＴＵＧにとって外食業への本格進出となった。「実際に消費者を知るいい機会」（ティラポンＣＥＯ）とみており、現場で得た知識・ノウハウを商品開発に役立てようとしている。

グループ売上高の2倍増を狙う

TUGは現社名に変更した翌年の2016年3月、グループ売上高を2020年までに80億ドルへ増やすことを盛り込んだ中期経営計画を発表した。この目標額自体は以前から掲げていたが、前年末に前述の米バンブル社買収が頓挫したにもかかわらず、これを堅持したことが注目された。TUGは同計画の中で年間売上高80億ドルを達成するためには2015年の実績から43億ドルの上積みが必要とし、その内訳を既存事業の成長で17億ドル、M&Aによる規模拡大で14億ドル、新市場の開拓で12億ドルと明示、M&Aを今後も重要な戦略に据える方針を明らかにした。

TUGは2012年、地元タイの水産業者パックフードを傘下に収め、TUG本体と合わせたエビ製品の生産能力を1日約200トンへ倍増、世界最大規模とした[38]。今後のM&Aではこうしたアジアでの調達力強化を狙った案件も重視する。実際2016年3月にインドのエビ加工業者、アバンティ・フローズン・フーズの株式40%を約6億5000万バーツで取得すると発表した。同社は同国南東部アンドラ・プラデシュ州に日量25トンのエビ加工施設などを有し、日本や欧州に冷凍エビを輸出している。

中国など新興国市場も開拓

成長力に富む新興国市場は今後の重要な展開先だ。中国ではフィリピンのセンチュリー・パシフィック・フード・グループとツナ缶販売の合弁会社を運営していたが、2016年末に合弁を解消した。その後TUGは中国に販売子会社を設立し、自ら市場開拓に乗り出した。TUGは中国でツナ缶など魚類の缶詰のみを販売していたが、2017年から冷凍エビ・ロブスターも投入した。これらの商品は２０１４年に買収したノルウェーの「キング・オスカー」ブランドで販売している。欧米で人気の同ブランドを活用し販売拡大に結び付ける戦略だ。中国以外では中東にも着目している。サウジアラビアやエジプトなど中東12カ国で水産品を販売するため、２０１５年にはドバイに合弁会社を設立した。

　ＴＵＧはタイ政府が掲げる産業高度化の方針に沿って研究開発力の強化に取り組んでいる。例えば、政府や地元の大学と提携し、「グローバル・イノベーション・インキュベーター（ＧＩＩ）」と呼ぶ研究施設を２０１４年に開設した。２０１６年にはＧＩＩの面積を拡張し、研究設備も増やした。ＧＩＩは実験場やパイロット工場、会議室、イベントスペースなど多彩な施設を揃える。科学者など専門家約１００人が所属、新商品の開発を行っている。ＴＵＧはＧＩＩとは別の研究施設を新設することも検討しており、将来は専門家を3倍の３００人に増やす方針だ[40]。ＴＵＧは他社ブランド品を生産・供給するＯＥＭを手掛けることで成長を遂げた。ＯＥＭは今も売上高の約半分を占めるが、更なる成長に向け利幅の大きな自社ブランド商品の拡大が欠かせない。そのために研究基盤を底上げし、商品競争力を引き上げる必要に迫られている。

(5) チャロン・ポカパン（CP）グループ――売上高の約４割を中国で稼ぐ

投資先は世界16カ国に広がる

チャロン・ポカパン（CP）グループはタイ最大の財閥で、ASEAN屈指の多国籍企業である。年間売上高は約450億ドル（約４兆9000億円）、投資先は世界16カ国に広がり、30万人以上を雇用している。[41]事業領域は食料・食品を中心に流通、通信、不動産、自動車など多岐に及ぶ。中核企業は食料・食品のCPフーズ（CPF）、タイ最大のコンビニ「セブン-イレブン」を展開するCPオール（CPA）、タイ携帯電話サービス３位のトゥルー・コーポレーションの３社。いずれもタイ証券取引所に上場している。重要市場の中国には現地事業を統括する正大集団（チアタイ・グループ）がある。CPグループは中国で最大規模の外資系企業とされ、グループ売上高の約４割を中国で稼いでいる。

前出のセントラル・グループやTCCグループと同様、CPグループも華人系である。広東省潮州出身の謝易初が1919年前後にタイに渡り、バンコク市内の中華街で1921年に種苗店を開き、1960年代からは飼料の製造を始めた。[42]1969年に易初の四男、謝国民（タニン・チャラワノン）が４代目総裁に就任してから多角化が加速し、CPグループは養鶏、養豚、エビ養殖、食品加工、小売り、通信、不動産などへ次々と展開していく。食料関連では1970年代にASEAN初のブロイラー工場を開いたほか、ブラックタイガーの品種改良で世界最大のエビ輸出国に飛躍させるなど、CPグループは農水産業の振興を通じタイ経済の発展にも寄与した。1997年のアジア通貨危機後は、①アグロインダストリー、②情報通信、③近代小売業の3分野に中核事業を絞り込んだ（末廣 2014）。米経済誌フォーブスのタイ長者番付（2018年版）によると、チャラワノン一族の資産額は前年比40％増の300億ドルと4年連続でトップである。

中国で外資認可第1号に

CPグループは外国企業の中でいち早く中国に乗り込んだ。中国が改革・開放政策に着手した1979年、経済特区・深圳の外資認可第1号となり、飼料生産、養鶏、養豚を始めた。その後、二輪車製造、番組制作、小売り、製薬などへ相次いで事業を拡張した。中国で手掛けた大型案件の1つに、4億5000万ドルを投じ2002年に上海に開業した商業施設「正大広場」がある。これを足掛かりにスーパー「ロータス」の展開を始め、中国全土に80店超の店舗網を構築した。

2013年に中国の保険大手、平安保険集団の株式15・6％を英金融大手HSBCから総額94億ドルで取得、筆頭株主となった。同集団は生保、損保、銀行の各業務を行っている。CPグループは同集団を通じ、現地の飼料事業などで取引がある2万数千カ所の販売代理店向けに金融サービスを提供することを狙った。[43] 更に2015年、提携関係にある伊藤忠商事と共同で中国最大の国有複合企業、中国中信集団（CITIC）の傘下企業に円換算で1兆2000億円超を折半出資した。[44] 習近平指導部と緊密な関係を持つCITICグループに出資することで中国事業を更に推進しようというものだ。

CPグループはタイ国内でも中国企業との連携を強化しており、2014年に国有自動車大手の上海汽車集団（上海市）と合弁生産を始めたほか、傘下の通信会社トゥルー・コーポレーションが中国の通信最大手、中国移動通信集団から18％の出資を受け入れている。

中国では１９８９年に民主化運動の広がりから天安門事件が起き、多くの外国企業が対中投資に消極的になったが、ＣＰグループは事業を継続した。当時の最高指導者、鄧小平は１９９２年に深圳を訪れ、改革開放の加速を訴えた。この有名な「南巡講話」によって中国経済の先行きに対する懸念は薄れ、外資の対中進出が本格化した。こうしたなか早い時期から中国と腰を据えて向き合ってきたＣＰグループは「成長のチャンスをしっかりとつかむことが出来た」[45]（タニン氏）という。

ＣＰグループの対中投資額は累計１１００億元（約１兆９０００億円）、中国での年間売上高は１０００億元（約１兆７３００億円）にまで拡大している[46]。中国事業を統括する正大集団は青海省とチベット自治区を除く中国の全地域にグループ企業を展開しており、その数は３００社を超えた。「正大という名を知らない中国人はいないほど」（同氏）現地に浸透している。

中核企業の海外売上高比率は7割

中核企業の１つ、ＣＰＦは１９７８年にグループの食料・食品事業を統合する形で発足、飼料、畜産、水産、加工・冷凍食品、小売りへと食のサプライチェーンを下流に向かう垂直統合を進めながら業容を拡大してきた。２０１７年12月期の売上高は前の期比８％増の５０１５億バーツ（約１兆７６００億円）、純利益は同４％増の１５３億バーツ（約５３６億円）。投資と輸出を合わせた海外展開先は中国

図表 4-7　CPF の国内外売上高比率

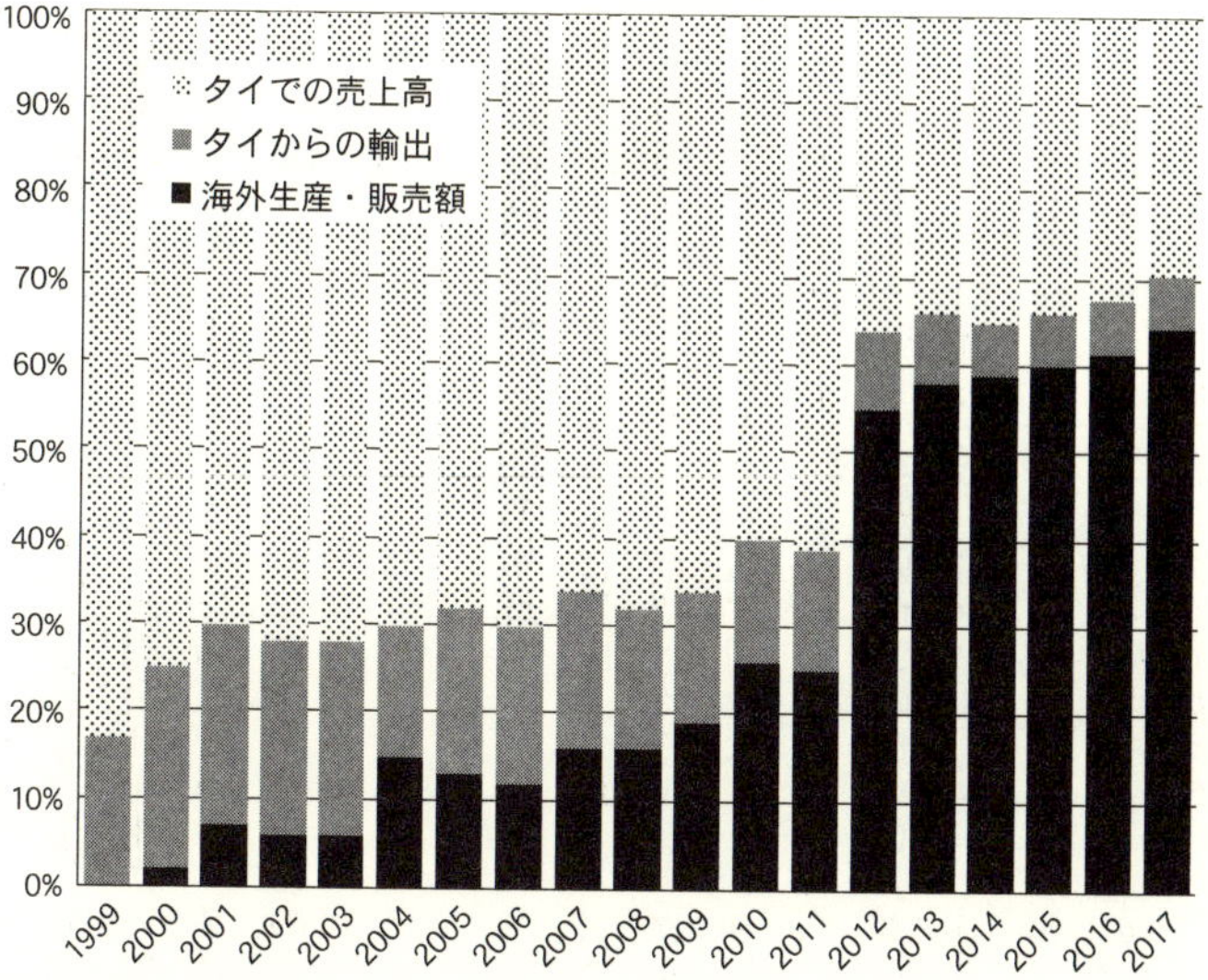

注：2012 年から海外生産・販売高比率が急伸したのは、香港のグループ企業を子会社化したため。
資料：年次報告書各年度版より作成。

やインド、ＡＳＥＡＮなどアジアを中心に約50カ国に広がり、海外売上高（輸出と現地生産販売額の合計）比率は２０００年代中頃の30％程度から２０１７年は70％へ上昇した[47]（図表４-７）。ＣＰＦは飼料の生産・販売で世界１位、豚肉加工品の販売で同２位、鶏肉調整品の生産・販売で同３位など国際市場で大きな存在感を誇る[48]。

　ＣＰＦは２０１６年に合計11件、総額約５００億バーツ（約１７５０億円）のＭ＆Ａを実施した。最大の案件は米国で初のＭ＆Ａとなった冷凍食品大手ベリシオ・ペアレントの買収で、金額は10億７５００万ドルに上った。ＣＰＦは鶏肉や養殖エビを米国のスーパー向けに輸出してきたが、この買収で現地に生産・販売拠点を確保した格好だ。自社ブランドの商品を拡販し、米市場の開拓を本格化する狙いがある。

２０１６年にはこのほか中国、スリランカ、英国で食品関連企業を買収、翌２０１７年はポーランド、英国、ドイツで食肉加工・販売会社を相次いで傘下に収めた。ＣＰＦは２０２０年に海外売上高比率を75％へ引き上げるとの目標を掲げている。２０１７年には株主割当で最大３８７億バーツを調達することも決めた。ＣＰＦにとって６年ぶりのこの大型増資は、海外での積極的なＭ＆Ａに備える狙いもあるとみられる。

小売り部門の海外展開も推進

ＣＰグループが２０１３年に買収した地元タイのディスカウントストア大手、サイアム・マクロ（ＳＭ）も国際化の推進役として期待される。ＣＰグループにはコンビニ最大手「セブン‐イレブン」を運営する中核企業のＣＰＡがある。同社は１９８９年にバンコクに１号店を出店以来、店舗数を順調に拡大、２０１７年には１万の大台に乗せた。だが、ＣＰＡはライセンス契約の関係で「セブン‐イレブン」をタイ国外に展開できない。このためＣＰグループは当面、ＳＭを軸に流通分野の国際化を進めるとみられる。ＳＭはもともとＣＰグループが１９８８年にオランダ企業と合弁でタイに設立した企業である。１９９７年のアジア通貨危機後、ＣＰグループは保有株売却を余儀なくされたが、危機を克服し成長軌道に戻ったことからＳＭ株を買い戻したのである。買収額は66億ドル（約７２００億円）とタイ国内のＭ＆Ａとして過去最大規模であった。(49)

SMの店舗は主に食品や日用品を業務用に卸売り販売する「キャッシュ・アンド・キャリー」（現金で購入し、持ち帰る方式）の形態で運営されている。会員になれば個人客も利用可能だ。タイ国内に123の店舗がある（2017年末）。SMはCPグループ復帰翌年の2014年、海外事業担当の子会社、マクロROHを設立し、2016年にカンボジア、2017年に中国とインド、アラブ首長国連邦（UAE）に相次いで現地法人を設立した。このうちカンボジアでは2017年、首都プノンペンに1号店を出店した。今後ラオスやベトナムでの店舗展開も検討するとみられる。CPグループの小売り部門ではこのほか、CPFも小型食品スーパー「CPフレッシュマート」をマレーシア、ベトナム、中国などに出店している。

［注］
（1）フローの金額は変動が大きく、2015年のタイの対外FDI額は前年比70％減、16年は同7・4倍増、17年は55％増であった。
（2）この間、タイの対外FDI残高の増加額に対する対ASEAN・FDI残高の増加額の寄与率は28％で、対EUの14％、対香港の13％を上回り最大であった。
（3）フローでは2016年に対ベトナムFDI額（約12億ドル）がCLMVで初めて国別1位となった。
（4）以下、日本20社、中国18社、欧州14社、米国14社の順。
（5）メコン圏のインフラ開発については石田（2017a）、（2017b）が詳しい。
（6）タイの対外FDIには外国企業の在タイ子会社が実施する分も含まれるため、全てがタイの地場企業によるものではない（Pananond 2012）。
（7）地元企業向けの対外進出支援策については牛山（2017）参照。

(8) ＵＮＣＴＡＤのランキングは２０１６年度の数字を使っている。
(9) 同社ＨＰ。www.indoramaventures.com/EN/ourCompany/ourCompany.php　２０１８年３月30日アクセス。
(10) ２０１８年１月29日付の週刊タイ経済。
(11) 井上（１９９４）２７６ページ。
(12) ２０１７年12月の年次報告書。
(13) １９９５年８月21日付の日本経済新聞。
(14) ２０１７年５月８日付の週刊タイ経済。
(15) ２０１５年12月22日付のBangkok Post。
(16) ２０１５年８月17日付のThe Nation。
(17) ２０１６年７月28日付の日本経済新聞。
(18) セントラル発展の経緯は、末廣・南原（１９９１）、末廣（２０００）、２０１４年４月５日付の日本経済新聞などを参考にした。
(19) 末廣（２０１４）１２０ページ。
(20) 桂木（２０１５）63ページ。
(21) ２０１５年６月13日付の日本経済新聞。
(22) ２０１６年８月１日付の週刊タイ経済。
(23) セントラル・グループなどタイ有力財閥の通貨危機後のリストラ策に関しては末廣（２００３）参照。
(24) 本章２節(3)を参照。
(25) ２０１８年３月５日の同社報道資料。
(26) ２０１７年３月15日付の時事通信。
(27) ２０１４年４月５日付の日本経済新聞。
(28) ＴＣＣグループのＨＰ。http://www.tcc.co.th/index・php?controller=group　２０１８年５月15日アクセス。

(29)　２０１４年12月８日付の週刊タイ経済。
(30)　ＴＣＣグループの出資分を含む。
(31)　２０１６年３月10日付の時事通信。
(32)　２０１６年８月23日付の時事通信。
(33)　２０１７年６月29日付の Bangkok Post。
(34)　生産拠点数は２０１７年末、従業員数は２０１６年末の数字。
(35)　２０１７年12月期の年次報告書。
(36)　同右。
(37)　普通株に加え10年以内に普通株へ転換できる優先株を合わせ最大49％分に相当。
(38)　２０１２年９月23日付の日経ヴェリタス。
(39)　２０１７年５月29日付の週刊タイ経済。
(40)　同右。
(41)　これらの数字はＣＰグループ会長のタニン・チャラワノン氏が２０１６年７月、日本経済新聞に連載した「私の履歴書」で言及。売上高は２０１５年。以下、ＣＰグループに関しては同連載で紹介された数字を多く使っている。
(42)　藤原・田中編（１９９６）94ページ。
(43)　２０１３年７月14日付の日経ヴェリタス。
(44)　ＣＰグループと伊藤忠商事の資本提携に関しては第６章参照。
(45)　脚注（41）と同じ。
(46)　同右。ともに２０１５年の数字
(47)　２０１２年に香港のグループ企業を子会社化した影響も大きい。
(48)　２０１４年10月20日付の週刊タイ経済。
(49)　２０１５年２月25日付の時事通信。

第5章 ベトナム、フィリピン、インドネシアの多国籍企業

――新興ベトナム勢が台頭

1　ベトナムの対外FDI動向

(1) 認可額は2008年から急増 対外／対内比率は約9％に

ベトナムでは対内FDI額（フロー）が順調に増えている。UNCTADによると、2017年は前年比12％増の約141億ドルと6年連続で拡大した。ベトナムはこの年、ASEANでシンガポール（約620億ドル）、インドネシア（約230億ドル）に次いで3番目、前年の2016年はシンガポールに次いで2番目の外資流入国であった。2017年の対内FDI額は世界全体では25位で、その10年前の46位から大きく順位を上げている。ベトナムは今や、ASEAN有数の外資受け入れ国である。

一方、本書が注目する対外FDI額も規模は小さいながら拡大しており、2013～17年は年間平均約12億3000万ドルと2008～12年（約8億ドル）の5割増となった。2017年のベトナムの対外FDI額（約5億4000万ドル）は世界56位。対内に比べ順位は低いが、その10年前の77位から上昇している。FDI残高の対外／対内比率は同じ期間に1％から8％へ高まった。

ベトナム統計総局によると対外FDIが認可ベースで勢いづいたのは2008年からだ（図表5-1）。この年、対外FDI認可額は前年比3倍の31億4800万ドルと当時の過去最高を記録、件数も

図表5-1　ベトナムの対外FDI額（認可ベース）

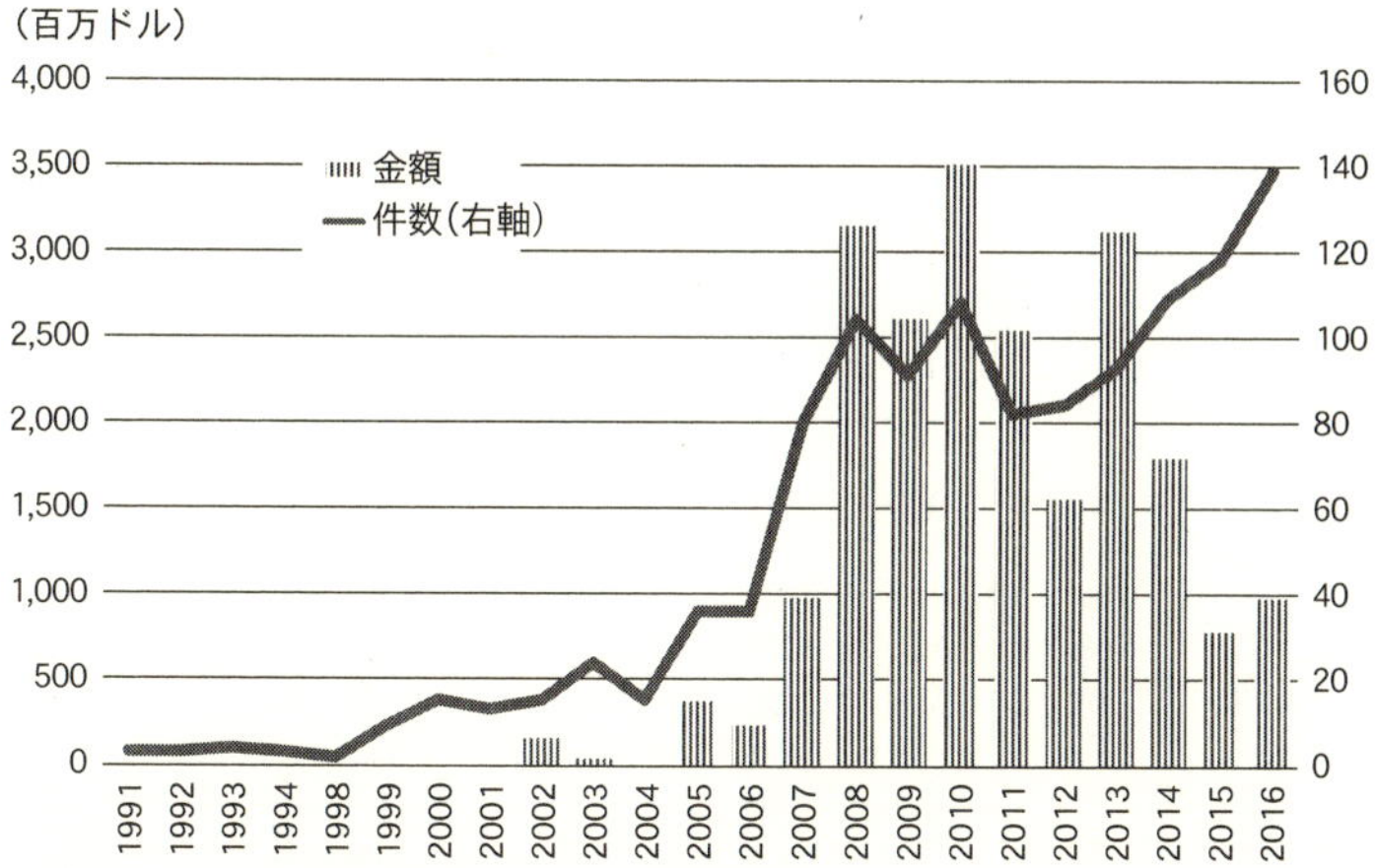

資料：ベトナ統計総局のホームページより作成。

年間１００件を初めて突破した。その後、認可額は２０１４年まで年間15億～35億ドルで推移した。直近２年間は10億ドルを下回るが件数は増え続けており、２０１６年は１３９件と過去最高に達している。

ＷＴＯ加盟後に急増

２００８年以降、対外ＦＤＩ認可額が急増した理由に、２００７年のベトナムの世界貿易機関（ＷＴＯ）加盟がある。同国はＷＴＯ加盟に際し国内市場の一層の開放を迫られた。このため地元企業、特に国内市場で支配的な地位にある国有企業が危機感を強め、経営基盤を強化しようと海外事業を拡大した（池部　２０１７）。２００８年以降は対内ＦＤＩ認可額も急増した時期である。世界経済との統合を象徴するＷＴＯ加盟という一大イベントを受け、ベトナムでは対内・対外ともにＦＤＩが勢いづいたわけだ。

ベトナム国内で対外ＦＤＩ促進に向けた法整備が進

められたことも大きい。特に2006年施行の投資法と2009年公布の政令78号によってベトナム企業の対外FDI機運は一段と高まった（Thu 2017）。前者は対外FDIの定義や手続きを定め、後者はすべての企業が対外FDIを行う権利があると明記したほか手続きの簡素化なども盛り込んだものであった（Thu 2017）。

最大の投資先はラオス

2016年末の対外FDI累計認可額は196億7000万ドル、累計認可件数は943件と、過去5年間でそれぞれ1・7倍、1・5倍に増えた。認可額の国別順位は、1位ラオス、2位ロシア、3位カンボジアで、これら上位3カ国で5割強を占める（件数では約4割）（図表5-2）。4位以下はベネズエラ、ミャンマー、アルジェリア、ペルーの順。1件当たりの投資額を比べると、対ラオス、対カンボジアが1000

図表5-2 ベトナムの対外FDI（国別内訳、2016年末）

順位	国名	累計認可額（100万ドル）	シェア	累計認可件数	シェア
1	ラオス	4,768	24%	194	21%
2	ロシア	2,831	14%	13	1%
3	カンボジア	2,730	14%	163	17%
4	ベネズエラ	1,825	9%	2	0.2%
5	ミャンマー	1,425	7%	60	6%
6	アルジェリア	1,262	6%	1	0.1%
7	ペルー	1,249	6%	4	0.4%
8	マレーシア	860	4%	16	2%
9	米国	492	2%	133	14%
10	タンザニア	356	2%	4	0.4%
	増額	19,670	100%	943	100%

資料：ベトナ統計総局のホームページより作成。

万〜２０００万ドル台なのに対し、対ロシアは２億ドル台、対ベネズエラは９億ドル台、対アルジェリアは12億ドル台と大きい。これらの国々への投資に規模が大きい資源関係の案件が含まれているためとみられる。

対ミャンマー投資が急拡大

ベトナムの対外ＦＤＩの近年の特徴として、対ミャンマー投資の拡大が挙げられる。ミャンマーは２０１２年にベトナムの投資先として政府統計に初めて登場し、２０１６年末の累計認可額は約14億ドルと５位の投資先へ浮上した。累計認可件数（60件）では４位で、４年間で12倍に増えた。こうしたなかベトナムはミャンマーへの投資国として存在感を高めている。ミャンマー側の統計によると、ベトナム企業の投資は２０１２年頃から急増し、２０１８年３月末の累計認可額は約21億ドルで７位になっている（日本は10位）。

ベトナムの対外ＦＤＩ累計認可額を業種別にみると、鉱業がシェア41％と最大で、次いで農林水産業（15％）、情報通信（13％）の順。１位の鉱業には国営石油会社ペトロベトナムが海外で手掛ける資源探査・採掘が含まれる。２位の農林水産業はラオス、カンボジアでの天然ゴム、コーヒー、サトウキビの農園経営などが中心とみられる。３位の情報通信は２０１０年以降、上位に定着してきた。その背景には大手通信ベトテルが海外事業を積極的に拡大していることがあるとみられる（後述）。

ベトナム経済の国際化と対外ＦＤＩ

１９８６年にドイモイ（刷新）政策が始まってから30年超が過ぎた現在、外資誘致を梃子に発展を遂げたベトナムが、対外投資国としての顔も見せ始めたことは注目すべき事実だ。ＡＳＥＡＮ諸国のＦＤＩ残高の対外／対内比率（２０１７年）を見るとマレーシア92％、シンガポール65％、タイ49％で、ベトナムはこれらを大きく下回る８％にとどまる。だが、その10年前の２００７年、タイの同比率は９％に過ぎず、そこから大きく上昇していった。近年の輸出と対内ＦＤＩの伸長、また環太平洋経済連携協定（ＴＰＰ）のメンバー国になっていることなどが示す通り、ベトナム経済の国際化は急ピッチで進んでおり、同国企業の海外展開も今後一段と加速する可能性が高い。ベトナム・フィリピン・インドネシアの３カ国を取り上げた本章でベトナムを最初に持ってきたのは、対ミャンマー投資の急増やベトナム発の新興多国籍企業の台頭（後述）など対外ＦＤＩを巡る興味深い動きが既に観察されるためだ。

(2)　ベトナム多国籍企業の海外事業概観

ペトロベトナム

ベトナム企業の事例については後ほど3社を詳しく取り上げるので、以下ではその他の企業を概観する。まず、国有石油会社ペトロベトナムである。既に見たようにベトナムの対外ＦＤＩの業種別認可額で「鉱業」は圧倒的トップであった。これはペトロベトナムが海外で石油・ガスの開発を進めていることとが主な理由だ。同社はマレーシア、ロシア、ウズベキスタン、アルジェリア、マダガスカル、キューバ、インドネシアなど14カ国で合計20のプロジェクトを手掛けている。[1] 海外投資は総額数十億ドル規模に達しているとみられる。[2] ベトナムの対外ＦＤＩ先の上位にはロシアやアルジェリア、ベネズエラといった国々が出てくるが、いずれもペトロベトナムの進出先である。ただ、ベネズエラのプロジェクトは、同国の政情不安や経済悪化などの影響から２０１６年に操業停止に追い込まれたと報じられている。[3]

ベトナム・ラバー・グループ、ベトナム航空など

国有企業（State Owned Enterprise：ＳＯＥ）は共産党の一党支配下にあるベトナムでは主要プレーヤーで、対外ＦＤＩも牽引している。その代表格がペトロベトナムのほか、後で詳しく取り上げる大手通信会社ベトテルであるが、他のＳＯＥも隣国のカンボジア、ラオスを中心に数多く進出している。池部（２０１７）によると、ゴム大手ベトナム・ラバー・グループは２００７年からカンボジアで大規模農園の運営を始め、２０１４年にゴム加工工場も建設した。ベトナム航空は２００９年にカンボジア政府と合弁でアンコール航空を設立した。一方、ラオスではベトナム・ラバー・グループが２００７年から大規模農園を展開、肥料・農薬の製造販売大手のベトナム化学グループも２０１２年に肥料の生産などに乗り出した。更にペトロベトナムが２００９年に現地企業を買収し、翌２０１０年からガソリンの販売を始めている。

FPT

〝国際派〟民間企業の代表格は、ソフトウエア開発など情報技術（IT）最大手のFPTだ。[4] 2017年12月期は売上高約43兆8450億ドン（約2190億円）の約16％、税引き前利益約4兆2550億ドン（約213億円）の約30％をそれぞれ海外で稼いだ。2012年に比べ前者は8ポイント、後者は13ポイント上昇している。海外売上高の国・地域別比率は、日本・中国・韓国の東アジア3カ国が計50％と最大で、米国16％、アジア大洋州12％、欧州9％が続く。2017年は海外売上高が前年比15％増と伸び、「『Going Global』戦略が引き続き、顕著な成功を収めた」（2017年12月期の年次報告書）としている。海外進出先33カ国のうち、特に重要なのが日本市場だ。2017年の日本での売上高はソフトウエア開発を中心に26％増の3兆599億ドン。東アジア3カ国の売上高の大半を占めたとみられる。FPTはこのところ新興国での事業も拡大しており、2015年にミャンマー拠点を開設した。

ホアン・アイン・ザー・ライ

酪農や果物の生産、不動産開発などを手掛けるホアン・アイン・ザー・ライ（HAGL）もカンボジア、ラオス、ミャンマーのCLMを中心に海外事業を積極的に展開している民間企業だ。パーム油原料のアブラヤシ農園をカンボジアに2万2500ha、ラオスに6900ha、サトウキビ農園をラオスに6000ha、天然ゴム農園をラオスに2万4000ha、カンボジアに2万3600haをそれぞれ保有している。[5] 2015年末にはミャンマーの最大都市ヤンゴンに同国最大のショッピングモールのほかホテル、オフィススペース、マンションなどで構成される大型複合施設を一部オープンした。敷地面積約7万3000㎡、総投資額4億4000万ドルに上るプロジェクトで、ベトナム企業の対ミャンマー投資熱を象徴する案件となった。HAGLの2016年12月期は、売上高約6兆4400億ドン（約320億円）のほぼ半分が海外からであった。

2　フィリピンの対外FDI動向

(1)　2000年代後半から急増

フィリピンの対外FDI額（フロー）をUNCTADの統計で確認すると、2000年代後半から増加が目立ち始めている（図表5-3）。それまではほぼ一貫して対内が対外を上回っていたが、逆転する年も増えてきた。同国は昨今、ASEAN主要国で随一と言われる経済成長率の高さやアキノ政権及び後継のドゥテルテ政権による投資環境整備に向けた政策努力などが評価され、外国企業の投資先として注目度を高めている。その一方で対外FDIも増えているのであり、FDI残高の対外／対内比率（2017年）は60%超とその5年前（2012年）の25%から大きく上昇している。

フィリピンの対外FDIに関する詳細な公式データは公開されておらず、投資先、業種に関する情報を掴むのは難しい。田中（2017）によると、2013年からの約4年間でフィリピン企業の対外投

図表 5-3　フィリピンの対外 FDI（フロー）

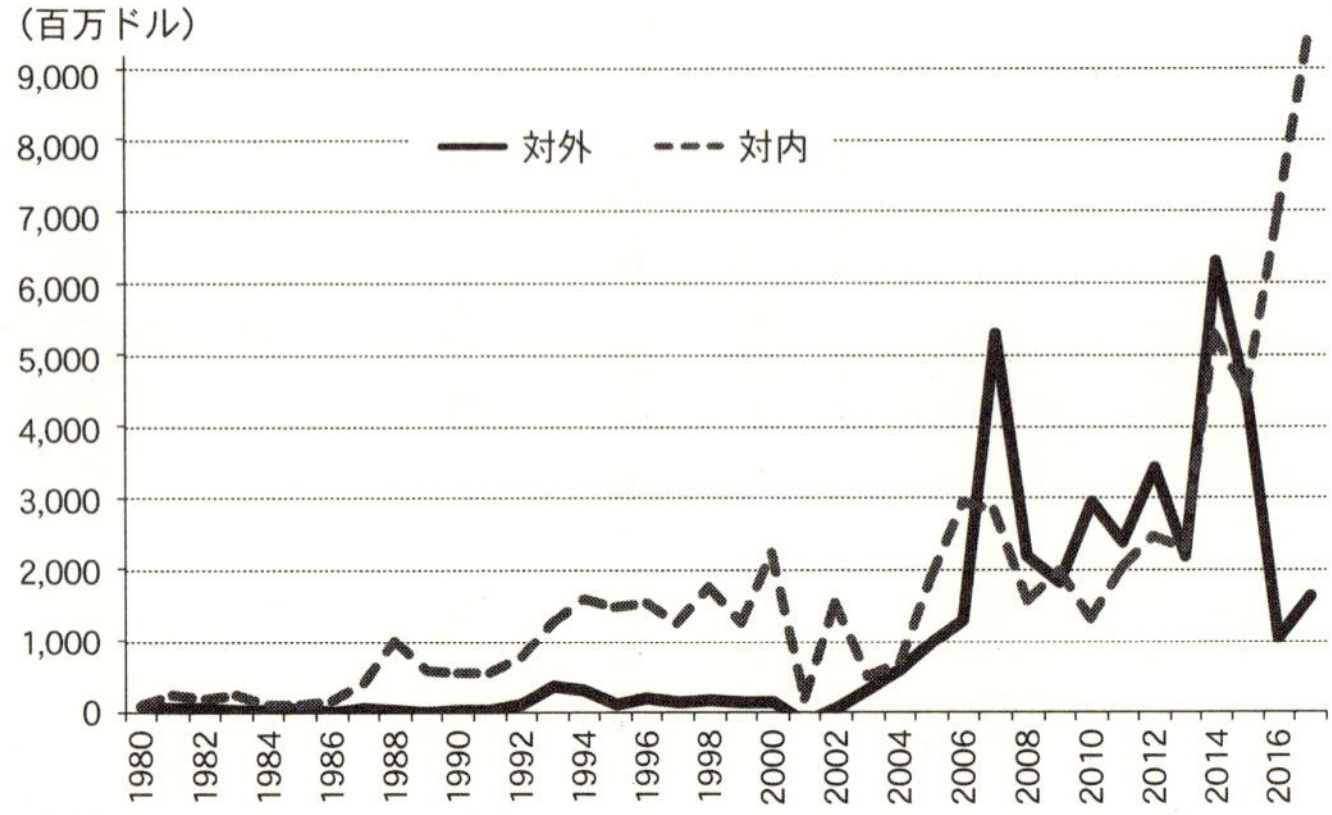

資料：UNCTADstat より作成。

資案件は236件確認されている。[6] 最も多い投資先は中国（28件）で、以下、米国（24件）、ベトナム（15件）、イタリア（12件）、タイ（11件）などである。インドネシアやマレーシア、ミャンマー、シンガポールも上位15カ国に入っており、中国とASEAN諸国が目立っている。業種は金融や食品、飲料、不動産などが全般に多く、ASEANへの投資（対シンガポールを除く）では食品や日用品が多いとしている。

(2) フィリピン多国籍企業の海外事業概観

アヤラ・グループ

国際化に熱心なフィリピン企業の例として有力財閥アヤラ・グループをまず取り上げる。水道事業を手掛けるグループ企業のマニラ・ウォーターは2008年に海外事業の第1弾としてベトナム・ホーチミンで水道会社を買収し、同市内の水道需要の3分の1を供給する体制を築いた[7]。ミャンマーでは２０１７年に水道運営の受託を狙って水道インフラ改良の実証事業に関する報告書を当局に提出。２０１８年にはタイの同業イースタン・ウォーター・リソーシズ・デベロップメント・アンド・マネジメントとインドネシアの同業サラナ・ティルタ・ウンガランにそれぞれ約２割出資した。一方、グループ中核の大手不動産会社アヤラ・アンドは２０１５年、マレーシアの同業、ＭＣＴの株式３割超を取得、２０１８年に出資比率を過半数へ引き上げた。オフィスビルやホテルに強みを持つＭＣＴを傘下に収め、不動産事業を現地で本格展開する狙いだ。

一方、エネルギー事業を展開するグループ企業、ＡＣエナジー・ホールディングスは２０１７年、米シェブロンからフィリピンとインドネシアの地熱発電事業を買収すると発表した。このうちインドネシアでは西ジャワ州にある発電能力40万キロワットの発電施設を同国とタイの企業と共同で買収する。ＡＣエナジーは同年にはインドネシア初の風力発電事業に参加することも明らかにした。このほかアヤラ・グループではＥＭＳ（電子機器の受託製造サービス）子会社のインテグレーテッド・マイクロエレクトロニクス（ＩＭＩ）が中国、米国、メキシコなど既存の6カ国に加え、２０１８年にセルビアに生産拠点を新設する計画である。ＩＭＩは自動車向けの電子機器を得意とし、自動車関連のＥＭＳで世界6位（ＥＭＳ全体で21位）の規模だ。２０１７年12月期は総売上高の7割超を海外で稼いだ[8]。

SMインベストメンツ

ＳＭインベストメンツは、中国・福建省出身のヘンリー・シー現名誉会長が創業し、小売り、銀行、不動産の3分野で国内最大手にのし上がったフィリピン最大の財閥だ。主要な海外展開先である中国では2000年代初めから福建省厦門、重慶、江蘇省蘇州、四川省成都などにショッピングモールを相次いで開業。2016年には同社として中国で最大規模となる7番目のモール（総床面積約32万㎡）を天津市に一部開業した。SMインベストメンツはフィリピン国内で67モール（総床面積約803万㎡）を展開し、約1万8000のテナントを抱え、1日約350万人の来客者を誇る。一方、中国では7モール（同約130万㎡）に約1900のテナントを有し、1日の来客者数は約20万人である。(9)

サンミゲル、エンペラドール

第1章で紹介したUNCTAD「途上国・移行国経済の多国籍企業トップ100」（2018年版）にフィリピンから唯一ランクインしたのが大手財閥サンミゲルであった。同社は約60カ国にビールを輸出している。海外では中国、香港、タイ、ベトナム、インドネシアに醸造所を持ち、米国に初の醸造所を設ける計画もある。(10)また包装事業でマレーシアやベトナム、燃料・石油事業でシンガポールやモーリシャス、マレーシアなどに子会社を持つ。(11)大手華人系財閥アライアンス・グローバル・グループの中核企業で、ブランデー最大手エンペラドールも海外展開に積極的である。2014年にスペインのブランデー大手ボデガ・ラス・コパスの株式50％を取得、2016年に日本のサントリーホールディングスからスペインを中心に展開するブランデー・シェリーの「フンダドール」など4ブランド、翌2017年に仏ペルノ・リカールからメキシコで人気のあるブランデーの有力ブランドも買収した。

3　インドネシアの対外FDI動向

(1)　2010年以降は概ね増加

残高は17倍に拡大

UNCTADの統計からインドネシアの対外FDI額（フロー）を見ると、リーマンショック翌年の2009年を直近のボトム（約22億ドル）に概ね増加傾向を辿り、2011～15年は50億～70億ドル台で推移した。だが、2016年は一転して120億ドル超の大幅なマイナスを記録した。政府がこの年、海外に流出した資金を回収するため税制優遇措置を導入した影響で大量の資金が同国へ逆流するという一時的要因によるものとみられる[12]。その後、対外FDI額は2017年に29億ドル強に回復している。一方、残高ベースの対外FDI額は2017年末で約658億ドルと2009年に比べ17倍に膨らんだ。対外／対内比率は同じ期間に4％から27％へ大幅に上昇している。

同じUNCTADの統計から対外FDI残高の国別内訳を見ると、2012年末のやや古い数字ではあるが、1位中国（約21億ドル）、2位シンガポール（約19億ドル）の両国が突出し、3位以下はベルギー（約5億ドル）、タイ（3・6億ドル）、米国（1・4億ドル）となっている。ただ、これらの数字には注意が必要である。国別の金額をすべて合計しても55億ドルに過ぎず、2012年末の対外FDI

残高（約１２４億ドル）の４割強にしかならないからだ。国別内訳は投資先の各国政府統計、総額はインドネシア政府の統計をベースにしている。前者は各国の統計不備や投資家保護の観点から十分な開示が行われていないなどの理由で公表金額が実態を下回っている可能性が指摘されている（Sambodo 2017）。

インドネシアは約２億６０００万人とＡＳＥＡＮ最大の人口を持つことから、国内市場を志向する地元企業が多く、多国籍企業と呼べるのは大手華人系財閥のサリム・グループとリッポー・グループの２つに過ぎないとの指摘もある（Carney and Dielemen 2011）。対外ＦＤＩの大半は同国経済で支配的な地位にある両グループのような華人系企業が手掛けており、政治リスクなどに対応する狙いからシンガポールを主要な投資先として資産の分散を企図したものも多いとされる（Hill and Jongwanich 2011）。

(2)　インドネシア多国籍企業の海外事業概観

サリム・グループ

インドネシア企業の海外展開ではサリム・グループが注目される。１９９７年に発生したアジア通貨危機の影響で経営が悪化し、多くの関連企業を失ったものの、食品大手インドフード・スクセス・マクムルを軸に経営再建に取り組んだ。インドフードは現在、主力の即席めんで年間１５０億袋超と世界最大級の生産規模を持つ。「Indomie」や「Supermi」、「Sarimi」など多彩なブランドを揃え、国内16カ所に工場を展開するほかエジプトやナイジェリア、シリアなど海外でも生産を行い、世界約60カ国で販売している。主な海外市場はサウジアラビアやベトナム、ナイジェリアなど。ただ、２０１７年12月期の海外売上高比率は１割弱とまだ低い。インドフードはインドネシアと同じイスラム圏の中東やアフリカなどで販売を強化し、海外売上高比率を15～20％へまず高め、最終的には30％を目指すという[13]。

サリム・グループは持ち株会社ファースト・パシフィック（ＦＰ）を香港に置く。ＦＰはインドフードの株式50％超（２０１７年末、以下同）を持つほか、２００６年に設立したフィリピンのメトロ・パシフィック・インベストメント（ＭＰＩ）の株式42％も保有している。ＭＰＩは比国内でインフラ事業を幅広く手掛けており、電力のマニラ・エレクトリック、上下水道のマイニラッド・ウオーター・サービシズ、高速道路のメトロ・パシフィック・トールウェイズ、鉄道のライト・レール・マニラなどを系列下に置く。また、タイとベトナムで高速道路事業に参画しているほか、２０１７年にはベトナムで水道事業に進出する計画を明らかにした。

一方、ＦＰはＮＴＴドコモも出資しているフィリピンの大手通信会社ＰＬＤＴに直接出資（約26％）しているほか、シンガポールの大手農産物企業ウィルマー・インターナショナルと50％ずつ出資し、オーストラリアの大手食品メーカー、グッドマン・フィールダーを支配下に置いている。ＦＰの営業利益の国・地域別内訳（２０１７年12月期）はフィリピン60％、インドネシア35％、残りが５％であった。

リッポー・グループ

同じ大手華人系財閥のリッポー・グループは、所得水準の上昇などで医療需要が拡大しているアジアで病院経営に力を入れている。２０１５年にミャンマーのヤンゴンに地元企業と合弁で「パンライン・シロアム・ホスピタル」を開業したほか、２０１７年には中国国有の複合企業、招商局集団と提携し、招商局が中国で展開する病院の経営に参画する計画を明らかにした。[14] 更に２０１８年１月、シンガポールを拠点とする病院運営会社ＯＵＥリッポーヘルスケア（ＯＵＥＬＨ）が伊藤忠商事から25％の出資を受け入れると発表した。インドネシアで約30の病院を展開するリッポーは、伊藤忠が持つ日本での医療・健康関連ビジネスの経験・ノウハウも活用し、アジア各国で同ビジネスを拡大していく計画である（第6章参照[15]）。

4　ベトナム、フィリピン有力多国籍企業の海外事業展開

(1)　ベトナム軍隊工業通信グループ（ベトテル）――新興ベトナム多国籍企業の筆頭

海外10カ国に展開

ベトナム最大の通信会社で、国内に携帯電話の契約者約６５００万人[16]を抱える。２００９年から海外展開を始め、カンボジア、ラオス、ペルー、タンザニアなど既に10カ国に進出、これらの国々で合計約

図表5-4　ベトテルの海外進出先

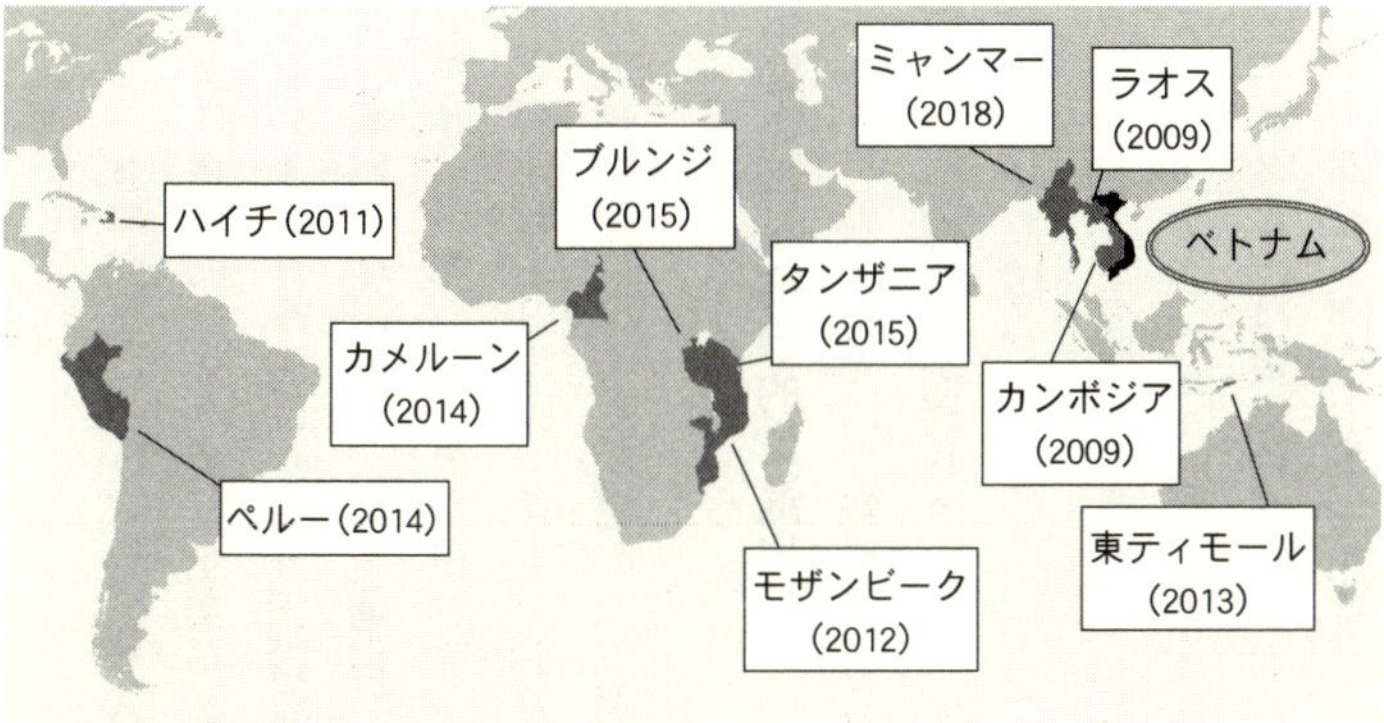

注：括弧内はサービスを開始した年。
資料：ベトテルの年次報告書などを基に作成。

3500万人の契約者を獲得した（図表5-4）。進出先の多くで有力プレーヤーとなったベトテルは、ベトナムを代表する新興多国籍企業と言えよう。同国のグエン・スアン・フック首相は「ベトテルのような企業がどんどん出てきて欲しい[17]」と述べ、同社をお手本に地元企業は国際化を進めるべきだと訴えている。

社名からうかがえるようにベトテルは国防省傘下の国有企業である。会社設立は1989年。まずベトナム国内でインターネット、固定電話サービス等を提供し、2004年から携帯電話サービスも始めた。2006年に海外事業担当子会社ベトテル・グローバルを設立、2009年に第1弾として隣国のカンボジアとラオスに乗り込んだ[18]。その後、2011年ハイチ、2012年モザンビーク、2013年東ティモール、2014年カメルーンとペルー、2015年ブルンジとタンザニアと立て続けに進出。2017年に「アジア最後のフロンティア」とされるミャンマーで携帯通信免許を取得、翌2018年からサービスを始めた。

第2、3章で見たようにASEANにはシンガポールのシングテル、マレーシアのアシアタという海外事業に積極的な大手通信企業がある。両社とも政府系という点ではベトテルと同じだが、同社よりかなり早い1990年代から外国投資に力を入れており、事業の国際化では先輩格だ。だが、3社のASEAN域内の進出先数（携帯通信）を比べると、シングテルがタイ・フィリピン・インドネシア、アシアタがインドネシア・カンボジア・シンガポール、ベトテルがカンボジア・ラオス・ミャンマー（CLM）といずれも3カ国で並んでおり、ベトテルは負けていない。これら3社はASEAN携帯通信市場で越境経営を推進する地場の〝三羽ガラス〟といえる企業群である。

低開発国へ積極的に進出

ベトテルの進出先には特徴がある。低開発国が多い点だ。前述のCLMはいずれもASEAN後発加盟国で、経済発展が遅れている。他にもアフリカのブルンジや中米のハイチなど貧しい国が目立ち、海外進出先10カ国のうちカメルーン、タンザニア、ペルー以外の7カ国は国連から後発途上国（Least Developed Countries：LDC）に指定されている。また、1人当たり国内総生産（GDP、2017年[19]）がベトナム（2306ドル）を上回るのはペルー（6598ドル）とラオス（2567ドル）のみ。残り8カ国は最低のブルンジ（343ドル）から最高の東ティモール（2190ドル）までいずれもベトナムを下回る水準である。

ベトテルが低開発国をターゲットにしているのは、業界地図がまだ固定されておらず、シェア獲得の余地が残されている市場を重視しているためだ。海外展開の後発組にも商機が見込める新興市場に乗り込み、低料金のサービスを武器に顧客を囲い込む、というのがベトテルの戦略だ。国防省傘下の同社は、軍に属する人員や企業、インフラをフルに活用する低コスト経営で価格競争力を高め、地元ベトナムで急成長を遂げた。[20] その過程で蓄積した技術、ノウハウ、資金を海外市場に積極的に投入し、カンボジア、ラオス、東ティモール、ブルンジ、モザンビークの5カ国では既にシェア1位を獲得している。

ＣＬＭでの経営にやや詳しく触れよう。３カ国の中でカンボジアとラオスは、ベトテルにとって中核的な海外市場だ。同社は海外では国別に異なるブランド名で携帯通信事業を展開しており、カンボジアでは「メットフォン（Metfone）」、ラオスでは「ユニテル（Unitel）」をそれぞれ使っている。カンボジアには全額出資子会社「ベトテル・カンボジア」、ラオスには政府系企業との合弁会社「スターテレコム」（ベトテルの出資比率49％）がある。ともに3年間の準備期間を経て２００９年から営業を開始した。その後、両社は契約者を順調に増やし、ともに3年で投資額を全額回収した。契約者数と市場シェアは、カンボジアで約７００万人、46％、ラオスで約４００万人、51％にそれぞれ達している。収益も年々拡大し、ラオスでは事業開始から7年目の２０１６年に累計売上高が10億ドルを突破した。[21]

ベトテルはＣＬＭ市場で経営を強化している。カンボジアでは２０１５年、「ビーライン」の名称でサービスを展開していた同業のソテルコ社を買収した。ベトテルにとって海外初のＭ＆Ａで、年間2億数千万ドル[22]の売り上げがある同国で顧客基盤を更に固めた。２０１７年1月からはカンボジア「メットフォン」、ラオス「ユニテル」との間で国際ローミング料金の廃止という異例の措置に踏み切った。これにより、例えばベトテルの携帯利用者が、渡航先のカンボジア、ラオスからベトナムに電話をかける際、同料金が不要となり、ベトナム国内と同じ料金で通話できるようになった。同社は同料金の収入を失うが、既存の顧客の通話時間が長くなったり、サービス向上で新規加入者が増えたりする効果を期待している。

ミャンマーで大規模投資

一方、ミャンマーはベトテルが参入を切望していた市場である。人口5000万人超の同国は2011年以降の改革・開放政策の進展で携帯電話が爆発的に普及している。同社は2013年、同国政府が実施した携帯事業免許の入札に参加したが失敗した。しかし、その後も参入を諦めず、ミャンマー企業と設立した合弁会社が2017年1月に免許を獲得し、同国で4番目の携帯通信事業者となった。合弁会社にはベトテルが49%、ミャンマー国軍系企業のスター・ハイが28%、地元IT（情報技術）企業などの共同出資会社が23%それぞれ出資している。ベトテルは合弁会社を通じ基地局の整備などに最終的に20億ドルを投じる方針。この金額はベトナム企業の海外投資額としては過去最大規模とされる。

２００９年に海外事業を始めて以来、進出先の広がりとともに契約者数は急ピッチで増え、海外の携帯契約者数（約３５００万人）は国内の半分を超える規模へ膨らんできた。２０１７年12月期の売上高は前の期比９%増の２５０兆８０００億ドン（約１兆２５００億円）で、海外売上高はその約14%を占めた[23]。地元ベトナムで首位の座を維持しているとはいえ、国内市場は飽和しつつあるうえ競争も激化している。持続的な成長に向けて海外市場の更なる取り込みが欠かせなくなっている。

30カ国への進出を目指す

ベトテルは２０１４年、海外担当子会社ベトテル・グローバルの増資を行い、資本金を12兆４０００億ドン（約６００億円）へと倍増させた。同社は「次の10年間で（現在の約３倍の）30カ国程度にまで海外進出先を増やす[24]」としている。２０１７年５月のベトテル・グローバルの株主総会では、人口の多いインドネシア（約２億６２００万人）とナイジェリア（約１億８９００万人）を次の進出先候補とすることが明らかにされた[25]。両国のうちインドネシアへはシンガポールのシングテル、インドネシアのアシアタが進出済み。ベトテルが参戦すれば、ＡＳＥＡＮ〝三羽ガラス〟の初の揃い踏みとなる。

ベトナムのフック首相は冒頭に紹介したスピーチで、ベトテルに対し「（ベトナム企業の）海外投資で主導的な役割を続け、我が国企業の国際競争力とグローバルな適応力の高さを見せつけてほしい」とも述べた。２０００年代後半以降、外資誘致と輸出拡大を軸に経済の国際化が急進展したベトナム。そこから一気に世界へ羽ばたいた地元の雄、ベトテルは、今後も多国籍化の道を疾走しそうである。

(2)　ベトナム・デイリー・プロダクツ（ビナミルク）――海外生産拠点を相次ぎ拡充

５年間で売上高・利益が倍増

ベトナム最大の乳製品メーカーで、主要商品の市場シェアはヨーグルト85％、コンデンスミルク80％、牛乳55％、粉ミルク41％などと高い。[26] 国内に２００超の卸売業者、25万超の小売店という広範な販売ネットワークを持つ。[27] 近年は更なる成長に向け海外事業の強化に取り組んでいる。

南北ベトナムが統一した１９７６年、旧南ベトナムの体制下にあった３つの乳製品工場が接収され、これらを統合する形でビナミルクは発足した。１９８６年にベトナム政府が改革・開放路線のドイモイ（刷新）政策に乗り出し、非効率経営が目立っていた国有企業の株式会社化を進める中、ビナミルクも２００３年に株式会社に移行し、２００６年にホーチミン証券取引所へ上場した。[28] 政府傘下で国有企業株を管理する国家資本投資公社（ＳＣＩＣ）が36％（２０１７年末）の株式を保有する筆頭株主だ。

２０１７年12月期の連結売上高は前の期比９％増の51兆１３５０億ドン（約２５６０億円）、連結純利益は同10％増の10兆２７８０億ドン（約５１４億円）。過去5年間でともに2倍近く増えた。海外から粉末状の牛乳を多く輸入していたベトナムで、ビナミルクは２００６年に国内で初めて大規模な酪農を始め、牛乳など自社の乳製品を市場に投入、業界で主導的な地位を確立した。

経営を牽引してきたのは、女性ＣＥＯのマイ・キエウ・リエン氏だ。１９５３年生まれの同氏は、冷戦期に東側陣営の一員だったベトナムの友好国・旧ソ連に留学、経営学を学んだ。ベトナム戦争終了翌年の１９７６年に祖国へ復帰し、菓子や牛乳工場での勤務を経て１９８４年にビナミルクの副ＣＥＯに就任、１９９２年にＣＥＯへ昇格した。以後20数年にわたり会社を陣頭指揮し、ベトナムの経済成長に伴う乳製品の需要増も追い風に経営規模を拡大してきた。

輸出先は35カ国

ビナミルクの経営は高評価を得ている。２０１６年には米フォーブス誌「アジアの優良大企業50社」に初めて選ばれた。同リストは収益力や効率性、株価等を総合評価して作成されるもので、ベトナム企業のランクインは初めてであった。英コンサルティング会社ブランド・ファイナンスが選んだ「ベトナムで最も価値のある50のブランド（２０１７年）」でもビナミルクは大手通信ベトテルに次いで２位、前年２０１６年は１位であった。また、リエンＣＥＯは２０１２年に米フォーブス誌「アジアで最も影響力のある女性実業家50人」にベトナム人として初めて登場、２０１５年まで４年連続で選ばれた。同年にはアジア経済の発展に寄与したことが評価され、日本経済新聞社の「日経アジア賞（経済・産業部門）」も授与された。

２０１７年12月期の海外売上高は前の期比14％減の７兆４６９０億ドン。総売上高の約15％を占めた。政情不安の影響で中東への出荷が減ったことなどが響いたが、総輸出額は２０１３年以降の４年間で７割増えた。ビナミルクは粉ミルクや豆乳を35カ国に輸出している。２０１７年には新たにニュージーランド、ブルネイ、マダガスカル、イエメンの４カ国への出荷を始めた。今後もアジアやアフリカ、欧州などへの輸出を増やす計画だ。2017年には欧州連合（EU）基準をクリアしたベトナム初の有機牧場を南部ラムドン省に開設した。同牧場は成長ホルモン、抗生剤、農薬を使った飼料を与えない有機牧場としてオランダの国際認証機関から認証を得ている。ビナミルクはまた、2018年には食品安全の国際基準「グローバルGAP」を取得した新鋭の牧場も北部タインホア省に開いた。

ニュージーランドや米国で相次ぎM＆A

海外拠点の拡充も進めている（図表5-5）。まず2011年にニュージーランドの乳業大手ミラカの株式約19％を取得し、北島タウポに粉ミルク工場を建設、年間3万2000トン規模で操業を始めた。ビナミルク初の海外工場で、輸出も手掛ける拠点だ。2015年には出資比率を約23％へ引き上げた。

2014年には牛乳やバターの生産・販売を手掛け

図表5-5　ビナミルクの海外事業強化の動き

時期	内容
2011年	ニュージーランドの乳業大手ミラカに資本参加（2015年に出資比率引き上げ）。
2014年	米ドリフトウッド・デイリーを買収、傘下に収める（2016年に完全子会社化）。
	子会社ビナミルク・ヨーロッパをポーランドに設立。
2016年	ロシア・モスクワに支社を設立。
	カンボジア・プノンペンで乳製品工場を本格稼働（2017年に現地合弁会社を完全子会社化）。
	タイ企業と販売代理店契約を結び、ヨーグルトなどの販売開始。
2017年	中国企業と乳製品の対中輸出拡大に関する覚書に調印。

資料：年次報告書各年度版を参考に作成。

る米ドリフトウッド・デイリーの株式約70％を７００万ドルで取得した。同社は海外在住ベトナム人（越僑）が多いカリフォルニア州に本社を置く企業である。ビナミルクは従来、越僑向けなどに乳製品を輸出していたが、ドリフトウッド買収により米国市場へ直接乗り込む格好となった。２０１６年に残り３割の株式も購入し、同社を完全子会社とした。

一方、欧州では２０１４年、全額出資子会社ビナミルク・ヨーロッパ（資本金３００万ドル）をポーランドに新設した。海外子会社の設立は初めてで、同社にとって初の欧州拠点だ。東欧の新興国として成長が期待されるポーランドに加え、他の欧州市場の開拓も目指す。

更に２０１６年にロシア・モスクワに支社を開設した。ベトナムは２０１５年、ロシアが主導し、旧ソ連諸国がメンバーとなっている「ユーラシア経済連合（ＥＥＵ）」との自由貿易協定（ＦＴＡ）に署名した（２０１６年10月発効）。これを受けロシアとその周辺国で事業環境の改善が見込まれることから、同国での拠点開設に早速動いた。

カンボジア工場を新設

アジアでは隣国カンボジアの首都プノンペンで２０１６年5月、乳製品工場を本格稼動した。地元企業ＢＰＣトレーディングと合弁会社を設立、総額２３００万ドルを投じたもので、カンボジア初の乳製品工場とされる。場所は日系企業も多く入居している「プノンペン経済特区（ＰＰＳＥＺ）」内。敷地面積3万㎡で、年間１９００万リットルの牛乳、６４００万カップ分のヨーグルト、８０００万缶分のコンデンスミルクを生産できる。2017年にはBPC社から合弁会社の株式49％を約1000万ドルで取得し、完全子会社化した。2024年までに工場の生産能力を2～3倍に拡大する予定だ[29]。

タイでは地元企業トップ・モスト・エンタープライズと販売代理店契約を結び、2016年からヨーグルトなど乳製品の販売に乗り出した[30]。同年にはまた、ASEAN域内でのFTA利用時に必要な原産地証明の手続きを簡素化できる「自己申告制度」の対象企業に、ベトナム企業として初めて認定された。これを受けビナミルクはASEAN諸国への輸出を拡大したい考えだ。更に翌2017年、中国企業と乳製品の対中輸出に関する覚書も交わした。ベトナムのチャン・ダイ・クアン国家主席の訪中に合わせ行われたもので、ビナミルクは中国進出の足掛かりを得た。以上見てきたように同社は欧米アジアと広範な地域で海外ネットワークを拡充し、グローバル企業としての飛躍を目指している。

ビナミルクにはシンガポールの飲料品大手フレイザー・アンド・ニーブ（F&N）が20％近く出資、ベトナム政府系組織のSCICに次ぐ第2位の株主となっている。第4章で触れたようにF&Nは2013年にタイの大手財閥TCCグループの中核企業タイ・ビバレッジに買収されたため、ビナミルクは同グループともつながりを持つことになった。今後タイ・ビバをはじめTCCグループ各社と販売チャンネルの相互活用などASEAN域内を中心とする協力関係が拡大していくと思われる。

(3) ベトジェットエア――「アジアLCCの雄」を目指す

国際線拡充に注力

ベトナムの「空」を変えた民間の格安航空（LCC）である。初就航は2011年末で、まずハノイ－ホーチミンに飛ばした。その後、国内線を相次いで増やす一方、2013年2月のホーチミン－バンコクを皮切りに国際線も積極的に拡充、双方を合わせた総路線数は82（2017年末）に達した。国内線のシェアは国営ベトナム航空と肩を並べた。2017年に日本航空（JAL）と提携するなど国際部門強化の姿勢を鮮明にしており、LCC業界の「ベトナムの星」から「アジアの雄」への飛躍を狙っている。

会社設立は2007年。初就航を翌年に控えた2010年にアジア有数のLCCであるエアアジア（マレーシア）がベトジェット株30％を取得したものの経営方針を巡る対立から売却、ベトジェットは単独で事業に乗り出した。国内線は初就航から3年目の2014年に19路線、6年目の2017年にその2倍の38路線へ順調に拡大、20超の都市に乗り入れるまでになった[31]。国際線は初就航から4年目の2017年に44路線まで一気に増え、既に国内線を上回る規模に達した。国際線はタイ、シンガポール、マレーシア、中国、香港、韓国、台湾など9カ国・地域に飛んでいる。

2017年12月期の売上高は前の期比54％増の42兆2580億ドン（約2113億円）、連結純利益が同81％増の4兆5270億ドン（約226億円）である。事実上の初年度となった2012年に比べ前者は34倍、後者は利益を初めて計上した2013年に比べ約140倍の規模に膨張している。2017年の乗客者数は前年比22％増の1711万人を記録、過去3年間で3倍に拡大した。年間フライト数は同約20％増の約9万9000で、平均搭乗率は約90％であった。[32]

主力の国内線シェア（乗客者数ベース）は、2013年・20％→14年・30％→15年・37％→16年・42％と上昇し、国営ベトナム航空の43％（2016年）をほぼ捉えた。[33] 2017年末時点のシェアは43％でトップに立ったとしている。ベトジェットのシェアは、ベトナム航空の「1強」が長く続いた航空業界は、台頭で「2強」時代へ移行した。アジア各国でLCCが国内線のシェア30％を獲得するのに要した年数を見ると、インドのインディゴが7年、マレーシアのエアアジアが9年、フィリピンのセブ・パシフィックが11年[34]であった。ベトジェットの約3年はかなり速いペースと言えるだろう。

派手な宣伝戦略

躍進の理由はもちろん低価格だ。主要路線のハノイ－ホーチミンは最も安くて片道90万ドン程度（税・サービス料別、手荷物のみ、約4500円）と競合するベトナム航空の半分強に過ぎない。[35] 同じ区間の鉄道料金よりも安い。エアアジアが地元マレーシアなどで「空の大衆化」を進めたように、ベトジェットも自国民にとって高根の花だった空旅を身近なものにした。

派手な宣伝戦略も奏功した。話題を呼んだのが2012年に機内で実施した水着ショー。飛行中に3分間、モデルらがビキニ姿で踊るという奇抜なイベントで、知名度の大幅アップにつながった。運航の安全性に問題があるとして航空当局から罰金を科されたが宣伝効果を重視し、その後も懲りずに水着ショーを行った。２０１８年１月には中国で行われたサッカー国際大会で準優勝したベトナム代表チームの帰国チャーター機に、ビキニ姿の客室乗務員を同乗させたとして、やはり罰金を課されている。

ベトジェットを率いるのは創業者のグエン・ティ・フオン・タオＣＥＯだ。１９７０年ハノイ生まれの同氏は、大学時代に旧ソ連に留学し、モスクワでゴムや衣料品を扱う貿易ビジネスを始めた。そうして稼いだ１００万ドルの資金を元手に夫のグエン・タイン・フン氏らと貿易会社「ソビコ・ホールディングス」を設立、２００７年にベトナム政府が航空市場の民間開放を実施したのを機にベトジェットを創業した[36]。

会社を急成長させたタオ氏は２０１７年２月、ベトジェットをホーチミン証券取引所に上場させた。これを受けタオ氏の資産は膨らみ、米フォーブス誌の２０１７年版世界長者番付でベトナム人女性として１６７８位（総資産12億ドル）に初めてランクインし、翌２０１８年は７６６位（同31億ドル）へと順位を上げた。タオ氏は「海外市場に上場すれば、資金源へのアクセスが増す[37]」と述べており、米国などでの株式上場も検討していく考えを表明している。

中国・インド路線を新増設へ

売上高に占める国内線の割合は８割程度と大半を占める[38]。だが、国内線は路線拡張の余地が乏しくなってきたうえ、エアアジアの参入計画が伝えられるなど競争が更に激化する恐れがある（第３章参照）。このため海外部門の拡大は不可欠であり、タオＣＥＯは国際線の売上高比率を４割に高めたいとの意向を示す。ベトジェットは２０１３年にホーチミン－バンコクに国際線を初就航して以来、近隣アジアを中心に路線を増やしてきた。今後も中国などで乗り入れ先を増やすほか、未進出の豪州やインドへも就航する方針だ。２０１６年に営業を始めたタイ現地法人のタイ・ベトジェットエアもバンコク－チェンマイ、バンコク－プーケットなど現在の国内線に加え、中国やインドへの就航をめざす[39]。

ベトジェットは２０１７年７月にＪＡＬとの包括的な業務提携を発表した。日本企業関係者の訪越やベトナム人技能実習生の訪日の増加などから日越間の航空需要は拡大している。こうした状況の下、ＪＡＬとの提携でサービス体制を拡充する狙いがある。ＪＡＬとのコードシェア（共同運航）で日本の国内便との接続を良くしたり、ＪＡＬからキャビン・アテンダント（ＣＡ）や地上職員の接客サービス改善に向けた指導を仰いだりするとみられる。ＪＡＬはもともとベトナム航空と提携していたが、全日空を傘下に持つＡＮＡホールディングスが２０１６年に同航空に出資すると発表したことから提携を解消、ベトジェットと組み直した格好だ。

ベトジェットの日本路線については、国土交通省が２０１８年5月、同社が申請していたハノイ－関西便を許可した。同便は11月から欧州エアバスのＡ３２０を使って１日１便を運航する計画だ。

２０２１年に１００機突破へ

ベトジェットは国際線の運航能力拡大に向け航空機を大幅に増やす。既に２０１４-１６年にエアバスからA３２１を中心に１２０機、米ボーイングからB７３７を中心に１００機をそれぞれ購入する契約を結んだ。２０１７年末の保有機数はエアバスのA３２０とA３２１の合計51機（平均機齢３・４歳）[40]で２０１３年末の10機から急増している。エアバス、ボーイング両社に発注した航空機は順次引き渡され、保有機数は２０２１年に１００機を突破する見通しだ。[41] ２０２１年はベトジェットの初就航から10年目の節目の年に当たる。アジアLCC業界の雄、エアアジアの保有機数が１００機を超えたのは初就航から11年目の２０１２年であった。ベトジェットの保有機数はそれを上回るテンポで拡大する可能性がある。

(4)　ユニバーサル・ロビーナ――「フィリピン初の多国籍企業」と自負

有力華人系財閥の中核企業

フィリピンの食品・飲料大手で、ASEANやオセアニアにも事業を展開している。国内の菓子・飲料市場で圧倒的な強さを見せるほか、海外でもタイでビスケットとウエハーがシェア1位、ベトナムで茶飲料が3位などと浸透している。[42] 近年はニュージーランド、豪州の食品企業を相次いで買収するなど海外でM&Aを推進しており、自らを「フィリピンで最初の多国籍企業」と呼んでいる。[43]

ユニバーサル・ロビーナ（UR）はフィリピンの有力華人系財閥ゴコンウェイ・グループの中核企業である。グループ持ち株会社JGサミット・ホールディングスがUR株55％を保有している（２０１７

年末)。同グループの創始者は、中国福建省にルーツを持つジョン・ゴコンウェイ氏で、JGサミットの名誉会長を務める。同氏は1954年にURの前身、ユニバーサル・コーンプロダクツを設立、とうもろこしの加工食品の製造から身を起こし、URのほか格安航空（LCC）最大手のセブ・パシフィック航空、銀行、不動産会社なども傘下に抱える巨大財閥を一代で築き上げた。JGサミットの最高経営責任者（CEO）にはジョン氏の息子、ランス氏が2018年5月に最高執行責任者（COO）から昇格。ランス氏は同時にURのCEOから会長に就任した。

URは事業領域を3つに分けている。まず菓子や飲料を主力とする「ブランド・コンシューマー・フード（BCF）」部門で、URの中核事業だ。URは1960年代からフィリピンで菓子類を生産・販売し、国内シェアはスナック（35%）、キャンディー（27%）、チョコレート（25%）、茶飲料（85%）、カップ麺（51%）でいずれも1位となっている。[44]「BCF」以外の2つの部門は、小麦粉の製粉、製糖を中心とする「コモディティ・フード（CF）」と、養豚・養鶏、飼料の生産・販売などで構成される「アグリインダストリー・フード（AF）」である。URの2017年12月期の売上高は前期比11%増の1250億ペソ（約2625億円）。部門別の比率を見ると、BCFが82%と突出し、CFとAFは8～9%である。

海外で4割稼ぐ

国際化が進んでいるのはBCF部門だ。2017年12月期の同部門の海外売上高は同30%増の430

図表 5-6　ユニバーサル・ロビーナの海外生産拠点

注：「ブランド・コンシューマー・フード (BCF)」部門の生産拠点
資料：2017 年 12 月期年次報告書より作成。

億ペソであった。タイ、マレーシア、豪州で菓子、スナック類の販売が堅調だった。BCF部門の海外売上高比率は42％と過去5年間で約5ポイント上昇している。フィリピン経済の高成長を背景に国内売上高が同期間に1・7倍に増えたのに対し、海外売上高は2倍強とそれを上回る伸びを示した。CF部門とAF部門を含むURの全売上高でみると、海外売上高（BCF部門の海外部分）の比率は34％を占める。

URはタイ（5）、ベトナム（4）、中国、豪州、ニュージーランド（各2）、ミャンマー、マレーシア、インドネシア（各1）の海外8カ国に合計18工場を持つ（図表5-6）。これらの海外工場はすべてBCF部門に属しており、同部門の国内工場数（19）とほぼ肩を並べている。URは1980年代前半にマレーシアに初の海外工場を開いたのを皮切りにASEANを中心に生産拠点を増やしてきた。ASEAN内ではほかにシンガポールに販売事務所を置くほか、カンボジアとラオスでは現地企業と販売代理店契約を結んでいる。BCF部門ではまた、欧米や日本、韓国、中東、アフリカなどの38カ国に製品を輸出している。

海外事業の現状について、URでは「(創業者の)ジョン・ゴコンウェイは、菓子や飲料でアジア有数の企業を目指した。当社の事業（生産拠点）が自国以外の8カ国に広がる中で（中略）その目標は達成されつつある」[45]と自信を示している。

タイとベトナムで高シェア

ASEAN市場ではタイで1位のビスケットとウエハーのシェアは各々26％、28％で、ともに2位企業の2倍超と強い[46]。一方、ベトナムで3位の茶飲料（ペットボトル入り）は15％と1位企業の3分の1弱で、2位（16％）とほぼ並んでいる。2016年に自社商品「C2」から基準を超える鉛が検出され、商品回収を迫られた影響でシェアは低下している。この事故が起きる前は約40％で1位企業と同水準であった。ベトナムの人口は９０００万人超でＡＳＥＡＮではインドネシア、フィリピンに次いで３番目の規模。所得水準も上昇している。ＵＲは同国を重点市場と位置付けており、販売促進活動の強化などを通じて「Ｃ２」の販売回復とともに、スナック「ジャック＆ジル（Jack n' Jill）」やエナジードリンク「レッドドラゴン（Red Dragon）」の販売にも力を入れる方針だ。

経済の改革・開放が進むアジアの「ラスト・フロンティア」ミャンマーも攻めている。最大都市ヤンゴン郊外のミンガラドン工業団地に約３０００万ドルで工場を建設し、２０１５年からビスケットやウエハーなどの生産・販売に着手した。「ミャンマー国内に4支店を持つ新しい現地パートナーと強固な販売網を構築したい[47]」としている。経済共同体の構築を掲げ、ＡＳＥＡＮ域内ではこのほか、カンボジアに新工場を設けることも検討している。経済共同体の構築を掲げ、市場統合の作業が進められているＡＳＥＡＮ域内で「フィリピンの1億人に加え、残り5億人の消費も取る[48]」（ランス氏）と鼻息が荒い。

オセアニアで相次ぎＭ＆Ａ

国際化の動きはＡＳＥＡＮ域外にも広がる。２０１４年にニュージーランドの大手菓子メーカー、グリフィンズ・フーズ（ＧＦ）を傘下に持つ持ち株会社スナックフード・ホールディングスを7億ニュージーランドドル（約５３６億円）で買収した。ＵＲにとって海外初のＭ＆Ａで、ＡＳＥＡＮ域外への本格進出となった。ＧＦはビスケットやクラッカー、スナック菓子を販売し、豪州でも高いシェアを持つ。ＵＲＣは更に２０１６年、豪州の大手菓子メーカー、コンソリデイテッド・スナックス（ＣＳ）を

6億豪ドル（約490億円）で買収した。CSは「スナックブランズ」のブランド名でポテトチップスなどを販売、豪州市場でシェア30％と2位である。(49)

両社を買収したのは、オセアニア市場への進出に加え、地元フィリピンを含むアジア市場で商品競争力を引き上げるためだ。例えば、CSは比較的高価格のポテトチップを販売しているため、安価なUR商品と競合せず、品ぞろえの強化に結び付く。所得上昇や健康志向の高まりから健康的で栄養価の高い食品への需要がアジア市場で高まっていることに対応する。CSに先駆けて傘下に収めたGFの商品は2015年末からシンガポールなどアジア地域へ既に投入されている。(50)

URは地元フィリピンでも経営基盤を一段と強化している。日本企業とは1990年代から日清食品ホールディングスと即席麺を合弁で生産してきたが、2014年にはカルビーと折半出資で合弁会社を設立、翌年からポテトチップなどカルビー製品の生産・販売を始めた。一方、同年にはミネラルウオーター「エビアン」のほか乳製品、ベビーフード、栄養食品など多彩な商品を手掛ける仏食品大手ダノンと合弁会社も設立した。更に2017年から豆乳飲料を手掛ける香港のビタソイ・インターナショナル・ホールディングスと同社製品の合弁生産にも乗り出した。これら一連の動きは高品質や低カロリーの菓子類など高付加価値の商品を自国市場に投入することを狙ったものだ。

(5)　ジョリビー・フーズ・コーポレーション（ＪＦＣ）――Ｍ＆Ａ軸に海外展開を加速

内外店舗数は約４０００

フィリピンのファストフード最大手である。ハンバーガーチェーンの「Jollibee」は国民が好む味付け、メニューを売り物に絶大な支持を集め、国内では米マクドナルドを寄せ付けない強さ。中華やピザ・スパゲティ、ケーキ・ベーカリーなども含め多彩な店舗を展開している。中国や米国、中東など海外でも営業網を拡張、国内外の店舗数は合計３７９７（２０１７年末）(51)に上る。近年は国内外でＭ＆Ａを活発化している。

創業者はトニー・タン・カクチョン現会長。同氏の父親は中国福建省からフィリピンに移住した料理人であった。タン氏は１９７５年、マニラ首都圏ケソン市に「Jollibee」の前身のアイスクリーム店を開き、１９７８年からハンバーガー店のチェーン展開を始めた。店名の「Jollibee」は快活に働く従業員をイメージしたjolly（陽気な）bee（ハチ）をなぞらえたもの。スパゲティや、フライドチキンとライスのセットメニューも用意し、味付けを甘めにするなど国民の好みに合わせた店舗運営が奏効、「Jollibee」はフィリピンの国民食と呼ばれるほど浸透し、タン氏は一代で「ハンバーガー王国」を築いた。「Jollibee」の国内店舗数は１０００店強と米マクドナルドの約2倍。フィリピンはハンバーガー業界の巨人マクドナルドの旗色が悪い稀有な国の１つとされる。

ＪＦＣはフィリピン国内で「Jollibee」のほか、中華の「チャウキン」（５２６店）、グリルチキンなどの「マン・イナサル」（４９５店）、ケーキ・ベーカリーの「レッドリボン」（４２７店）、ピザ・スパゲッティの「グリーンウイッチ」（２７２店）をチェーン展開するほか、米ハンバーガーチェーン「バーガーキング」（93店）のフランチャイジーでもある。「Jollibee」を持つＪＦＣが「バーガーキング」も手掛けるのは、前者より価格帯が高く味付けも異なる後者をラインアップに加え、広範な顧客ニーズを取り込むためだ。このように様々なファストフードチェーンを展開するＪＦＣの国内総店舗数は２８７５に上り、過去8年間で約8割、数にして１３００超増えた。

海外に９００店超を展開

海外には「Jollibee」が１９８店ある。国内店舗数の約5分の1の規模だ。国別内訳はベトナム（98店）が最多で、以下、米国（37店）、ブルネイ（15店）、サウジアラビア（12店）、アラブ首長国連邦（9店）、香港（8店）、カタール（6店）、シンガポール（5店）の順だ（図表5-7）。米国や中東に「Jollibee」が多いのは、フィリピン人の主要な出稼ぎ先であり、「祖国の味」を求めるニーズが多いためだ。

ただ、海外店舗数が最も多いのは「Jollibee」ではなく、牛肉めんの「永和大王」（３０９店）だ。かゆ料理「宏状元」（43店）も主要な海外店舗である。「永和大王」と「宏状元」はともにＪＦＣが中国で運営する中華料理チェーンだ。ＪＦＣはまた、ベトナムでコーヒーショップ「ハイランド・コーヒー」（２４４店舗）やベトナムめんの「フォー24」（29店舗）も展開している。

図表 5-7　「Jollibee」の海外店舗の国別内訳

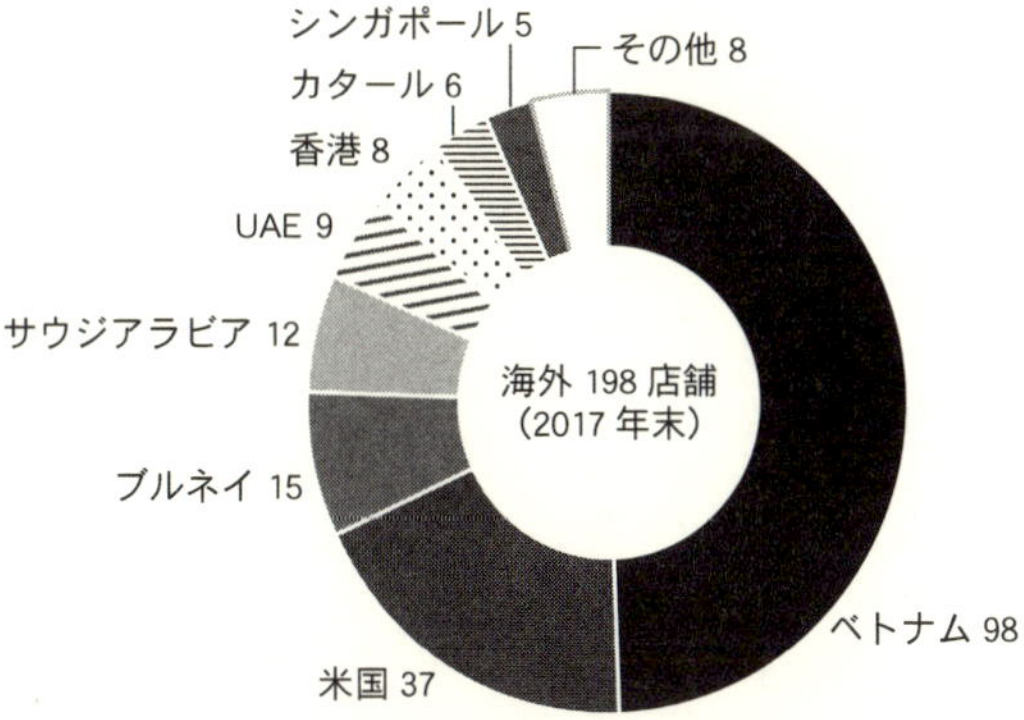

資料：2017 年 12 月期の決算資料より作成。

ＪＦＣが運営するこれらすべての海外店舗を合計すると９２２店に上り、国内総店舗数の３割超に相当する規模である。海外店舗数は過去８年間で約３倍と国内店舗を上回るペースで増えており、急速な国際化の進展が見て取れる。

２０００年代半ばから海外Ｍ＆Ａを加速

海外展開が本格化したのは２０００年代半ば以降だ。それ以前はブルネイの海外１号店（１９８７年）を皮切りにアジア、米国、中東へ出店した「Jollibee」を軸に進められたが、２００４年に「永和大王」への出資で中国に本格進出してから国際化は新段階に入った。それは「Jollibee」の店舗網拡大に加え、Ｍ＆Ａによって外部のチェーン店も取り込みながら海外展開を重層化する動きであった。具体的には２００７年に北京を中心に店舗を運営していた「宏状元」を約５０００万ドルで買収するとともに、「永和大王」も完全子会社とした。[52] 翌２００８年は牛肉めんを看板メニューとする台湾の「老董」も傘下に収めた（２０１０年に売却）。一連の

M&Aは創業者で中国系のタン会長の人的ネットワークを活用したもので、「永和大王」の案件は中国語を話せる同氏が自ら交渉してまとめ上げたと伝えられている。[53]

中国では更に攻勢を続けた。２０１２年、広西チワン族自治区南寧などに展開していた中華ファストフードの「三品王」を子会社化する一方、台湾の外食大手、王品集団と合弁で鍋料理チェーン「石二鍋」の展開に乗り出した（ともに２０１６〜１７年に売却）。２０１５年には「ダンキンドーナッツ」を20年間で１４５９店舗以上、中国に出店すると発表した。米ダンキン・ブランズ・グループから営業権を取得、香港とシンガポールに拠点を置く投資会社と合弁で展開するもので、ＪＦＣは6割を出資、既に15店舗を開いた（２０１７年末）。ダンキン側は中国で実績を持つＪＦＣと組み、市場開拓を本格化する考えだ。

ＪＦＣは米国でも２００８年にアジア料理レストラン「ジンジャー・バー&ビストロ」を運営するチョウ・ファン・ホールディングスの株式12%を取得、２０１１年に出資比率を80%超へ引き上げた（２０１７年に売却）。更に２０１５年にハンバーガーチェーン、スマッシュバーガーの株式40%を購入、２０１８年には45%を買い増して子会社化した。コロラド州に本社を置く同社は米国やカナダ、中東などに計３６５店舗を持つ。[54] ＪＦＣは１９９８年にカリフォルニア州に米国1号店を出店以来、在米フィリピン人を主なターゲットに「Jollibee」の店舗を増やしてきたが、スマッシュ買収によりハンバーガー市場の〝本丸〟である米国に本格参入する格好となった。

ベトナム企業も買収

中国とともに重視しているアジア市場がベトナムだ。ＪＦＣは１９９０年代後半、最大都市ホーチミンに「Jollibee」を初出店し、店舗数を増やしてきたが、２０１２年に地元外食大手スーパーフーズ・グループ（ＳＦＧ）の株式50％を取得した。２０１７年に出資比率を60％へ引き上げ、主導権を握った。ＳＦＧは同市内を中心に「ハイランズ・コーヒー」、「フォー24」のほか、レストラン「ハード・ロック・カフェ」も運営する有力外食チェーン。ＪＦＣは２０１９年までにＳＦＧをベトナム株式市場に上場させる方針だ。資金調達力を強化し「（ＪＦＣの）海外市場の中で最も成長率が高い」（トニー・タン会長）ベトナムで経営規模を拡大する。

積極的なＭ＆Ａは地元フィリピンでも行われた。２０００年に中華の「チョウキン」、２００５年にケーキ・ベーカリーの「レッドリボン」、２０１０年にグリルチキンなどの「マン・イナサル」を相次いで買収したほか、２０１１年には「バーガーキング」を運営していた地元企業ＢＫタイタンズも傘下に収めた。一連のＭ＆Ａには看板ブランド「jollibee」以外のチェーン店を増強し、経営基盤を厚くする狙いがあった。様々なチェーン店を自社陣営に加えたＪＦＣは現在、比ファストフード市場で約６割と圧倒的なシェアを握る(55)。「チョウキン」や「レッドリボン」は国外にも店舗があるため、海外ネットワークの拡充にも結び付いた。

ＪＦＣの２０１７年12月期は連結売上高が前の期比15％増の１７１８億ペソ（約３６１０億円）、純利益は同15％増の70億ペソ（約１４０億円）であった。既述の通り、ＪＦＣの海外戦略は２０００年代半ば頃からM&Aを軸に加速した。だが、海外売上高比率はまだ2割程度に過ぎず、自国依存度は依然高い。タン会長は同比率をゆくゆくは5割程度へ引き上げたいとの意向を示す。中国の「三品王」などのようにM&A実施後に売却を迫られたケースも少なくないが、JFCは今後も海外市場を積極的に開拓していく方針だ。看板ブランド「Jollibee」をカナダやイタリア、そして日本など未進出の国々に新規出店することも検討している。

【注】

(1) 同社HP。http://english.pvn.vn/?portal=news&page=detail&category_id=38&id=3676 2018年4月3日アクセス。この情報が更新されたのは2013年3月である。
(2) 2018年5月30日付のVietnamNetによると、ペトロベトナムの海外投資額は累計約67億ドルという。
(3) 2017年5月4日付のVietnamNet。
(4) ベトナムの国家資本投資公社（SCIC）が約6%の株式を保有している。
(5) 2016年12月期の年次報告書。
(6) Financial Timesのデータベース「fDi Market」で調べている。
(7) 2016年12月期の年次報告書。
(8) IMIの“ANALYST BRIEFING FULL-YEAR”2017年版。
(9) 2018年2月公表のIR用資料“INNOVATING FOR A BETTER TOMORROW”。
(10) 2017年6月21日付の日経産業新聞。
(11) 2016年12月期の年次報告書。
(12) 第1章脚注（3）を参照。
(13) インドフードに関する記述は、同社のHP、2016年12月期の年次報告書、2016年6月24日付及び2017年

5月31日付の日本経済新聞、２０１７年７月６日付の時事通信などを参考にした。
(14) ２０１７年11月11日付の日本経済新聞。
(15) ２０１８年１月11日発表の伊藤忠商事の報道用資料。
(16) ベトテルに関する数値情報は、“Viettel Group 2018” に依拠する部分が多い。http://viettel.com.vn/sites/default/files/profile_mwc2018_view_0.pdf　２０１８年１月10日アクセス。
(17) ２０１６年12月17日に開催されたベトテルの海外事業10周年記念式典スピーチで述べた。
(18) 時期は実際のサービス開始年。以下同。
(19) ＩＭＦの World Economic Outlook Database に基づく。２０１８年４月４日アクセス。
(20) ２０１４年２月18日付の日経産業新聞及び２０１５年７月４日付の日本経済新聞を参考にした。
(21) ２０１６年９月27日付の報道用資料。
(22) ２０１７年１月２日付の AEC News。
(23) ２０１８年１月３日付の Vietnam Investment Review。
(24) ２０１６年12月７日付の報道用資料。
(25) 人口規模はＩＭＦの World Economic Outlook Database に基づく２０１７年の数字。
(26) ２０１６年12月期の年次報告書及び同年９月13日付の時事通信による。
(27) ２０１７年12月期の年次報告書。
(28) ベトナムの国有企業改革についてはトラン（２０１０）参照。
(29) ２０１６年５月26日付の Tuoi Tre。
(30) ２０１６年10月31日付のＮＮＡ。
(31) Saigon Securities (2017).
(32) ２０１７年７～９月期の実績。
(33) ベトジェットの年次報告書各年版などに基づく。

(34) Viet Capital Securities (2017).
(35) ２０１８年５月中旬時点。
(36) ２０１６年９月14日付の日経産業新聞などを参考にした。
(37) ２０１７年５月29日付の Bloomberg。
(38) ２０１７年８月１日付の日本経済新聞。
(39) ２０１７年８月11日付の時事通信。
(40) ２０１７年９月末時点。
(41) 脚注（31）と同じ。
(42) ２０１７年12月期の年次報告書。２０１６年までは９月が決算期だった。
(43) 同社ＨＰ。http://www2.urc.com.ph/about-us　２０１８年４月５日アクセス。
(44) これらの市場シェアは２０１７年12月期の決算用資料から抜粋（シェアはＡＣニールセンが調査） http://www2.urc.com.ph/uploads/downloads/2018/05/34c404b7fb26390bb87f38f6eb7a4412.pdf
(45) ２０１６年９月期の年次報告書。
(46) シェアの出所は脚注（44）と同じ。
(47) ２０１６年９月期の年次報告書。
(48) ２０１５年１月30日付の日本経済新聞。
(49) ２０１６年８月17日付の日本経済新聞。
(50) ２０１６年９月期の年次報告書。
(51) 以下、店舗数は原則２０１７年末時点のもの。
(52) 鎌田（２０１１）を参考にした。
(53) ２０１２年12月３日付の日本経済新聞。
(54) スマッシュバーガーの店舗数は、ＪＦＣの海外店舗数（９２２）の中に含まれていない。

（55） Credit Suisse（2016）.

第6章

越境するＡＳＥＡＮ企業
――日本企業との連携も拡大

本章ではまず、ASEAN企業の国際化動向をセクター別に見る。具体的には、前章までに登場しなかった企業を中心に、①外食、②医療サービス、③スタートアップ——の3つを取り上げる。これら以外にも航空、金融、電力、不動産などサービス産業を中心にASEAN企業の越境経営は加速しているが、紙幅の関係から3つに絞る。続いて多国籍化が進むASEAN企業と日本企業の関係を、両者間の新たな協業の形から考える。更にASEAN経済の文脈でASEAN企業の多国籍化が持つ意味を考察し、最後にASEAN企業が海外事業を拡大する中で直面している課題に言及する。

1　外食、医療、スタートアップ分野のASEAN多国籍企業

(1)　外食産業

シンガポール

ヤクン・カヤトースト

外食分野では第2章でシンガポールのブレッドトーク、第5章でフィリピンのジョリビー・フーズ・コーポレーションについて詳述したが、他にも海外事業に意欲的なASEAN企業は多い。シンガポー

ル企業ではココナツジャムをはさんだ地元名物のトースト店、ヤクン・カヤトーストがアジア９カ国・地域に約50店を展開し、国内店舗数（60店）に並びつつある。[1] 海外店舗の国別内訳は、インドネシアが26店と最も多く、以下、ミャンマー7店、中国6店、タイ3店、カンボジア・フィリピン各2店などである。ヤクン・カヤトーストの創業は１９４４年と古いが、海外事業を始めたのは２００１年からだ。軍事政権から民主政権に移行し、経済の改革・開放が進むミャンマーへは２０１３年に進出し、最大都市ヤンゴンに6店、第2の都市マンダレーに1店を既にオープンした。前者のうち１店は国際空港ターミナルビルにあり、多くの搭乗客に利用されている。

TWGティー

シンガポールの高級紅茶店、ＴＷＧティーは海外21カ国・地域に64店を既に展開している。[2] これは国内店舗数の約5倍の規模である。海外店舗の7割超に当たる48店はアジアで、中国（7店）、日本、台湾、香港、フィリピン、マレーシア（いずれも5店）などにある。日本では東京に4店（目黒区自由が丘、千代田区丸の内、世田谷区玉川、中央区銀座）、横浜に1店（西区みなとみらい）を持つ。アジア以外では米国（6店）、アラブ首長国連邦（4店）などに展開している。２００８年創業のＴＷＧティーはインドやスリランカ、中国などで生産される茶葉を元にオリジナルブレンドを数多く開発、加工している。

ジャンボ・グループ

レストラン大手、ジャンボ・グループも海外事業に意欲的だ。１９８７年創業の同社は、カニを甘辛ソースにからめた名物料理「チリクラブ」を看板メニューとする海鮮レストラン「ジャンボ・シーフード」など5ブランドの飲食店を国内15カ所で営業している。(3) 海外は２０１３年に中国・上海に1号店を出店。以後上海に2店を追加し、２０１７年7月には北京に進出、中国で計4店舗とした。更に２０１７年にはベトナム・ホーチミン、台湾・台北にも出店した。中国では今後、上海、北京の店舗を増やすほか、広東省深圳、陝西省四安への進出も予定している。また、台湾で10店舗まで増やし、インドネシアやタイにも進出する。(4) 同グループは２０１５年11月、シンガポール取引所（ＳＧＸ）の新興市場カタリストに株式を上場した。２０１７年９月期の売上高は前の期比６％増の１億４５００万シンガポールドル（約１２０億円）で、その２割弱を中国で稼いだ。

マレーシア

オールドタウン

マレーシアでは大手カフェレストランチェーン、オールドタウンが挙げられる。(5) １９９９年創業の同社は、同国第3の都市イポーでインスタントコーヒーの販売からスタートし、国内に約２００店（２０１７年3月末、以下同）を持つまでに成長した。看板商品はクリームがたっぷり入った甘めの「ホワイ

図表 6-1　シークレット・レシピの店舗数の国内外内訳

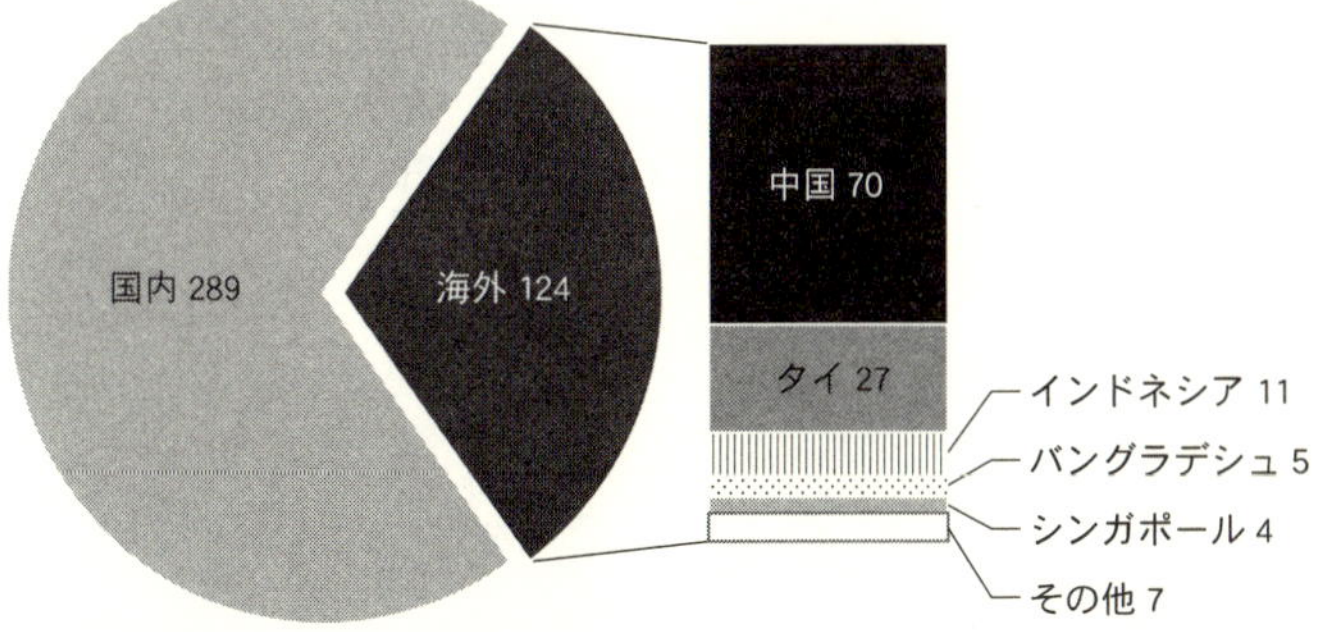

資料：同社ホームページ（https://www.secretrecipe.com.my/locations/）より作成。2018 年 4 月 20 日アクセス。

ト」コーヒー。海外は２００８年にシンガポール、２０１１年にインドネシア、中国などと相次いで進出した。海外店舗数はインドネシア25、シンガポール８、中国２、香港、豪州各１の合計37である。オールドタウンは２０１７年にミャンマーとカンボジアでもそれぞれ現地企業と出店契約を結んだ。２０１７年３月期は輸出も含む海外売上高比率が約40％であった。

シークレット・レシピ

レストラン経営大手のシークレット・レシピは海外８カ国に１２４店舗を展開している。[6] 国内店舗（２８９店）の半分近くに相当する規模だ（図表６-１）。国別では中国（70店）が最も多く、２００７年の進出以来、上海や浙江省寧波、江蘇省常州などに積極的に出店してきた。次に多いのがタイ（27店）で、インドネシア（11店）、バングラデシュ（5店）、シンガポール（4店）が続く。同社のレストランは、中華、マレー、タイ、ベトナム、西洋など多彩な料理を揃えるほか、ケーキやアイスクリームなど豊富なデザートメニューも売り物にしている。２０１４年に中国の複合企業、復星集団（上海市）がシークレット・レシピの第2位の株主になったと報じられている。(7)

タイ

ブラック・キャニオン、カフェ・アマゾン

最後にタイの外食企業である。まず、国内に約３４０店舗を持つ大手カフェチェーン「ブラック・キャニオン」は海外48店舗を展開している。(8) 国別内訳はマレーシア20、インドネシア12、カンボジア5、ラオスとミャンマー各4、フィリピン3だ。前出のシンガポール、マレーシアの外食企業では中国やインド、豪州など広範な地域へ進出するケースが見られたが、ブラック・キャニオンの場合はすべてASEAN域内である。１９９３年創業の同社が海外展開に本腰を入れたのは２０００年代以降になってからだ。

一方、国内に約１９００店を持つカフェチェーン最大手「カフェ・アマゾン」は海外に約１００店ある（２０１７年末）(9)。「カフェ・アマゾン」は国営タイ石油公社（ＰＴＴ）の一部門として２００２年から営業を始めた。ＰＴＴの狙いは、系列ガソリンスタンドにカフェを併設し、集客力、収益力を高めることにあった。実際、「カフェ・アマゾン」の国内店舗の8割は、ガソリンスタンド併設店である。国外では隣接するカンボジアとラオス、更にフィリピン、日本、ミャンマーへ進出。うちカンボジアが約

50店舗と最も多い。日本へは２０１６年、福島県川内村に1号店を開いた。今後マレーシア、シンガポール、中国、オマーンへの出店も目指す。２０２０年までに海外店舗を５００へ増やすのが目標だ。

ＢＡＲ・Ｂ・Ｑプラザ、Ｓ＆Ｐシンジケート

タイ企業ではこのほか、焼肉レストラン「ＢＡＲ・Ｂ・Ｑプラザ」を展開するフード・パッションがマレーシア、インドネシア、カンボジアに合計20店舗超を持つ。カンボジアでは２０１７年、地元企業とフランチャイズチェーン（ＦＣ）契約を結び、イオンが首都プノンペンで運営している大型ショッピングモール内に1号店をオープンした。更にベトナムやラオス、ミャンマーにも進出し、２０２０年までに海外店舗数を30まで増やす計画という。[10] また、レストランとベーカリーを経営するＳ＆Ｐシンジケートは英国、スイス、オーストリア、シンガポール、中国、カンボジアの6カ国で計23店舗のレストランを展開している。[11] 店舗数が最も多いのはシンガポール（13）、次が英国（6）である。Ｓ＆Ｐは今後の市場としてＡＳＥＡＮを重視しており、カンボジアで店舗を増やすほか、ラオスやミャンマー、ベトナムに進出することも検討している。[12]

(2) 医療サービス

シンガポール

ラッフルズ・メディカル・グループ

アジア諸国の所得上昇、健康志向の高まりや高齢化による需要増を背景に、医療サービスの分野で越境経営を推進するＡＳＥＡＮ企業も増えている。代表例は、第３章で取り上げたマレーシアのＩＨＨヘルスケアであろう。同社の前身企業の１つは、シンガポールの大手病院パークウェイ・ホールディングス（ＰＨ）であった。ＰＨはもともと海外展開に積極的な企業として知られていたが、シンガポールにはこのほかにも医療サービス分野で活躍する多国籍企業が少なくない。

ラッフルズ・メディカル・グループ（ＲＭＧ）はその１つだ。２０１５年に緊急医療を手掛けるインターナショナルＳＯＳを傘下に収め、同社が中国、ベトナム、カンボジアで運営していたクリニック10カ所を手に入れた。この結果、ＲＭＧの事業展開先は、地元シンガポールと進出済みの日本も含め、合計5カ国13都市へ広がった。(13) このうち中国では北京、上海、南京、大連など7都市にあるクリニックに加え、２０１８～１９年に上海と重慶に病院を新設する計画だ。ベッド数は前者が７００床、後者が４００床の予定。ＲＭＧは地元シンガポールで収益の大半を稼ぐ。だが、同国では高齢化の進展で需要増が見込まれる一方、医師や看護師の人件費上昇で収益環境も厳しくなっており、海外事業の強化が欠かせない。ＲＭＧは巨大な中国市場を重視しており、北京や深圳に病院を新設することも検討している。

フラトン・ヘルスケア、シンガポール・メディカル・グループ

同じシンガポール企業のフラトン・ヘルスケアは２０１１年創業の若い企業であるが、既にマレーシア、インドネシア、豪州、香港など海外6カ国・地域で約２３０の医療施設を運営している。２０１５年に香港の医療グループ、ＨＭＭＰの過半数の株式を取得、２０１７年に豪州の大手病院ヘルスコープが運営する総合診療所、２０１８年にフィリピンの管理型医療（マネジドケア）サービス大手のインテリア・グループを買収した。また、２０１７年には中国の保険大手、中国平安保険グループから8億元（約１４０億円）の出資を受け入れた。これを受け北京や上海など主要都市にクリニック１００カ所を新たに展開する計画だ。一方、シンガポール・メディカル・グループは２０１４年、インドネシアのジャカルタで合弁の眼科病院を開業。[14]２０１６年にシンガポール、マレーシア、タイで心臓病専門の医療施設を運営するため豪州企業と合弁会社を設立した。[15]２０１８年には不妊治療を手掛ける豪州のＣＦＣグローバル社の株式65％を、韓国の大手病院と共同で取得した。

Q＆Mデンタル・グループ

歯科医院最大手のQ＆Mデンタル・グループも海外に進出している。１９９６年にシンガポール中心部の住宅地に開業し、国内で60超の歯科クリニックを持つまでに成長した。歯科医２００人超が勤務し、年間60万人超の患者を受け入れている[16]。だが、国土が狭小なシンガポール頼みでは限界があるため海外展開を積極化しており、２０１４年に中国で大型歯科医院と歯科クリニックを経営する企業と、歯科医療用の器具・材料を製造する別の企業を買収した。翌２０１５年にマレーシア・ペナンで歯科クリニックを運営する地元企業３社を傘下に収め、２０１７年には香港の歯科医療サービス会社、ＣＪグループを買収すると発表した。同年末時点でＱ＆Ｍが中国とマレーシアに持つ歯科医療サービス拠点は15カ所を数える。中国の子会社が関連会社へ変わった影響から２０１７年12月期の売上高は前の期比２割減の１億２３５０万Ｓドル（約１０２億円）。うち海外比率は12％であった[17]。

マレーシア

コロンビア・アジアなど

マレーシアではＩＨＨヘルスケア以外にも、コロンビア・アジアがマレーシア（12）のほか、インド（12）、インドネシア（３）、ベトナム（３）で合計30の病院を展開している[18]。創業翌年の１９９７年にマレーシア・サラワク州（ボルネオ島）に最初の病院を開き、以後、国内外で経営網を拡張してきた。その戦略は住宅地を中心にベッド数１００～２００程度の中規模の低層病院を展開し、中間層の医療需要を取り込むというものだ。外来と簡単な入院治療を行い、ＩＴ（情報技術）を活用し効率的な経営を行っている。コロンビア・アジア・グループには日本の三井物産が出資している（本章２(1)参照）。このほかマレーシアではジョホール州政府系の大手病院、ＫＰＪヘルスケアが国内25軒に加え、インドネシアで2軒、バングラデシュとタイでそれぞれ１軒の病院を運営している（２０１７年9月末）。

タイ

バンコク・ドゥシット・メディカル・サービス

タイの有力病院の間では、隣接するＣＬＭへ進出するケースが目立つ。最大手バンコク・ドゥシット・メディカル・サービス（ＢＤＭＳ）は２０１４年、カンボジアの首都プノンペンに新病院「ロイヤル・プノンペン・ホスピタル（ＲＰＨ）」を開いた。8階建て、ベッド数１００床で、約４５００万ドルを投じて建設した。(19) ＲＰＨは最新鋭のコンピューター断層撮影装置（ＣＴ）などを揃え、屋上は緊急患者用のヘリコプターの発着が可能。タイ人など外国人医師も常勤する。心臓外科や神経外科に注力し、がんの治療・研究も行う。経済発展に伴い増加中の地元富裕層をターゲットにしている。患者はプノンペンに加え、北部シエムレアプにあるグループ病院からも受け入れる。高度な治療が必要と判断した場合はバンコクの病院に送り込む。(20)

一方、ＢＤＭＳは２０１７年、ミャンマーの最大都市ヤンゴンに医療研究所を開いた。シンガポール子会社Ｎヘルスアジアが60％、残りを地元企業2社が出資し、合弁会社「Ｎヘルス・ミャンマー」を設立、病院向けの支援サービスとして結核、デング熱、アレルギーなどの検査などを行っている。ミャンマーはタイに比べ検査機関の整備が遅れているとされる。BDMSは地元タイで蓄積した技術・ノウハウを売り物に顧客を開拓する。既に2014年にはカンボジアにNヘルスケアの全額出資子会社を設立し、サービスを始めている。今後インドネシアやフィリピンにも進出する計画と伝えられる。[21]

1972年設立のBDMSは、中核の「バンコク・ホスピタル」など計6ブランド、45の病院（うち44はタイ国内）を運営している。[22] マレーシアのIHH、シンガポールのRMGなどとともにASEAN有数の病院経営会社とされ、時価総額は同業界で世界5位、売上高純利益率は同1位。[23] BDMSは海外から患者を受け入れる医療ツーリズムにも注力し、2017年は売上高の約3割を外国人患者から得ている。国別では日本（売上高に占める割合は2・3％）、ミャンマー（1・7％）、アラブ首長国連邦（UAE、1・6％）、英国（1・6％）、米国（1・5％）の順に多い。2018年に北部チェンライに中国南部やミャンマー、ラオスからの患者も想定した新病院を開く予定など、国境地帯での経営も強化している。

バムルンラードなど

大手病院のバムルンラードは2014年にモンゴルの首都ウランバートルで地元病院を買収、2016年からはミャンマー・ヤンゴンでクリニックを運営している。タイ国内では2017年に約64万人の外国人患者を受け入れた。売上高の6割超が外国人からで、医療ツーリズムが収益の柱である（図表6-2）。外国人患者はミャンマー、UAE、オマーンの3カ国が多い。バムルンラードでは外国人患者の

図表6-2　バムルンラードの外国人患者比率

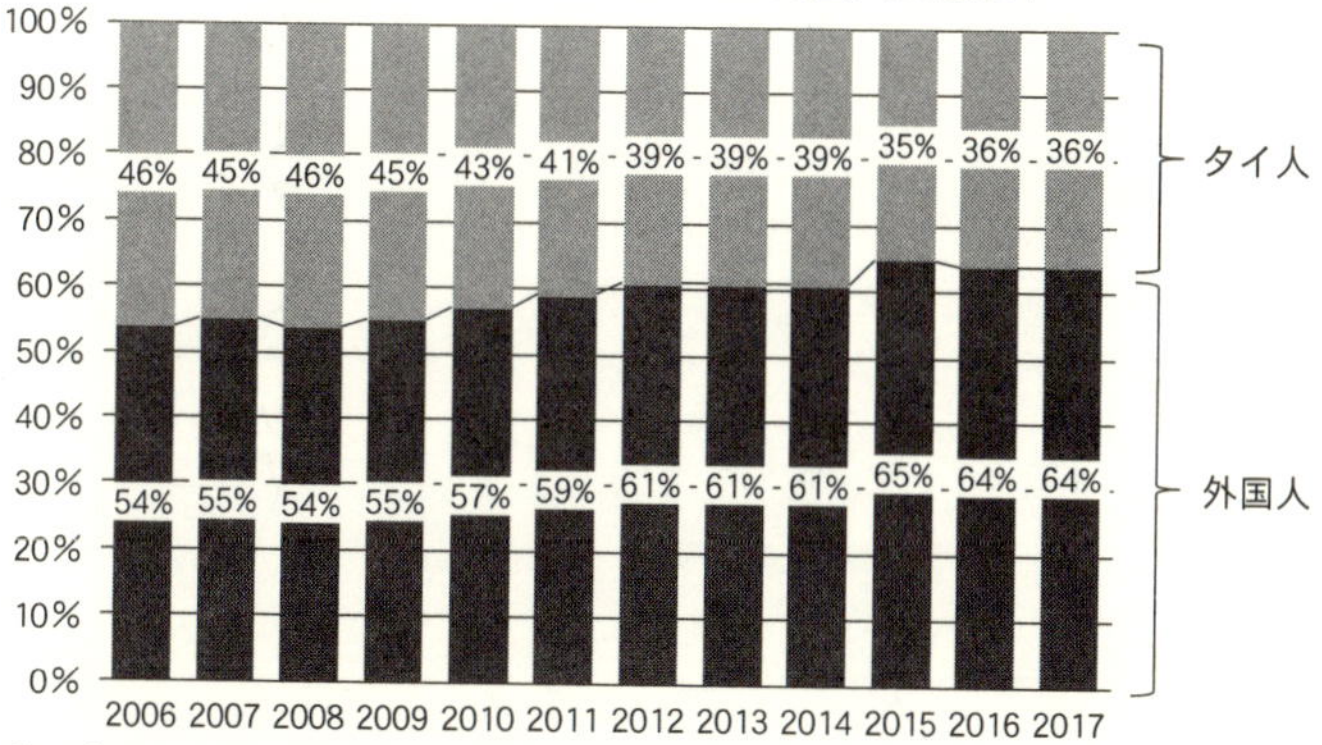

注：収入ベース。
資料：年次報告書各年度版より作成。

受け入れ窓口となる海外連絡事務所を23カ国・41カ所に設置している。このほか、バンコク・チェーン・ホスピタルは２０１９年にもラオスの首都ビエンチャンに初の海外病院となるベッド数１００の「カセムラート国際病院」を開く計画である。また、トンブリ・ヘルスケア・グループも進出済みの中国の山東省威海に加え、２０１８年はミャンマーに新病院（２００床規模）を開くとしている。[24]

米調査会社フロスト&サリバンが２０１４年にまとめた「アジア太平洋地域の医療サービス提供事業者50社ランキング」[25]には、上位10社にマレーシアのＩＨＨヘルスケア（１位）とＫＰＪヘルスケア（４位）、タイのＢＤＭＳ（２位）とバムルンラード（５位）、シンガポールのＲＭＧ（６位）とＡＳＥＡＮ企業５社がランクインしており、高い競争力を持つ医療サービス会社がＡＳＥＡＮに多いことをうかがわせた。今後、拡大するアジアの医療需要を背景にしてＡＳＥＡＮ関連企業の多国籍化に一段と弾みが付く公算が大きい。とりわけ多民族・多宗教・多文化社会の母国で養われた経営ノウハウを有し、海外人脈も豊富なシンガポールとマレーシアの企業の国際展開力は高く、業界の国際化を今後も牽引すると思われる。

(3)　スタートアップ

グラブ

ＡＳＥＡＮではスタートアップ企業も台頭し、ボーダレス経営を展開している。代表例が配車サービス最大手のグラブ（シンガポール）だ。ＡＳＥＡＮ各国を度々訪れる著者にとって、この地域の変化を強く感じさせるのがグラブのサービスである。数年前まで流しのタクシーを拾っていたが、今では皆無に近く、専らグラブのお世話になっている。スマートフォン（スマホ）アプリを使えば、どこからでも簡単に呼べるし、料金体系も明朗で、使い勝手がよい。ＡＳＥＡＮの大都市ではイメージカラーの緑にグラブのロゴが入ったステッカーを貼ったタクシーや一般車が増えている。そのサービスが急速に浸透していることが分かる。

グラブを起業したのは、マレーシア出身のアンソニー・タン最高経営責任者（ＣＥＯ）とタン・フイリン最高執行責任者（ＣＯＯ）。米ハーバード大留学時代に知り合った２人は、２０１２年に母国でグラブを立ち上げた。タクシーがつかまりにくかったり、運転手がメーターを使わず不当な料金を要求したりするなど、マレーシアのタクシー事情が不評を買っていたことが動機であった。グラブはその後、

ＡＳＥＡＮ諸国へ営業網を広げ、既にシンガポールを拠点にフィリピン、タイ、インドネシア、ミャンマーなど計８カ国・約２１７都市[26]でタクシーや自家用車、オートバイの配車サービスを行っている。

創業から5年余り経った２０１７年11月、グラブの利用件数は累計10億件に乗せ、翌２０１８年7月には20億件も突破、成長速度が加速している。同社は既にＡＳＥＡＮ域内でタクシー会社以外の企業が提供する配車サービスの95%のシェアを握る。[27]登録ドライバーは約１００万人（２０１８年7月現在）に上る。グラブはＡＳＥＡＮスタートアップ企業の雄であり、米調査会社ＣＢインサイツによると企業評価額は60億ドルとＡＳＥＡＮに数社しかない「ユニコーン」（評価額10億ドル以上の未上場企業）の中で最大規模だ。[28]２０１８年3月、グラブは米ウーバーテクノロジーズのＡＳＥＡＮ事業を買い取ると発表した。その成長力には日本企業も着目しており、ソフトバンク・グループやトヨタ自動車、ホンダが出資している。

グラブは２０２２年までに完全自動運転車による無人タクシーの実用化を目指す。[29]先駆的な試みを積極的に取り入れ、業界首位の座を強化する考えだ。電子決済サービス「グラブペイ」にも注力し、クレジットカードの普及率が低いＡＳＥＡＮで顧客を囲い込む。既にシンガポールやインドネシアで「グラブペイ」を展開しているが、他国でも順次スタートし、ＡＳＥＡＮ最大の電子決済サービスに育てるのが目標だ。[30]

ゴジェック

配車サービスではインドネシアのゴジェックも注目される。同国の代表的スタートアップ企業である同社は、スマホアプリを通じ中核サービスのバイク・四輪車タクシーの手配に加え、食料品の購入、料理の出前、家の掃除、車の修理、荷物の集配、映画チケットの予約、マッサージ師・美容アシスタントの派遣など多彩なサービスを提供している。２０１５年１月にアプリ配信を始めて以来、そのサービスは急速に普及し、登録ドライバーは既に90万人超に達し、月間取扱件数は１億件を超えた[31]。同国で圧倒的な存在感を誇るゴジェックには中国のＩＴ大手、騰訊（テンセント）や電子商取引（ＥＣ）大手、京東（ＪＤドットコム）が出資している。ゴジェックは２０１８年５月、シンガポール、ベトナム、タイ、フィリピンの４カ国に進出する方針を明らかにした。まず配車から始め、インドネシア国内で手掛けている宅配サービスなどにも広げていく。海外展開で先行するグラブとの競争が激しくなる見通しである。

ＡＳＥＡＮのデジタルエコノミー、２０００億ドル規模へ

シンガポールの政府系投資会社テマセク・ホールディングスと米グーグルは２０１７年12月に共同で発表した報告書で、２０２５年のＡＳＥＡＮ域内のデジタル経済規模が２０００億ドル超と２０１７年の４倍に拡大するとの予想を示した（図表6-3）。内訳は、Ｅコマース約８８１億ドル（２０１７年比８倍）、オンライン旅行サービス約７６６億ドル（同３倍）、配車サービス約２０１億ドル（同４倍）、

図表 6-3　東南アジアのデジタル経済規模の予測

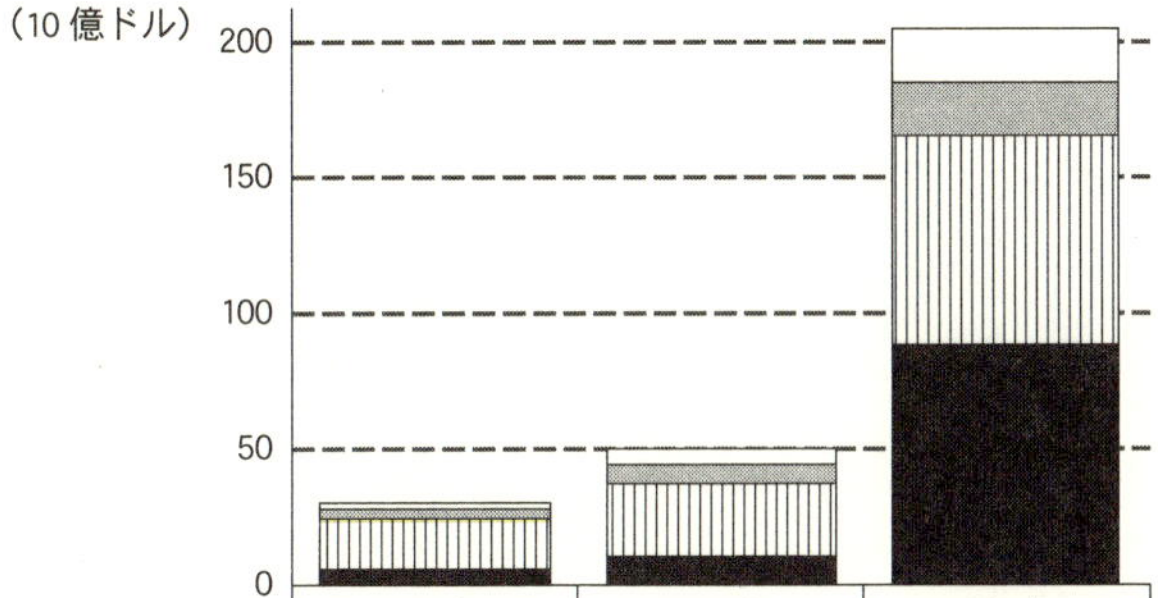

	2015 年	2017 年	2025 年
□配車サービス	2.5	5.1	20.1
▩オンラインメディア	3.7	6.9	19.5
◫オンライン旅行サービス	19.1	26.6	76.6
■E コマース	5.5	10.9	88.1

資料：Google and Temasek Holdings (2017), “e-Conomy SEA Spotlight 2017”.

広告やゲームなどオンラインメディア約１９５億ドル（同３倍）の順に大きい。デジタル経済の規模は２０１７年の対ＡＳＥＡＮ・ＧＤＰ比２％から２０２５年は同６％まで拡大するとしている。

　同報告書は「未曾有の速度でインターネット経済が成長」しているＡＳＥＡＮに世界の投資家が関心を寄せる中、Ｅコマースなど域内ネット関連企業が２０１６～１７年（９月末まで）に調達した資金は１２０億ドル超と２０１５年の年間10億ドルから急増しており、次の成長ステージに向けた資金の手当てが着々と進められていると指摘している。これらの資金調達の大半は、前出のグラブ、ゴジェックのほか、インドネシアの旅行予約サイトのトラベロカ、Ｅコマース大手のトコペディア、東南アジアのネット通販最大手のラザダ[32]など、ＡＳＥＡＮ域内の有力スタートアップ企業によって行われているとしている。

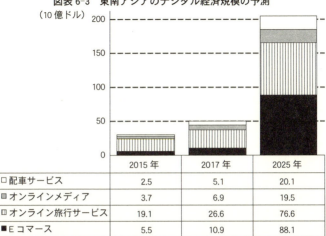

「生まれながらにグローバル」な企業群

ASEAN and UNCTAD（2016）はＡＳＥＡＮ域内で増えているスタートアップ企業を「生まれながらにグローバル（born global）」な企業と表現し、ＩＴ技術の進展などでコスト・時間をかけずに海外に展開できる環境を活用し、創業時から積極的に越境経営を進めていると分析している。岩崎（２０１６）は、ＡＳＥＡＮスタートアップ企業は中心国のシンガポールに加え、マレーシアやインドネシア、ベトナムでも最近は増えており、業種も「オンライン・ゲーム、Ｅコマース、Ｃ２Ｃ（個人間）マーケットプレイス、決済サービス、配車サービスなど多岐にわたる」と指摘している。スタートアップ企業の成長がＡＳＥＡＮ域内のより多くの国・業種に広がる中、「生まれながらにグローバル」な事業展開例は更に増えていくと思われる。

本章はここまで外食、医療、スタートアップの順で、多国籍化を進めるＡＳＥＡＮ企業の動きを見てきた。これら以外にも国際化の進展が著しいセクターは多い。例えば、第2-4章に登場したシングテル（シンガポール）、アシアタ（マレーシア）、ベトテル（ベトナム）の〝三羽ガラス〟が躍動する携帯通信業界、第3、5章でそれぞれ詳述したエアアジア（マレーシア）とベトジェットエア（ベトナム）に象徴される格安航空（ＬＣＣ）業界などが該当する。後者についてはマレーシア、タイに合弁会社を設置し海外路線を拡充しているライオンエア（インドネシア）などの存在も見逃せない。また、ASEAN and UNCTAD（2015）が指摘するように電力や空港、港湾などインフラ分野でもＡＳＥＡＮ企業の越境展開は加速している。同分野ではシンガポールのＰＳＡインターナショナル（第２章）やマレーシアのYTLやテナガ・ナショナル（第3章）などを既に紹介したが、フィリピンやラオスに進出しているタイの電力会社、エレクトリシティ・ジェネレーティング（EGCO）などにも注目したい。

2　日本企業にとってのASEAN多国籍企業
――広域的な連携パートナーに

アジアの多国籍企業と言えば、日本や韓国、あるいは中国の企業を連想しがちだが、ここまで見てきた様々な統計や事例が示すように、ASEAN企業もまた、多国籍化の動きを近年強め、国際的な存在感を高めている。このように躍動するASEAN多国籍企業は日本企業にとって手強いライバルになる半面、頼もしいパートナーにもなり得る。日本企業にはない海外ネットワークや高い商品力をASEAN企業が持つことが増えているからだ。

日本とASEAN企業の連携といえば、従来はASEAN企業が本社を置く国、例えばマレーシアやタイといった1つの国の中で手を組むというローカルな色彩が濃かった。この「ローカル提携」において日本企業が期待したのは、ASEAN企業が持つ地元での人脈やノウハウであった。こうした従来型の関係が今後も続くのは間違いないが、その一方でASEANやアジア全域、あるいは世界全体も視野に入れ、ASEAN企業との広域連携に動く日本企業の動きもこのところ目立ってきた[33]（図表6-4）。

図表6-4　日本企業とASEAN企業の連携、新たなステージへ

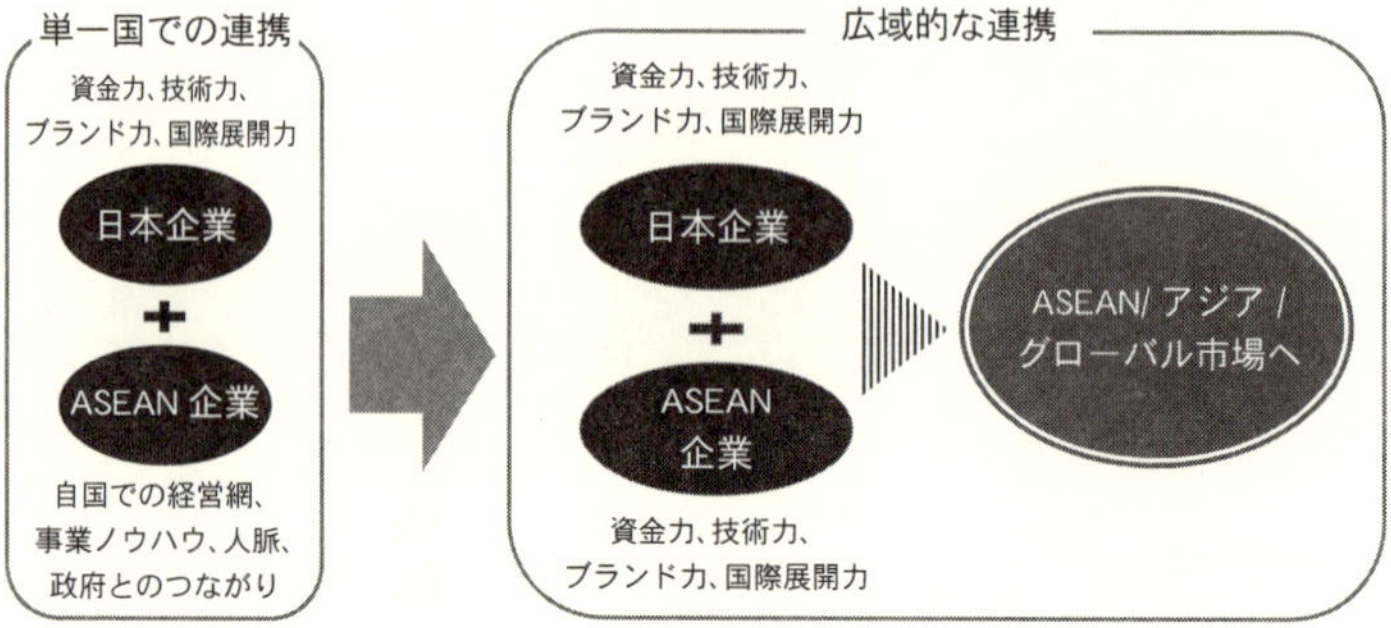

資料：著者作成。

(1)　ASEAN多国籍企業と組む総合商社

その代表格は総合商社である。三井物産は２０１１年にシンガポールやインドなどに展開しているマレーシアの病院経営大手、ＩＨＨヘルスケアの株式約３割を取得し、２０１６年にはインド、マレーシア、ベトナム、インドネシアの４カ国で病院を運営するコロンビア・アジア・グループにも出資した（第３章及び本章１(2)参照）。両社が持つ充実した海外ネットワークに着目したもので、ＩＨＨが富裕層向け、コロンビアは中間層向けの病院を経営していることから補完関係が築けると判断した。三井物産はまた、２０１５～２０１６年に透析クリニックを運営するダビータ・ケア（シンガポール）に出資するとともに、アジア太平洋州で医薬品情報の提供サービスを行うＭＩＭＳグループ（同）にも資本参加している。ＡＳＥＡＮ企業との協業を通じてアジアを中心とする地域で医療ビジネスを強化しようとの姿勢を鮮明にしている。

また、伊藤忠商事は２０１４年、タイ最大の財閥チャロン・ポ

カパン（ＣＰ）グループと資本・業務提携に踏み切った。ＣＰが伊藤忠の事実上の筆頭株主となる一方、伊藤忠はＣＰの有力子会社ＣＰフーズに出資し、持ち分法適用会社とした。中国市場に強いＣＰとの関係を強化し、中国を中心にアジア全域で競争力を高める狙いがある（第4章参照）。伊藤忠は２０１８年にはインドネシアの大手財閥リッポー・グループ傘下でシンガポールにある病院運営会社ＯＵＥリッポーヘルスケア（ＯＵＥＬＨ）の株式25％も取得した（第5章参照）。今後、同グループのネットワークも活用し、中国やミャンマー、ベトナムなどで事業を拡大する方針だ。伊藤忠は「日本での医療・健康関連ビジネスの経験を活用し、ＯＵＥＬＨが経営する病院などの医療・健康関連施設で日本の医療界との連携や病院運営・管理手法の導入[34]」を行うとしている。

一方、三菱商事は２０１５年、シンガポールの大手農産物商社オラム・インターナショナルの株式20％を取得した（第2章参照）。コーヒー豆やカカオなど多彩な品目を世界規模で取り扱うオラムと資本・業務提携し、アジア、アフリカを中心に食料・食品事業を拡大する。三菱商事はまた、２０１４年にタイの飲料大手イチタン・グループとインドネシアに飲料の製造販売会社を設立した。三菱商事と現地の流通最大手アルファグループの合弁会社がイチタンと折半出資で設立したものである。２０１０年創業のイチタンはタイ人が好む甘い味付けの緑茶などで業界最大手へ急成長した。その商品力に着目した三菱商事がイチタン初の海外進出となるインドネシア事業で協力し、同社の多国籍化を後押しする。

(2) シンガポール多国籍企業の展開力に着目

国際化を推進するＡＳＥＡＮ企業のフロントランナーと言えるシンガポール企業の海外展開力に着目する日本企業は多い。前述の三菱商事がオラム・インターナショナルに出資したのはその一例であるが、他にも航空貨物大手の近鉄エクスプレスが２０１５年に物流会社ＡＰＬロジスティクス（ＡＰＬＬ）を約１４００億円で買収したケースがある。近鉄エクスが売上高の多くを日本とアジアで稼ぐのに対し、ＡＰＬＬは北米・南米など60カ国で倉庫や輸送車両の営業網を展開、ゼネラル・モーターズ（ＧＭ）など米企業との取引に強いため、近鉄エクスとの間で補完関係が築けると判断した。また、千代田化工建設が２０１５年に海底工事会社イマスＡＭＣの株式50％を取得したのも、シンガポール企業の海外展開力を狙ったものと言える。イマスは海底油井から海上の積み出し設備までのパイプ据え付け工事に強く、メキシコ湾などで受注を獲得している。千代田化工はイマスへ出資することで海洋プラント事業への本格進出を目指している。[35]

シンガポール企業と第3国で協力関係を結ぶケースも目立つ。インド南部チェンナイでは、みずほ銀行や日揮が政府系不動産開発会社アセンダスと共同で工業団地・タウンシップを開発。アセンダスは豪州や中国、インドネシア、韓国などで工業団地や住宅・オフィスビルの開発を手掛けており、海外不動産事業で豊富な経験、ノウハウを持つ。また、西日本鉄道は政府系複合企業セムコープ・インダストリーズのベトナム合弁会社「ベトナム・シンガポール・インダストリアル・パーク・アンド・タウンシップ（ＶＳＩＰ　ＪＳＣ）」と協力し、北部ハイフォンで住宅開発に乗り出す。ＶＳＩＰ　ＪＳＣが開発する工場団地の一角で進めるもので、２０１９年に一戸建てや集合住宅を計５００戸以上完成させる計画だ。セムコープは中国やベトナム、インドネシアで工業団地や住宅開発なども積極的に展開している企業である。

(3)　マレーシア企業と組んでハラルビジネス

マレーシア企業の海外展開力にも日本企業は着目している。前述の三井物産がＩＨＨヘルスケアに出資した事例のほかにも、三菱商事や損保ジャパン日本興亜ホールディングスがＡＳＥＡＮ域内に広範なネットワークを持つ大手銀行ＣＩＭＢグループと協力関係を持っている（第3章参照）。

マレーシア企業との関係では、イスラム市場開拓を視野に入れるケースも多い。例えば、長谷川香料は２０１４年、地元香料メーカーのペレスコルを子会社とし、ＡＳＥＡＮ域内で初の生産拠点を設けた。イスラム教の戒律「ハラル」に対応した製品を製造、販売する同社を傘下に収め、マレーシアと同様にイスラム教徒が多いインドネシア市場の開拓などに役立てる[36]。また、うどん店「丸亀製麺」を展開するトリドールは２０１６年、マレーシアで人気のヌードルショップ「ボートヌードル」を運営するウタラ・ファイブ・フード・アンド・ビバレッジの株式40%を取得した。２０１９年3月期までに出資比率を60%まで高める予定だ[37]。同店はイスラム教徒向けに豚肉を使わないスープの麺を低価格で提供している。現在は国内中心だが、将来はインドネシアやアラブ首長国連邦（ＵＡＥ）に出店する計画という。

一方、ダイドードリンコは２０１５年、マレーシアの食品大手マミー・ダブルデッカーの飲料事業の製造会社と販売会社の株式をそれぞれ49％、51％取得した。ダイドーは自動販売機の運営や製品開発のノウハウを提供するなどマミーの飲料事業を強化する。「ハラル」認証の取得基準が厳しいマレーシアで経験・ノウハウを蓄積し、イスラム教徒が多いＡＳＥＡＮ域内や中東での販売拡大を目指す。また、日本ハムはマレーシアの養鶏大手レイ・ホンと合弁会社を設立、首都クアラルンプール近郊で２０１８年からハラル製品の生産を始め、地元マレーシアでの販売に加え、シンガポール、日本、中東諸国に輸出する計画である。

3　ＡＳＥＡＮ経済にとっての意味

(1)　自国経済を押し上げる可能性

ＡＳＥＡＮ経済と「中所得国の罠」

本書がＡＳＥＡＮ企業の多国籍化に着目するのは、ＡＳＥＡＮ経済にとって重要な意味を持つとみられるからでもある。ＡＳＥＡＮを含むアジア諸国の多くは中所得国であり、経済が伸び悩み、高所得国

図表6-5　アジア諸国の所得水準（2016年）

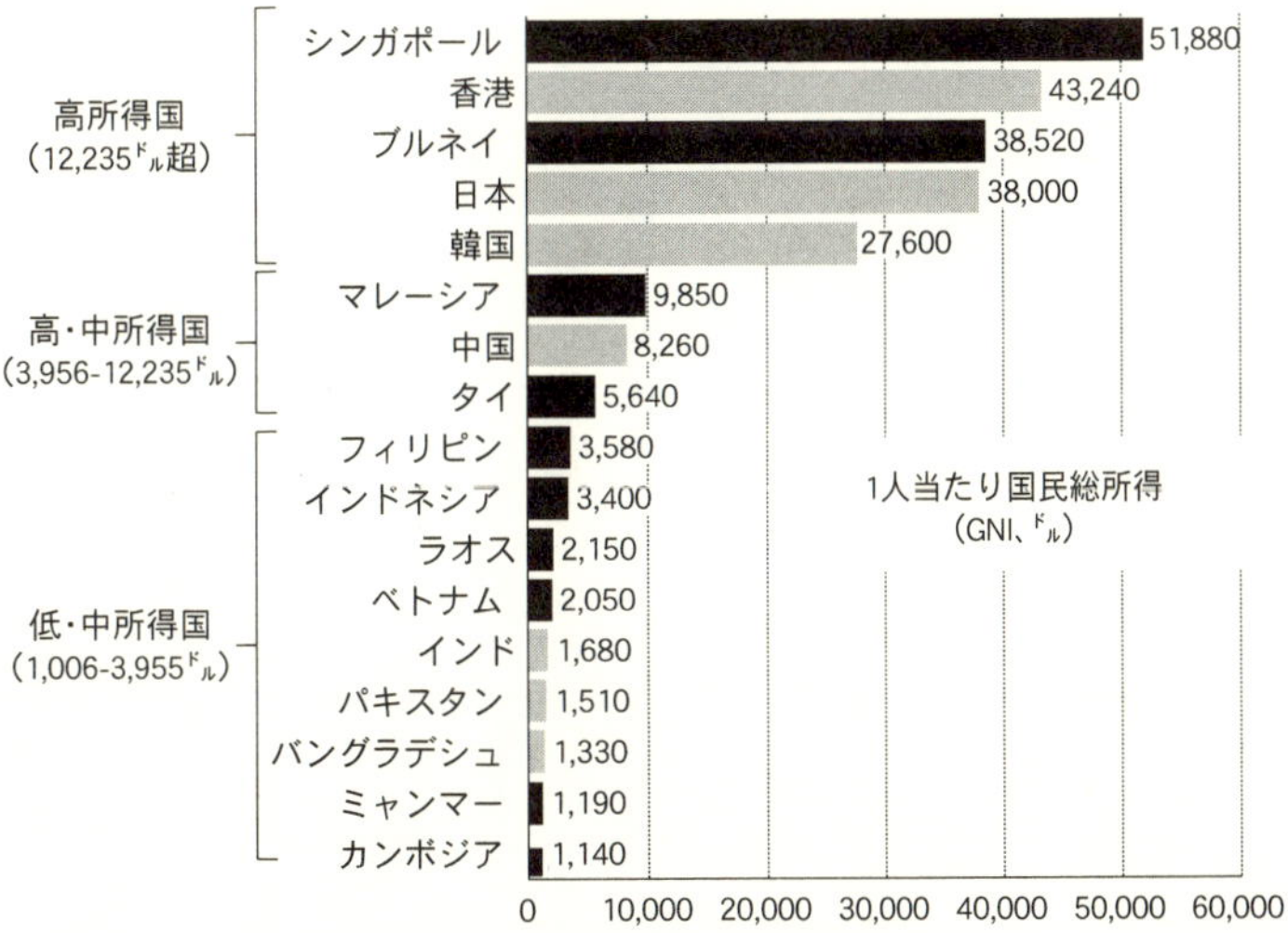

注：ミャンマー、ブルネイは2015年。濃色はASEAN諸国。
資料：世界銀行　World Development Indicators。ミャンマー、ブルネイは2015年。

への移行に手間取る「中所得国の罠」に陥るリスクが懸念されている。こうした状況を打破するためにも地元企業の海外展開は大事になると考えられる。成長力に富む国々で収益機会をうまく取り込めば、海外投資収益が拡大し、それが自国の国民総所得（GNI）を押し上げ、「罠」の回避・脱却に寄与する可能性があるからだ。これがASEAN経済にとっての第1の意味である。

1人当たりGNIに基づく世界銀行の分類によると、新興アジアの担い手である中国、インド、ASEAN5[38]の発展段階は、マレーシア、中国、タイが高位中所得国、インドネシア、フィリピン、ベトナム、インドが低位中所得国だ（図表6-5）。中所得国の範囲は、下は1000ドル台から上は1万ドル台まで幅広いものの、国際的によく参照されるこの分類によれば、新興アジアの主要国はすべて中所得国ということになる。そして、これらの国々の経済の先行きを巡り、近年活発化しているのが「中所得国の罠」を巡る議論である。

この問題を最初に提起したのはGill and Kharas (2007) であった。アジア通貨危機発生から10年目の節目に世界銀行が刊行した同報告書は、中国、インドネシア、マレーシア、フィリピン、タイの5カ国を主な分析対象とし、これらの国々が「罠」を回避することの重要性を訴えた。その後ADB (2011) やIMF (2013)、OECD (2014) など国際機関の報告書も相次いで「罠」を取り上げた。

「中所得国の罠」に明確な定義はないが、中所得国レベルで停滞のリスクに直面し、高所得国入りを果たすのに難渋する現象（IMF 2013）と言われる。「罠」が実在するか否かについては国際機関や研究者が様々な分析を行っているが、実際に中所得国レベルで伸び悩む国が多いとの指摘が目立つ。例えば、World Bank and DRC (2013) では1960年時点で101カ国あった中所得国のうち、2008年までに高所得国へ到達したのは13カ国・地域[39]に過ぎないとしている。

「罠」の存在には懐疑的な見方もある[40]。だが、当事者の新興アジア諸国がこの問題を今後の発展戦略を考える上で示唆に富むと受け止めている。例えばマレーシアでは自国経済が「罠」に陥ったとの認識を示し、従来の政策の多くは次の段階に経済を引き上げるには不適切で、やり方を変える必要があるとしている[41]。1人当たり所得が1万ドルを超え、アジア新興国ではトップ級に位置する同国であるが、政府は自国の発展レベルが韓国や台湾などアジアＮＩＥｓより劣っていることが不満なのである。

「罠」の回避・克服に寄与も

こうしたなかマレーシアは2000年代半ばから10年間をかけた政府系企業（GLC）改革の一環として海外事業の推進を重視し、「我が国のGNIを押し上げるため、（ASEAN）地域のチャンピオンになる[42]」ことをGLCに求めた。同国は2016～20年を対象とする経済5カ年計画でも2020年を達成期限とする高所得国入りに向け、医療などサービス産業の高度化、ハラル関連産業の振興などとともに自国企業の海外展開を推進する方針を示している。

一方、タイでも急速な少子高齢化等で低成長の恒常化という「ニューノーマル」が見込まれる中、地元企業にとって海外で商機を獲得するための対外FDI実行能力が一段と重要になってきた（Suthiwart-Narueput and Tansakun 2015）。このためタイ投資庁（BOI）は従来の対内FDIに加え対外FDIの促進も新たな重要政策と位置付け、地元企業の海外進出支援を強化する方針を掲げている（第3章参照）。地元企業が国際化を推進すれば、タイ経済が「中所得国の罠」から脱するのに役立つとの認識を強めたからに他ならない（Wongviwatchai 2013）。

地元企業の国際化を重視するのは、シンガポールのような高所得国も同じだ。日本よりも所得水準が高い同国では人口の少子高齢化が急ピッチで進む。成長率の鈍化を避けるためには生産性上昇の維持が不可欠であるが、豊かになった同国がそれを実現することは難しくなっている。この状況を打破する方策の1つとして高成長国への投資があり、そこから生じた所得はGNIに反映され税収に寄与する（DBS Group Research 2016）。海外での事業機会を取り込むには「革新的で国際競争力のある地場企業の存在が必要」（Yahya et al. 2016）であり、政府はその育成に更に注力すべきとの意見が多い。同国は1990年代から地元企業の国際化を推進してきたが、今後も手綱を緩めることはなさそうだ。

(2) ASEAN経済統合の推進役に

ASEAN企業の海外展開は、お膝元のASEANが主要な舞台であるため、ASEAN経済統合の新たな推進役になる可能性もある。これがASEAN経済にとっての第2の意味だ。

ASEANは1990年代前半から域内貿易の自由化を始めた。1992年の首脳会議で「ASEAN自由貿易地域（AFTA）」の開始で合意、翌1993年にその具体的スキームである「共通効果特恵関税（CEPT）」[43]制度を導入した。以降、ASEANは域内関税を段階的に削減し、2010年に先発6カ国（シンガポール、マレーシア、タイ、フィリピン、インドネシア、ブルネイ）が相互に撤廃、2018年には後発4カ国（ベトナム、カンボジア、ラオス、ミャンマー）も撤廃に踏み切った。[44]

こうした制度面からの経済統合が進められる一方、ASEANでは域内貿易が拡大し、実態面でも一体化が前進した。域内貿易品目を素材、中間財、最終財の3つに分けると、最も金額が多いのは中間財である。経済産業研究所の貿易データベース（RIETI-TID2016）によると、域内貿易額に占める中間財の比率は、1990年代初頭の約6割から90年代末に約7割へ上昇、その後も同様の水準を続けている。1990〜2015年の域内貿易の増加額に対する中間財の寄与率は約7割に達し、域内貿易の拡大を牽引してきた。

ＡＳＥＡＮ域内での中間財貿易の増加は、需要・供給双方の拡大を映す。ＡＳＥＡＮでは近年、自動車、電気・電子、食品など様々な分野で最終財の生産増強が相次ぎ、中間財の需要も増えている。このため域内では中間財メーカーも生産を強化、供給力を拡大している。このことは中国からの中間財輸入が急増する中でも、ＡＳＥＡＮにとってＡＳＥＡＮ自身が中間財の最大調達先であり続けていることからも分かる。生産ネットワークの拡大・深化を背景とするＡＳＥＡＮ経済の一体化は、域内で分業体制を構築してきた日本企業など非ＡＳＥＡＮ多国籍メーカーが推進役となった。こうした状況は、ＡＳＥＡＮ消費市場の拡大を背景とする域内生産活動の更なる拡大を通じて今後も続く公算が大きい。

一方、本書が注目するＡＳＥＡＮ企業の国際化、特に域内事業展開の加速は、金融や通信、流通などサービス業が中心であるが、域内のヒト、モノ、カネの流れを促進する効果が見込まれる。エアアジアなどＬＣＣ業界の成長でＡＳＥＡＮ域内では観光・ビジネスの双方で人の移動が既に活発化し、ＡＳＥＡＮ諸国間の〝距離〟は縮まっている。ベトテル（ベトナム）が携帯通信の国際ローミング料金を廃止したように通信企業の域内展開でサービスの使い勝手が向上すれば人の往来が増えるだろうし、小売業者がＡＳＥＡＮ域内の別の国へ進出することで本国からの商品供給が拡大することなども考えられる。

ＡＳＥＡＮは２０１５年末にＡＳＥＡＮ経済共同体（ＡＥＣ）創設をとりあえず宣言した。今後は次の節目となる２０２５年に向け更なる自由化や制度の統一・調和などが進められる見通しである。今なお数多く残存する外資規制の削減・撤廃などサービス貿易の自由化が進展すれば、サービス業を中心とするＡＳＥＡＮ企業の域内展開が更に加速し、経済統合の牽引役としての力を強めるであろう。

4　ＡＳＥＡＮ多国籍企業が直面する問題

ＡＳＥＡＮ企業は国際化の更なる進展に伴って様々な問題にも直面している。以下、①企業の社会的責任、②海外市場での苦境、③経営問題――の３つを取り上げる。

(1)　企業の社会的責任

第１章で述べたようにＡＳＥＡＮには農産物など１次産品関連で世界有数の規模を誇る企業が少なからずある。これらの企業は海外に大規模な農園（プランテーション）を展開するなどして経営の拡大を目指しているが、環境保全や人権保護といった観点から国際的に批判されるケースが増えている。

例えば、シンガポールのウィルマー・インターナショナルは２０１６年、国際人権団体アムネスティ・インターナショナルからインドネシアで労働搾取をしたと批判された。同国で運営するアブラヤシの農園や搾油所で働く労働者にノルマを課し、達成できない場合に最低賃金や時間外手当てを払わなかったというのが理由である。同じシンガポールに本社を置くオラム・インターナショナルは同年、アフリカのガボンで熱帯雨林を広範囲に伐採し、環境に悪影響を及ぼしたと米ＮＧＯから批判され事業の中断を迫られた[45]。また、マレーシアのサイム・ダービーは2009年にアフリカのリベリアで20万ha超の森林をアブラヤシ農園用として取得したが、森林破壊に対する国際的な規制強化の動きがあるため、その半分以上を農園にできない状態が続いている[46]。

一方、タイの有力財閥チャロン・ポカパン（CP）グループの中核企業CPフーズは2015年、鶏肉加工工場でミャンマー人やカンボジア人に強制労働を課したと欧州のNGOに告発され、事実無根の声明を発表した[47]。それに先立つ2014年には不法就労のミャンマー人などを乗せた漁船が獲った魚をエビ養殖場の餌などに使ったと批判され、人身売買に関わった疑いのある業者との取引を停止した[48]。世界最大のツナ缶メーカー、タイ・ユニオン・グループ（TUG）は2015年、国際環境NGOのグリーンピースからサプライチェーン上の労働者の人権侵害や強制労働のリスクを撲滅するため更なる措置を講じるよう求められ、翌2017年にすべての漁船が従うべき包括的な行動規範を策定することや、独立した第3者による監査を行うことなどでグリーンピース側と合意した（山田 2017）。

国連は2015年、「持続可能な開発目標（Sustainable Development Goals：SDGs）を採択し、人権や環境に配慮しながら経済発展を続けるための取り組みを国・企業に求めた。こうした状況の下で環境破壊、人権侵害、貧困層の搾取、社会的弱者への差別などに企業が関与することのリスクが高まっている。地球温暖化への対応や水資源の保護など「環境（Environment)」、地域社会への貢献や自社・取引先の労働環境改善など「社会（Social)」、法令順守や情報開示など「企業統治（Governance)」という、財務の数字に表れない企業価値に着目し、投資先を選ぶ動きも世界的に広がってきた。いわゆる

「ESG投資」と言われるもので、上場企業は投資をしてもらうためにESGに力を入れる必要が出てきた。企業の責任ある行動は日本企業もより意識するようになってきたが、事業規模が急速にグローバル化しているASEAN企業も応分の対応を迫られている。

(2) 海外市場で苦境に

ASEAN企業はもちろん、膨大な中国市場を重視している。それは日本や欧米など他国の企業と全く変わらぬことだ。本書に登場した企業では、シンガポールのキャピタランドやウィルマー・インターナショナル、タイのCPグループなどは中国事業が既に経営の屋台骨を支えている。シンガポールのラッフルズ・メディカル・グループやマレーシアのIHHヘルスケア、エアアジアのように現地に拠点を新増設し、中国事業を大きく育てようと目論むところも多い。

だが、中国で苦戦を強いられる例もまた多い。マレーシアの大手百貨店パークソン・ホールディングスは2017年6月までの2年間で8店舗を閉鎖、現地の店舗数を49へ減らした。小売業界の競争が激化しているうえ、インターネット通販の攻勢に押され環境が悪化、売上高の7割近くを占める中国事業の先行きには不透明感が漂う。百貨店ではタイのセントラル・グループも2010年に進出した中国から2015年までに全面撤退した（第4章参照）。フィリピンの有力財閥SMインベストメンツは中国に毎年1店のペースでショッピングモールを開いてきたが、今後はそれを断念する。[49] また、シンガポールの大手不動産キャピタランドは2018年1月、中国で運営する商業施設の約3割に当たる20施設を合計83億6500万元（約1450億円）で中国の同業、万科企業などに売却すると発表した。中小都市を中心に客足の鈍い施設を手放し、上海など大都市周辺の大型店舗に経営資源を集中させる。

外食企業も中国事業の見直しを迫られている。第2章で取り上げたシンガポールのブレッドトークは中国に最も多くの海外店舗を構えるが、2017年末の店舗数（361）はピーク時（2015年末）から65店減っている。同社はこのところASEAN域内での出店を積極化しているが、その背後には中国事業の伸び悩みという事情がある。第6章で登場したフィリピンのジョリビー・フーズ・コーポレーションは中国でチェーン展開していた中華ファストフードの「三品王」と鍋料理チェーンの「石二鍋」を2016～17年に売却した。双方とも2012年から運営していたが客足が鈍かった。同社は今後、海外市場では規模が大きく成長力のある事業に集中するという[50]。

中国以外で目算が狂った例もある。前出のパークソンは2010年に進出したベトナムでも苦戦、店舗数（2017年6月末）は7店とその2年前から2店減った。著者が2016年末、閉店直前のハノイ店で店員に尋ねたところ、「日本のイオンや韓国のロッテが進出するなど競争が激化する中、パークソンは飲食店や娯楽施設を併設せず集客力で見劣りした」と話していた。同じベトナムではタイのサイアム・セメント・グループが石油化学コンビナートの建設を計画中だが、土地収用の遅れ、合弁相手の撤退や資金不足などから進行が遅れていたため、単独事業に切り替えた（第4章参照）。また、シンガポールのラッフルズ・エデュケーションは認可外の教育プログラムを行っていたとの理由からベトナムでの事業認可を２０１２年に取り消された（第２章参照）。

(3) 経営体制などを巡る問題

国際化に直越関係するわけではないが、ＡＳＥＡＮ企業、特に創業一族が経営を牛耳る華人系企業でトップの継承など支配構造を巡る問題が注目されることは今も多い。例えば、カジノ経営を主力とし、シンガポールや米国、英国などへ事業を展開するマレーシアのゲンティン・グループにおける一族の争い。具体的には創業者、故リム・ゴートン氏の次男、コックテイ現会長兼ＣＥＯ氏と、長男の故ティケオン氏の子息との間で起きたゲンティン株の帰属などを巡る問題がある。ティケオン氏が２０１４年に病死したのを受け、もともと同氏の家族と不和だったとされるコックテイ氏が、ティケオン氏の家系にグループの継承権はないと主張したため、これに異を唱える子息との間で裁判沙汰になった。[51]

同じマレーシアでは電力や水道事業を手掛ける複合企業ＹＴＬコーポレーションの創業者ヨー・ティオンレイ氏が２０１７年10月に死去した。これを受け同氏の子息の間で今後の体制を巡る議論が行われたとされ、主導的な立場にある長男フランシス・ヨー社長が今後もそれを保持できるかが焦点と報じられている。[52] ＹＴＬはシンガポールや英国、日本などへ進出しているマレーシアの有力多国籍企業である。また、マレーシアの華人系大手銀行パブリック・バンクでは創業者のテー・ホンピョウ会長が２０１９年１月に会長から退く見通し。創業から半世紀以上トップに君臨した同氏は、米フォーブス誌の２

018年版ランキングでマレーシア2位の富豪（推定資産60億ドル）である。同氏の子息はトップを継承しないとされる。[53] 香港79支店、カンボジア30支店、ベトナム13支店（2017年末）などと海外拠点網を構築してきたテー氏の後継が誰になるのか関心を呼んでいる。

国際化・多角化を指揮してきたカリスマ経営者がいる企業が曲がり角を迎えているケースも見られる。第2章でシンガポールの有力民間企業の1つとして取り上げた大手水処理会社ハイフラックスでは2017年12月期に2001年の株式上場以来初の赤字決算を迫られた。多角化の一環として地元シンガポールで発電事業に参入したが供給過多等で電力料金が下げ止まらず、収益が悪化している。1989年の創業以来、同社を率いてきた女性経営者、オリビア・ラム会長兼CEOは正念場を迎えている。

5　躍動するASEAN多国籍企業――ASEAN経済の注目ポイントに

本書はASEAN企業の多国籍化という側面に着目し、統計と実例からその実態に迫った。既に明らかにされたように、ASEAN諸国の対外FDI拡大と、それと一体をなすASEAN企業の海外展開は、2000年代後半から鮮明になった現象であり、大型M&Aの活発化も伴っている。

2008年に起きた国際金融危機を受け先進国経済が不振に陥る中、新興国の主要な担い手であるASEANに対する関心は国際的に高まった。経済共同体（AEC）創設への動きが2000年代後半から本格化したこともあり、日本企業を含む外国企業のASEAN進出熱は一段と高まった。

こうした状況と並行してASEANでは地元企業が対外進出を拡大、多国籍化の動きを強めた。その背景には1997年のアジア通貨危機を経てASEAN経済が2000年代に総じて順調に成長する中、地元企業が資金力を付け、人材・ノウハウも蓄積し、国際展開力を高めたことがあった。更に政府の支援や、越境インフラ整備などASEAN経済統合の動き、域内企業の間に広がった「ASEAN重視」の風潮など種々の要因が重なり、ASEAN企業の海外展開は域内を中心に加速したのである。

こうしたASEAN諸国の対外FDI拡大トレンドは、早くから国際化を進めていたシンガポールとマレーシアが一段とそれに注力し、タイが猛追、ベトナムやフィリピンも動き出したもの、と簡潔に表現できる。また、企業を軸に説明すると、比較的早い時期から国際化に取り組んでいた政府系企業（GLC）や大手華人系財閥が多国籍化を更に加速し、その他の企業も追随したもの、と言えるだろう。

ASEAN企業の海外展開は、それら企業の本社所在国、国際経験の多寡のどちらで見ても、多様化、重層化し、力強いトレンドになった。そして台頭するASEAN多国籍企業の中からは、国際的に大きな存在感を持つ有力プレーヤーが登場してきた。「世界有数」の農産物商社であるオラム・インターナショナル（シンガポール）、「アジア最大」の病院経営会社であるIHHヘルスケア（マレーシア）、「アジア有数」の外食チェーンであるジョリビー・フーズ・コーポレーション（フィリピン）といった本書で取り上げた企業群である。

ASEAN企業は今後も多国籍化の道を更に歩むことになろう。特にホームグランドのASEAN域内においては経済統合の更なる試みや消費市場の拡大などから地元企業の越境経営が一段と進展する公算が大きい。ＡＳＥＡＮを重要な展開先と位置付ける日本企業にとって、ボーダレス化するＡＳＥＡＮ企業の動向を押さえておくことが益々肝要となる。

［注］

(1) 同社ＨＰ。http://yakun.com/　２０１８年２月３日アクセス。
(2) 同社ＨＰ。https://twgtea.com/Locations/World　２０１８年１月29日アクセス。ティーサロンと小売りコーナーを併設した店舗と、後者のみの店舗の双方を含む。
(3) 同社ＨＰ。https://www.jumboseafood.com.sg/en/home　２０１８年２月３日アクセス
(4) 同社ＨＰ及び２０１８年１月12日付のThe Business Times。
(5) ２０１８年３月、オールドタウンはオランダのコーヒー製造大手、ジェイコブス・ダウ・エグバーツに買収された（同月21日付のEdge Financial Daily）。
(6) 同社ＨＰ。http://www.secretrecipe.com.my/　２０１８年２月３日アクセス。
(7) ２０１４年２月19日付の新華社ニュース。
(8) 同社ＨＰ。http://blackcanyonthai.com/storelocator.aspx　２０１８年２月３日アクセス。
(9) 「カフェ・アマゾン」に関する記述は、２０１５年10月22日付の日本経済新聞、２０１７年７月10日付の週刊タイ経済、同年８月７日付のＮＮＡ、２０１８年１月４日付の時事通信を参考にした。
(10) ２０１７年12月20日付のＮＮＡ。
(11) 同社ＨＰ。http://sandp.listedcompany.com/business_overview.html　２０１８年２月５日アクセス。
(12) ２０１６年12月20日付のBangkok Post。
(13) 同社ＨＰ。https://www.rafflesmedicalgroup.com/raffles-medical-group/our-group/about-us/our-heritage　２０

１８年２月５日アクセス。
(14) ２０１４年１月20日付の時事通信。
(15) DBS Group Research (2017)
(16) 同社HP。http://www.qandm.com.sg/ir.aspx　２０１８年２月６日アクセス。
(17) ２０１７年12月期の年次報告書。
(18) 同社HP。https://www.columbiaasia.com/　２０１８年２月６日アクセス。
(19) ２０１４年11月12日付のPhnom Penh Post。
(20) ２０１５年３月３日付の日本経済新聞。
(21) ２０１７年３月14日付のＮＮＡ。
(22) ２０１８年１月の同社ＩＲ資料。
(23) 同右。時価総額は２０１８年１月５日時点、売上高純利益率は２０１６年12月期の比較。ＢＤＭＳは前者が１０１億１６００万ドル、後者が11・９％であった。
(24) ２０１８年１月15日付の時事通信。
(25) 売上高や純利益、経営計画などに基づいて作成されている。
(26) ２０１８年６月５日付の報道用資料。
(27) ２０１７年11月６日付の報道用資料。
(28) ２０１８年４月17日付の日本経済新聞。
(29) ２０１８年１月31日付の日本経済新聞。
(30) 同右。
(31) ２０１７年12月15日付の報道用資料。
(32) ラザダは２０１６年、中国のアリババ集団に買収された。
(33) ＡＳＥＡＮ企業との連携の必要性については大泉（２０１７）も強調している。

(34) ２０１８年１月11日付の伊藤忠商事の報道用資料。
(35) ２０１５年８月27日付の日本経済新聞。
(36) ２０１４年年10月22日付けの日経産業新聞。
(37) ２０１６年２月８日付の日経ＭＪ。
(38) マレーシア、タイ、フィリピン、インドネシア、ベトナムで構成。
(39) 赤道ギニア、ギリシャ、香港、アイルランド、イスラエル、日本、モーリシャス、ポルトガル、プエルトリコ、韓国、シンガポール、スペイン、台湾。
(40) 例えば、Bulman *et al.*（2014）は中所得レベルで成長が鈍るという状況は確認できないとしている。
(41) NEAC（2010）pp. 3–4.
(42) Putrajaya Committee on GLC High Performance（2015）
(43) ＣＥＰＴ協定は２０１０年に「ＡＳＥＡＮ物品貿易協定（ＡＴＩＧＡ）」に衣替えした。
(44) ＡＳＥＡＮ域内の物品貿易自由化の経緯については助川（２０１６）などを参照。
(45) ２０１７年２月23日付の Business Times。
(46) ２０１８年２月15日付けの Edge Financial Daily が掲載した Reuters 電。
(47) ２０１５年11月30日付の週刊タイ経済。
(48) ２０１４年７月１日付の FujiSankei Business i.
(49) ２０１８年５月８日付の日経産業新聞。
(50) ２０１７年11月２日付の Deal street Asia。
(51) ２０１７年11月19日付の Edge Financial Daily 及び２０１８年１月14日付の Straits Times。
(52) ２０１７年11月13日付の Straits Times。
(53) 同右。

あとがき

著者はかなりの頻度でＡＳＥＡＮに出張する。この何年間かは東南アジア大陸部「陸のＡＳＥＡＮ」を主要な研究対象としたので、中核国タイにはとりわけ足を運んだ。そのタイで必ずと言っていいほど訪れる店がある。「BreadTalk」。第2章で取り上げたシンガポールに本社を置くベーカリーである。

バンコク中心部の主なショッピングモールなら大抵あり、店数は年々増えている。その便利さもあって、ここ数年、BreadTalk のパンは、バンコク出張中の著者の必須食アイテムとなった。特に同店の看板商品と言える Floss Bun（乾燥した豚肉を薄く削りパンの上にまぶしたもの）がお気に入りである。

著者はもちろん「海のＡＳＥＡＮ」も訪れる。インドネシア・ジャカルタ中心部のショッピンモールに行くと、やはり BreadTalk の看板が目に飛び込む。こうなると制御が難しい。それほど空腹でもないのに Floss Bun を買う。ジャカルタは、BreadTalk の本拠地シンガポールからさほど遠くない。だからこの街で遭遇しても違和感はあまりない。だが、フィリピン・マニラで BreadTalk に初めて出くわした時は「えっ、ここにも?」と少し驚いた。

著者は過去に2度、シンガポールに勤務した。1回目（１９８７~１９９１年）は BreadTalk がまだなかった。２回目（２００９~２０１１年）は既に有名店になっていたが、シンガポールで食べた記憶はあまりない。むしろ、頻繁に出張していた隣国マレーシアのクアラルンプール中心部のショッピングセンターにあるBreadTalkによくお世話になった。アポの合間に小腹がすくと、よく食べていた。そこで覚えた味は帰国後も忘れられず、今に至るBreadTalk贔屓につながっている。

2000年に創業したBreadTalkは、中国やASEANに店舗を広域展開しているシンガポール発の「多国籍ベーカリー」だ。著者はその充実した海外ネットワーク（中国の店舗は行ったことがないが）を体（腹？）感し、恩恵にあずかっている。実はASEAN各地のショッピングモールに行くと、欧米、日本、地元勢などに混じってASEAN勢の飲食店を見かけることが増えている。第6章で紹介したマレーシアのシークレット・レシピやタイのブラック・キャニオンといった外食企業の多国籍化に弾みが付いているのであり、それらの海外ネットワークには目を見張ることが多い。

このように日本ではあまり馴染みがないものの、アジアを中心とする海外市場で有力プレーヤーとなっているASEAN多国籍企業が増えている。そんな企業をもっと知り、伝えたい。そんな単純な思いも、本書執筆の動機の1つとなった。ただし、著者が着目したのは、国際化に近年新たに力を入れ始めた企業と、以前から進めていた国際化に一段と拍車を掛けている企業の双方である。だから本書には前者に該当するBreadTalkも、後者に該当するマレーシアのアシアタなどの政府系企業やタイのCPグループといった老舗の大手財閥も登場している。

多くの国・企業を取り上げたため平板的な構成となり、突っ込み不足の所もある点は自覚しているが、著者が今最も関心を持つ「ASEAN多国籍企業」をテーマとする本書を上梓できて、とりあえずほっとしている。執筆を通じ、ＡＳＥＡＮ企業の海外事業に関する多くの情報に触れる機会を得た。これを糧に考察を深め、更なる研究へつなげたい。

著者がＡＳＥＡＮと仕事で付き合い始めてから約30年が過ぎた。この間、ＡＳＥＡＮ関係の仕事から離れることも何度かあったが程なく復帰し、何とか続けてこれた。特に過去10年ほどはＡＳＥＡＮと濃密に付き合い、充実した時間を過ごせている。著者の主要な研究領域は経済である。多くの見所を持つＡＳＥＡＮ経済は興味が尽きぬ分析対象であり、研究テーマには事欠かない。

だが、著者にとってこの地域の最大の魅力と言えば、超月並みな表現で気恥ずかしいが、やはり多様な風土、歴史、文化、食、人々なのである。どの国に何度行っても新鮮だし、ＡＳＥＡＮの友人たちに会うのも楽しい。そんなＡＳＥＡＮ好きが土台にあるから仕事で向き合うのもまた嬉しい。振り返れば、そんなＡＳＥＡＮに出会えたことは「超ラッキー」であった。今後もこの出会いを大事にしたい。

本書の出版に温かいご理解・ご支援をいただいた株式会社文眞堂の前野弘太氏には心からお礼を申し上げる。亡き父に本書を捧げるとともに、母、妻、子供たちに感謝したい。

２０１８年９月　牛山隆一（バンコクでFloss Bunを賞味しながら）

参考文献

【日本語】


池部亮（2017）「ベトナムの視点から考える南部経済回廊」、浦田秀次郎・牛山隆一編『躍動・陸のＡＳＥＡＮ、南部経済回廊の潜在力』、文眞堂。

石田正美（2017a）「南部経済回廊開発の経緯・展望―インフラ整備の更なる進展に期待」、浦田秀次郎・牛山隆一編『躍動・陸のＡＳＥＡＮ、南部経済回廊の潜在力』、文眞堂。

――（2017b）「タイとＣＬＭＶ諸国の投資環境」、石田正美・梅崎創・山田康博編『タイ・プラス・ワンの企業戦略』、勁草書房。

井上隆一郎（1994）『アジアの財閥と企業』、日本経済新聞社。

岩崎薫里（2016）「東南アジアで台頭するスタートアップ」、『SMBC Asia Monthly』第92号、三井住友銀行。

牛山隆一（2014）「加速するＡＳＥＡＮ企業の『ＡＳＥＡＮ展開』」、『ＡＳＥＡＮ経済統合、どこまで進んだか』、日本経済研究センター2014年度アジア研究報告書。

――（2015）「ＡＳＥＡＮ進出日系企業とＡＳＥＡＮ企業」、石川幸一・朽木昭文・清水一史編『現代ＡＳＥＡＮ経済論』、文眞堂。

――（2017）「タイ、対ＣＬＭ経済関係の拡大進む―南部経済回廊、対カンボジア貿易で役割増大」、浦田秀次郎・牛山隆一編『躍動・陸のＡＳＥＡＮ、南部経済回廊の潜在力』、文眞堂。

梅崎創（2015）「ＡＳＥＡＮの航空自由化とエアアジアの戦略」、『アジ研ワールドトレンド』No242（2015. 12）、アジア経済研究所。

苑志佳（2014）『中国企業対外直接投資のフロンティア』、創成社。

大泉啓一郎（２０１８）『新貿易立国論』、文藝春秋。

桂木麻也（２０１５）『ＡＳＥＡＮ企業地図』翔泳社。

鎌田桂輔（２０１１）「ジョリビー・フード（ＪＦＣ）成長を続ける外食チェーン」、『ジェトロセンサー』２０１１年７月号。

顔尚強（２００７）『シンガポール経済を主導するＧＬＣ』、シンガポール日本商工会議所。

熊谷聡（２０１１）「修正貿易結合度の算出と影響」、野田容助・木下宗七・黒子正人編『国際貿易データを基礎とした貿易指数と国際比較・分析』、アジア経済研究所。

――――（２０１４）「ペトロナス――知られざる高収益企業」、海外研究員レポート、アジア経済研究所 www. ide. go. jp/library/Japanese/Publish/Download/Overseas_report/pdf/1404_kumagai. pdf
――――（２０１７）「ブミプトラ政策の文脈から見たマレーシアの政府系企業（ＧＬＣ）改革」、RIETI Discussion Paper Series 17-J-055, 独立行政法人経済産業研究所。

――――（２０１８）「政府関連企業（ＧＬＣ）改革とブミプトラ政策」、中村正志・熊谷聡編『ポスト・マハティール時代のマレーシア：政治と経済はどう変わったか』、日本貿易振興機構アジア経済研究所。

末廣昭・南原真（１９９１）『タイの財閥』、同文舘。

末廣昭（２０００）『キャッチアップ工業化論』、名古屋大学出版会。

――――（２００３）『進化する多国籍企業』、岩波書店。

――――（２０１４）『新興アジア経済論』、岩波書店。

助川成也（２０１６）「物品貿易の自由化に向けたＡＳＥＡＮの取り組み」、石川幸一・清水一史・助川成也編『ＡＳＥＡＮ経済共同体の創設と日本』、文眞堂。

田中麻理（２０１７）「フィリピン、投資国へと歩み出す」、『ジェトロセンサー』２０１７年７月号。

トラン・ヴァン・トゥ（２０１０）『ベトナム経済発展論』、勁草書房。

永井知美（２０１７）「海外企業を買う／ブロードコム　半導体業界の買収王」、『週刊エコノミスト』２０１７年７月25日号。

平野實（２００８）『アジアの華人起業　南洋の小龍たち』、白桃書房。

藤原弘・田中恒雄（１９９６）『アジアの財閥と業界地図』、日本実業出版社。
山口陽子（１９９６）「域内投資増やすＡＳＥＡＮ」（経済教室）、日本経済新聞１９９６年８月３日付。
山田美和（２０１７）「ビジネスと人権を巡るグローバルサプライチェーンの潮流」、『ジェトロセンター』２０１７年10月号。
みずほ銀行（２０１６）「ＡＳＥＡＮのコングロマリット」、Mizuho Industry Focus Vol. 177.
みずほフィナンシャルグループ（２０１７）『成長市場ＡＳＥＡＮをいかに攻略するか』、MIZUHO Resarch & Analysis, 2017 no. 12
三木敏夫（２０１１）『マレーシア新時代』創成社新書。

[英語]

ASEAN Secretariat and UNCTAD (2015), *ASEAN Investment Report 2015: Infrastructure Investment and Connectivity*, Jakarta : ASEAN Secretariat.
——— (2016), *ASEAN Investment Report 2016 : Foreign Direct Investment and MSME Linkages*, Jakarta : ASEAN Secretariat.
ADB (2011), *ASIA 2050 Realizing the Asian Century*. Asian Development Bank, Manila.
A. T. Kearney and J. Walter Thompson (2015), *Is Southeast Asia Ready for the AEC?*
Bank Negara (2010), *Annual Report 2010*.
——— (2011), *Annual Report 2011*.
Bano, S., and Tabbada, J. (2015), "Foreign Direct Investment Outflows: Asian Developing Countries". *Journal of Economic Integration*, Vol 30 No. 2, pp. 359–398.
Bulman, D., Eden, M. and Nguyen, H. (2014), "Transitioning from Low-Income Growth to High-Income Growth", *World Bank Research Working Paper 7104*.
Carney, M.C. and M. Dieleman (2011), "Indonesia' s missing multinationals: business group and outward direct investment". *Bulletin of Indonesian Economic Studies* 47, no. 1 (2011): pp. 105–26.

Cheewatrakoolpong, K., and Boonprakaikawe, J. (2015), "Factors Influencing Outward FDI: A Case Study of Thailand in Comparison with Singapore and Malaysia". *Southeast Asian Journal of Economics* 3 (2): pp. 123–141.

Cheewatrakoolpong, K. and Satchachai, P. (2017), "Factors Influencing Thailand's *Outward FDI", In Outward Foreign Direct Investment in ASEAN*, edited by Lee, C. and Sermcheep, S., Singapore: ISEAS-Yusof Ishak Institute, 2017, pp. 152–179.

Chongvilavian, A. and Menon, J. (2017), "ASEAN's Outward Foreign Direct Investment". In *Outward Foreign Direct Investment in ASEAN*, edited by Lee, C. and Sermcheep, S. Singapore: ISEAS-Yusof Ishak Institue, 2017, pp. 30–46.

Credit Suisse (2016), *Jollibee Foods Corporation.*

DBS Group Research (2016), *SG: national vs domestic growth.*

——— (2017), *Singapore Medical Group Ltd.*

DBS Vickers Securities (2017), *Singapore Company Guide, BreadTalk Group Ltd.*

De Luna Martínez, J. (2016), "Transforming state-owned enterprises: What other countries can learn from Malaysia" (http://blogs.worldbank.org/eastasiapacific) ２０１７年12月12日アクセス。

Gill, I., and Kharas, H. (2007), *An East Asian Renaisssance.* The World Bank. Washington, DC.

Goh, S. K., and Wong, K. N. (2010), "Malaysia's Outward FDI: The Effects of Host Market Size and Home Government Policy". Discussion paper 33/10, Department of Economics, Monash University.

Hill, H. and Jongwanich, J. (2011), "Asia Rising: Emerging East Asian Economies as Foreign Investors". *Working Papers in Trade and Development*, Australian National University.

IMF (2013), Regional Economic Outlook. International Monetary Fund, Washington, DC.

Kowalski, P., M. Buge, M. Sztajerowska and M. Egeland (2013), "State-owned Enterprises: Trade Effects and Policy Implications". *OECD Trade Policy Papers* No. 147, OECD Publishing, Paris.

Lapadre, L. (2006), "Regional Integration Agreements and Geography of World Trade Statistical Indicators and Empirical Evidence". In *Assessment and Measurement of Regional Integration*, edited by P. De Lombaerde, London, UK: Routledge.

Lee, C., Lee, C.G. and Yeo, M. (2017), "Determinants of Singapore's Outward FDI". In *Outward Foreign Direct Investment in ASEAN, edited by* Lee, C. and Sermcheep, S., Singapore: ISEAS, pp. 79-102.

Low, Linda, Eric D. Ramstetter and Henry Wai-Chung Yeung (1998), "Accounting for Outward Direct Investment from Hong Kong and Singapore: Who controls what? ". In *Geography and Ownership as Bases for Economic Accounting*, edited by Robert E. Baldwin, Robert E. Lipsey, and J. David Richardson, pp. 139-68. Chicago: The University of Chicago Press, 1998.

Menon, J. (2012), "Malaysia's Investment Malaise: What happened and Can It Be Fixed? ", *ADB Economic Working Paper Series* No. 312.

Mirza, H. and Wee, K. H. (2014), "The rise of enterprise regionalisation in ASEAN". In *International Business and Sustainable Development (Progress in International Business Research, Volume 8)*, edited by Tulder, R.V., Verbeke, A., Strange, R., Emerald Group Publishing Limited, pp. 391- 423.

National Economic Advisory Council (NEAC) (2010), *New Economic Model for Malaysia, Part 1: Strategic Policy Directions*.

OECD (2014) *Perspectives on Global Development 2014*, OECD, Paris.

Pananond, P. (2012), "Moving along the value chain: Emerging Thai multinationals in globally integrated industries". *Asian Business & Management* Vol. 12 1, 85-114.

Putrajaya Committee on GLC High Performance (2015), *Transformation Programme Graduation Report*.

Rattanakhamfu, S. and Tangkitvanich, S. (2017), 「タイ企業の対ＣＬＭＶ投資の戦略と課題」, 石田正美・梅崎創・山田康博編『タイ・プラス・ワンの企業戦略』勁草書房。

Saad, R.M., Noor, A.H.M. and Nor, A.H.S.M. (2014), "Developing Countries' Outward Investment: Push.

Factors for Malaysia". *Procedia - Social and Behavioral Sciences* 130: 237-246.

Saigon Securities (2017), *Vietjet Aviation Joint Stock Company.*

Sambodo, M. T. (2017), "Indonesia's Outward Foreign Direct Investment". In *Outward Foreign Direct Investment in ASEAN, edited* by Lee, C. and Sermcheep, S. Singapore: ISEAS-Yusof Ishak Institute, 2017, pp. 128-151.

Sermcheep, S. (2017), "The Rise of Outward Foreign Direct Investment from ASEAN". In *Outward Foreign Direct Investment in ASEAN, edited* by Lee, C. and Sermcheep, S., Singapore: ISEAS, pp. 5-29.

Subhanij, T. and Annonjarn, C. (2016), "Horizontal, Vertical and Conglomerate OFDI: Evidence from Thailand". *Journal of Applied Business Research.* 32(3). pp. 747-764.

Suthiwart-Narueput, S. and Tansakun, S. (2015), *Thailand's New Normal.* Thailand Future. October 2015.

The Stock Exchange of Thailand (SET, 2017a), *Thailand's economic resilience amid global uncertainties.*

——— (SET, 2017b), *CEO Economic Outlook* (H2/2017).

Thu, H. T. (2017), "Outward Foreign Investment: The Case of Vietnam". In *Outward Foreign Direct Investment in ASEAN*, edited by Lee, C. and Sermcheep, S. Singapore: ISEAS-Yusof Ishak Institute, 2017, pp. 180-201.

UNCTAD (2007), *Global Players from Emerging Markets: Strengthening Enterprise Competitiveness through Outward Investment.* New York and Geneva: United Nations.

——— (2015), *World Investment Report*, New York and Geneva: United Nations.

——— (2017), *World Investment Report*, New York and Geneva: United Nations.

Viet Capital Securities (2017), *Vietjet Air.*

Wongviwatchai, U. (2013), Five-Year Investment Promotion Strategy Draft, Thailand Board of Investment.

World Bank and the Development Research Center (DRC) (2013), *China 2030-Building a Modern, Harmonious, and Creative High-Income Society*, Washington D. C. & Beijing.

World Bank (2018), *Global Investment Competitiveness Report 2017/2018: Foreign Investor Perspectives and Policy Implications,*

Washington, DC: World Bank.
Yahya, F., Chang, Z.Y., Ng, Y.H., & Tan, M. W. (2016), *Supporting a dynamic SME sector: Challenge faced by SMEs in Singapore*. Institute of Policy Studies.
Zainal Aznam Yusof. (2006), "Outward Foreign Investment by Enterprises from Malaysia". In *Global Players from Emerging Markets: Strengthening Enterprise Competitiveness through Outward Investment*. Geneva: UNCTAD.

著者紹介

牛山隆一（うしやま・りゅういち）

公益社団法人日本経済研究センター主任研究員
専門はアジア経済。
主な著書に、「躍動・陸のASEAN、南部経済回廊の潜在力」（編著、文眞堂、2017年）、"Moving up the Ladder～Development Challenges for Low and Middle-Income Asia"（編著、World Scientific、2016年）、「ASEAN経済統合の実態」（編著、文眞堂、2015年）、「図解でわかる　ざっくりASEAN」（編著、秀和システム、2014年）、「概説アジア経済」（編著、公益社団法人日本経済研究センター、2013年）など。

ASEANの多国籍企業
―増大する国際プレゼンス―

二〇一八年一一月三〇日　第一版第一刷発行

検印省略

著　者　牛　山　隆　一
発行者　前　野　　隆

〒162-0041 東京都新宿区早稲田鶴巻町五三三
発行所　株式会社　文　眞　堂
電　話　〇三―三二〇二―八四八〇番
FAX　〇三―三二〇三―二六三八番
振　替　〇〇一二〇―二―九六四三七番
http://www.bunshin-do.co.jp

製作　モリモト印刷

定価はカバー裏に表示してあります。　

ISBN978-4-8309-5008-7　C3033